U0927952

忻州师范学院专题研究项目“五台山旅游网络舆情危机治理研究”（ZT201505）；

山西省社科联重点项目“山西省旅游网络舆情危机治理研究”(SSKLZDKT2016138)。

LVYOU WANGLUO YUQING WEIJI YU
ZHENGFU ZHILI CHUANGXIN

旅游网络舆情危机
与政府治理创新

——以五台山景区为例

梁俊山◎著

图书在版编目（CIP）数据

旅游网络舆情危机与政府治理创新：以五台山景区为例/梁俊山著．—北京：中国书籍出版社，2018.4
ISBN 978－7－5068－6790－0

Ⅰ．①旅…　Ⅱ．①梁…　Ⅲ．①旅游业—互联网络—舆论—管理—研究—中国　Ⅳ．①F592

中国版本图书馆 CIP 数据核字（2018）第 054963 号

旅游网络舆情危机与政府治理创新：以五台山景区为例

梁俊山　著

责任编辑　李　新
责任印制　孙马飞　马　芝
封面设计　中联华文
出版发行　中国书籍出版社
地　　址　北京市丰台区三路居路 97 号（邮编：100073）
电　　话　（010）52257143（总编室）　（010）52257140（发行部）
电子邮箱　eo@chinabp.com.cn
经　　销　全国新华书店
印　　刷　三河市华东印刷有限公司
开　　本　710 毫米×1000 毫米　1/16
字　　数　245 千字
印　　张　15.5
版　　次　2018 年 5 月第 1 版　2018 年 5 月第 1 次印刷
书　　号　ISBN 978－7－5068－6790－0
定　　价　58.00 元

前 言

2003 年一场突如其来的 SARS 将我国带入公共危机治理时代，21 世纪全球化背景下高度复杂性和不确定性的特点初步显现。同年 3 月“孙志刚事件”中网络意见的异军突起使我国互联网社会成为不容忽视的力量，并直接推动旧的《城市流浪乞讨人员收容遣送办法》废止和新的《城市生活无着的流浪乞讨人员救助管理办法》出台，并将 2003 年称为“网络舆论年”。随着我国互联网的快速发展，2005 年网民人数突破 1 亿人，2012 年突破 5 亿，2016 年 12 月中国网民规模已达 7.31 亿，相当于欧洲人口总量，网民人数的一路高歌伴随着网络社会的蓬勃发展。互联网技术进入 Web 2.0 时代，网民的个人行为逐渐演化为集体行动，从“周老虎事件”中的集体打假到“躲猫猫事件”中的参与调查，再到层出不穷的网络反腐。唐斯等学者认为科技是突破性的跳跃进步，而商业体制、社会结构、政治体制的演化却是渐进的，因此会产生失衡现象，从而给社会秩序带来扰乱效应。我国互联网社会虽已壮大但欠成熟，于是便出现了“人肉”侵权、有偿删帖、谣言肆虐、电信诈骗等多种扰乱社会秩序的行为和活动，即便是合法合理的网民集群意见表达也给政府及其他主体造成巨大压力。2011 年 3 月 11 日，日本东北部海域发生 9 级地震，引发的海啸造成了日本福岛核电站的爆炸，发生核泄漏，日本政府宣布进入“核能紧急事态”。与此同时，一起海盐受到核污染的网络谣言席卷中国，瞬间民众陷入抢盐风波，而短时间内大半个中国出现“盐荒”，网络危机事件给民众带来的惶恐绝不亚于地震或海啸，网络危机的议题也便成为学者们关注的焦点之一。网络社会的发展也存在专业化分工的趋势，由于不同的兴趣、专业、诉求而形成的SNS社区成为网民聚类的载体，同时，专业领域内网络意见的声音也越发响亮。2015年4月2日，国家旅游局通报了五台山景区等10家5A级旅游景区并分别给予警告、严重警告处分，各大媒体纷纷转载报道，网络舆论给旅游景区造成巨大的压力，成为一次典型的旅游网络危机事件。同年10月，一起“青岛大虾”事件毁掉了青岛市多年苦心经营的旅游城市形象，造成的损失无法估量。旅游网络舆情危机已经成为互联网时代旅游主管部门和主体面临的一种常态，而有效的治理需求已经迫在眉睫。基于此，作者拟对旅游网络舆情危机及其治理进行系统分析。

本书分两个篇章展开论述，第一部分为理论与实践篇，对旅游网络舆情危机的基础理论进行系统论述，并在此基础上结合五台山风景区的现实情况及典型个案分析当前旅游网络舆情危机的治理成效和措施。第二部分为治理与创新篇，首先明确旅游网络舆情危机治理中的政府责任，论述了政府回应力的重要性，提出了基于云计算的政府旅游网络舆情云治理系统的构建，并进一步分析了互联网时代政府公共危机治理创新的策略，最后以“忻州随手拍”的个案为例分析了互联网背景下政府治理创新的实践、困境及其出路。全书以旅游网络舆情危机及其研究为进路，对旅游网络舆情危机治理中的政府责任及其回应力进行探究，以互联网背景下政府治理创新为落脚点，试图阐明旅游网络舆情危机治理的政府创新路径。

此书的撰写是在本人长期研究实践，结合公共管理学、新闻传播学及旅游管理学等众多领域学者专家研究成果基础上的一次探索，试图以抛砖引玉的方式引起学界及政府部门对该议题的进一步关注。在此，郑重向书中引用文献的作者和给出意见的同行表示真挚的谢意，正是建立在众多学者已有研究的基础之上和同行毫无保留的指引之下才顺利克服各种困难，完成此次创作！此外，本书选题由于涉及管理学、旅游学、传播学等多个学科领域的内容，其中部分观点尚不成熟，不可避免会出现纰漏，肯请读者予以批评指正。

梁俊山

2017 年 5 月 31 日

目　录
CONTENTS

上篇 01

理论与实践

导　论

一、研究背景及意义

（一）研究背景

网络环境下的旅游舆情应对与危机预警是伴随着 Internet 和移动互联网在旅游业的广泛应用而产生的新问题。据中国互联网络信息中心（China Internet Network Information Center，简称 CNNIC）2017 年 1 月 22 日发布的《第 39 次中国互联网络发展状况统计报告》，截至 2016 年 12 月，我国网民规模已达 7.31 亿，手机网民规模达 6.95 亿①，网络成为网民诉求表示、情绪宣泄和社会参与的主阵地，各类舆情涌现。

与此同时，旅游业是国民经济中最易遭受冲击的行业，其涉及的各类自然灾害、交通事故、食品安全、交易纠纷等危机事件是引发网络舆情风暴的焦点话题。旅游突发事件与网络舆情的交互加剧了危机的产生和演化，极大地影响了消费者的安全和旅游企业的形象及运营，也在一定程度上危及整个产业的发展，建立长效可行的旅游网络舆情危机预警机制已经势在必行。五台山风景名胜区自 2007 年被国家评为 5A 级景区以来，游客数量逐年上升，有关五台山景区的网络话题也日益增多，特别是 2015 年 1 月国家旅游局在接到游客举报后，

① 中国互联网络信息中心．第 39 次《中国互联网络发展状况统计报告》［EB/OL］. http：//www.cnnic.net.cn/hlwfzyj/hlwxzbg/hlwtjbg/201701/t20170122_ 66437.htm，2017－01－22.

旅游主管部门派出暗访组对五台山景区的旅游服务以及旅游环境等问题进行了暗访复核，确认景区存在秩序混乱以及服务质量差等方面问题，并于4月官方提出警告并经媒体发布。这一事件将五台山景区推向了网络舆论的风口浪尖，给旅游主管部门及景区政府提出严峻的挑战。在新媒体背景下，旅游网络舆情危机治理问题已经成为不可回避的事实。

1. 政治背景：电子民主的兴起助力权利表达

20世纪90年代中期“电子民主”一词开始进入人们的视线，在发展初期，常常被认为是电子政府，直到21世纪初才逐渐形成了基本理论体系。电子民主虽然是新时期民主发展的一种新形式，学术界也热衷研究，但仍处于探索阶段，因此，对其概念的界定至今还没有统一定论。

电子民主与传统民主的本质相同，作为一种民主新形式出现，电子民主更加强调网络社会人民当家作主的思想，民主的本质是人民的广泛政治参与，而公众的广泛政治参与是现代民主政治的核心。史蒂文·克利夫是电子民主的著名倡导者，其对电子民主概念的理解迄今仍具权威性，他指出电子民主是指利用因特网加强民主的过程，旨在为个人或者社区提供与政府互动的机会，并为政府提供从社区中寻找输入的机会。① 尽管当前关于电子民主的界定并未统一，学术界对电子民主的系统研究还未展开，但可以肯定的是网络社会背景下电子民主是民主的重要成分，同时也为进一步推进社会民主提供了新的实现路径，在一定程度上推动了民主的实现进程。电子民主是网络时代的全新民主形式，它以先进的信息技术、通信技术和网络技术及其相关技术为运作基础，以直接民主为发展趋向，以公民的全体、主动、切实参与民主决策、民主选举等民主运作程序为典型特征的一种民主新形式。② 电子民主的兴起具有重要意义：

（1）电子民主有利于促进民众参与水平的提高

首先，电子民主拓宽了公众参与的渠道。电子网络为公众提供了现代化的信息通讯平台，政府网站、微博等电子手段为公民提供了更多的民主参与渠道，

① 朱晓彬．发展“电子民主”，推进公民政治参与［D］．济南：山东大学，2007：27－29.

② 王卉．试论地方公共决策中的电子民主［D］．上海：上海交通大学，2007：24.

使民众足不出户就可以参与到公共事务的治理当中。

其次，电子民主促进公众参与的积极性。在互联网条件下，公众参与不同于以往代议制下的参与形式，公众可以借助网络这一平台表达自己的见解，利用网络参与政府决策。在这一过程中，公众可以有效避免外界因素的干扰，从履行自身权利的角度提出自己的见解，参加方式更为便利，既拓宽了公众的参政途径，又在一定程度上提高了公众参与的积极性。

再次，电子民主提高了公众参与的效率。电子民主条件下的公众参与不受时间和空间的限制，可以随时随地进行参与，政府通过网络也能及时了解民意。并且，随着政府信息透明度的进一步提高，网络为政府与公众交流、联系和沟通建立更为有效的渠道，从而使公众的参与效率得到提升，最终会促进公众政治参与水平进入一个全新的发展阶段。

（2）电子民主有利于强化群众监督，推进反腐倡廉

电子民主既是民主权利的表达，也是实现群众监督的有效途径，可以促进政府信息更加公开、透明，有利于廉洁政府建设。在电子民主时代，信息为全民共享，公众可以利用网络对政府工作进行监督，实践表明这种监督方式效果显著。近年出现的多起网络群体性事件，如“孙志刚事件”“躲猫猫事件”“南京天价烟事件”等，都是由网络发起并对公共部门和政策出台有很大触动的事件。两会期间，网民建言献策与人大代表在线交流已经成为常态，这些都为公众更好地履行监督权利提供了条件。

（3）电子民主有利于巩固民众权利的合法性

合法性是指社会成员对政治统治正当性的认可，这种认可不仅来自正式的法律和命令，而且受价值观念和社会规范的影响。社会成员组成的共同体是价值观念和社会规范的供给者并以此来判定政治统治能否有效运行，从而在政治统治的基础上产生服从的意识和心理。电子民主时代，公众通过获取更加开放的信息了解政治生活并参与其中，增强了公众对政府的信赖感，从而实现政治认同和心理服从，增加了政治合法性。而政府利用网络向公众提供政府信息，获得公众更多的支持，从而进一步巩固其执政合法性。

（4）电子民主有利于促进政府管理创新

电子民主促进政府管理方式由“管制”向“服务”和“合作”转变，从体

制机制上推进政府管理创新。传统的管制型政府以官僚系统为其履行职能的核心，各项权力自上而下运作，民众处于权力指向的管理对象。而电子民主的环境中，网络化推进层级的扁平化，以人民群众为中心的电子权利真正实现了以人为本的价值追求。网络迅速发展的背景下，电子民主能够更好地保障人民群众充分参与到政府管理与公共事务的治理当中，通过献计献策及时反映广大人民群众的根本利益和要求，同样政府也可通过征求网络民意采纳合理建议来提高决策的科学性。

综上所述，电子民主为公众提供了一个广阔的发展空间，公众可以通过在线与政府进行充分的数据共享和全方位的交流沟通，更好地行使公众的知情权和参与权等民主权利，并以此推进我国政治民主化进程。

2. 经济背景：休闲时代的到来推动旅游业发展

根据全球经济发展的一般规律，当一个国家人均 GDP 达到 3000 美元至 5000 美元时就将进入休闲消费爆发性增长时期，“十一五”时期我国人均 GDP 达 4000 美元左右，已具备休闲消费快速发展的基础。现今，我国居民每年公休假期已达 115 天，劳动者另有 5 天至 15 天的带薪假，假日接近中等发达国家水平。随着国民休闲意识日益提升，城镇居民休闲理念明显增强，这些变化都为国民休闲大发展提供了必要的条件，因此“十一五”是我国休闲发展快速起步的重要时期。

2006 年 4 月，时任国务院副总理的吴仪同志在出席“世界休闲博览会”和“世界休闲高层论坛”时，发表题为《积极发展休闲服务，不断提高生活质量》的主旨演讲，代表我国政府首次公开表示，“应积极研究使大多数人都能够享受休闲生活的具体措施，倡导积极向上、文明、健康的生活方式”。

2007 年 3 月，温家宝总理在《政府工作报告》中提出，要积极培育休闲等消费热点，休闲首次进入我国经济社会发展的总体部署。

2008 年下半年，国办印发了国务院批准的“三定”方案，赋予国家旅游局“引导休闲度假”职能，首次明确了休闲在国务院部门的工作归口。

2009 年 3 月，温家宝总理在《政府工作报告》中再次强调，“加快发展旅游休闲消费”。2009 年 12 月，胡锦涛总书记在中央经济工作会议上强调，“要适应群众生活的多样性、个性化需要，增加文化娱乐、体育健身、休闲旅游、教育培训、家政服务等消费，引导消费结构升级”。2009 年 12 月，国务院先后出台了《关于加快发展旅游业的意见》《关于推进海南国际旅游岛建设发展的若干意见》，明确了促进旅游休闲发展的若干方针和政策。这一切充分表明，积极引导和推动旅游休闲发展已进入国家发展战略和重要工作日程。

据《2009－2010 年中国休闲发展报告》表述，到 2009 年底，一是我国旅游休闲发展环境有突破性改善：国家旅游局被赋予“引导休闲度假”的职能，休闲管理工作首次有了机构归属；有利于休闲发展的重大政策陆续出台，引起全社会对休闲发展的普遍重视；“国民旅游休闲计划”在全国不同地方得以试行，覆盖范围涉及休闲的多个领域；各级政府出台了一系列刺激休闲相关消费的政策和措施，惠及百姓休闲生活；相关部门之间的合作空前加强，大休闲的格局正在逐步形成；主要领域的体制机制改革步伐加快，形成更有利于休闲发展的制度环境。二是休闲及相关产业快速增长：旅游作为城乡居民重要的休闲方式，正引领着大休闲格局的逐步形成；文化的产业化、市场化、多元化发展，更好地适应了国民的休闲需求；体育休闲快速发展，但市场潜力尚未完全释放。三是休闲核心消费约达 1.7 万亿。如果将休闲活动划分为消遣旅游类休闲、文化娱乐类休闲、体育健身类休闲、怡情养性类休闲、社会交往类休闲和其他休闲六大类，其中的消遣旅游类、文化娱乐类和体育健身类是最为核心的部分，以此三者为主，同时结合其他领域的休闲消费，初步估算，2009 年我国居民休闲消费最核心部分约为 1.7 万亿元，相当于社会消费品零售总额的 13.56%，相当于 GDP 的 5.07%。四是休闲城市建设形成一些典型经验。近年来，我国一些地方从当地社会、经济、文化、自然条件出发，在推动地方休闲发展方面有不少创新之举。尤其是 2009 年以广东省、浙江省、山东省、北京市、江西省为代表的各地，先后制定和推行了“国民旅游休闲计划”，对提升市场信心、创新带动手段起到了积极作用。与此同时，一些具备条件的城市在休闲城市的建设中，也形成了一定的地方特色，积累了一些典型经验。

2013 年 2 月，国家旅游局牵头拟定的《国民旅游休闲纲要（2013－2020）》正式公布，相关配套产业政策陆续出台，在政策指引下，利好逐步显现，助推旅游相关细分产业逐步升级。纲要指出各级财政要逐步增加旅游休闲公共服务设施建设的资金投入；职工带薪休假制度要得到政策保障和全面落实；政府支持有条件的地方发展福利旅游、减免部分景点门票，以加大刺激国民休闲旅游消费。

休闲时代和休闲经济的到来，使得旅游业成为休闲产业中的支柱行业，而休闲旅游由奢侈品逐渐演变为日常消费品，旅游出行人次的增加使旅游领域舆情也呈现日益复杂的情形。

3. 文化背景：网络已成为文化传播的主要渠道

当前环境下，网络文化已经成为主流文化的重要组成部分，网络业已发展成为文化传播的主要平台，同时由于网络开放性、虚拟性等特点，使得网络成为各种文化相互融合、碰撞的主要空间。进入21世纪以来，我国互联网普及率高速增长，网民人数激增，成为世界最大网络实体，尤其是2010年之后，网络氛围浓厚，已经形成独特的传播文化和规律。同时，我国各届领导集体也十分重视信息化建设，十八大领导集体将网络建设更是提上了国家战略的高度。

在中国特色社会主义网络文化建设方面，中共中央国务院出台多项措施以加强网络文化建设，如国务院审时度势修改《信息网络传播保护条例》；十八届五中全会等会议提出网络强国战略、“互联网＋”、大数据战略等部署；同时提出网络事业的发展必须贯彻以人民为中心的发展思想；习近平在网络安全和信息化工作座谈会上的讲话更是提出了网络“草野”思想，提出了新形势下领导干部的工作方式、思想内容。①

在网络宣传工作方面，传统社会环境下，传播语言权受到严格的限制，以往对传播内容、时间、群体等都有严格的规制，对于主流文化传播具有较强的主导性，受众往往处于被动接受的地位，极易引起民众的逆反情绪。而信息时代网络不具有垄断性，每个网民都是网络中的一个节点，都扮演着信息源、信息传播者、信息受众等多重身份，同时网络话语权也逐渐走向平民化、大众化。反过来讲，在网络环境中，国家主流意识形态和核心价值观通过网络渠道也可以更加深入人心。

网络文化的兴起和围绕“三微一端”形成的网络互动空间使得网民话语权

① 习近平．在网络安全和信息化工作座谈会上的讲话［N］．人民日报，2016－4－26（01）．

得到进一步发展，而国家对网络治理的重视使得网络舆情成为社会舆情的重要一环，旅游网络舆情也从其中迅速崛起，成为广大游客利益诉求的风向标。

4. 社会背景：群体分化加剧利益冲突

中华人民共和国宪法第一条规定“中华人民共和国是工人阶级领导的、以工农联盟为基础的人民民主专政的社会主义国家”。可见，新中国成立之初我国经过社会主义改造后，主要形成两大领导阶层即工人阶层和农民阶层，而其各自的特点都比较明确，边界清晰。随着我国改革开放的到来，生产资料所有制结构发生了改变，工人阶层分化为不同的群体，出现了公有制企业职工、私营企业工人、外资企业工人和乡镇企业职工的区别，而且伴随着改革的深入推进，国有和集体企业职工人数呈逐年减少的趋势，私营和外资企业职工人数在增加，乡镇企业职工人数比较稳定；随着我国教育水平的提升，知识分子群体的数量也在逐渐提升，该群体人数已经由改革开放之初的1726万人上升到了11900人，所占人口比例也由1.8%提升到了10%以上，该群体思想先进，热衷于公共事务，自我及对社会的期望值较高，既对我国社会主义事业建设提供了坚实的智力支持，也是现代化建设的中坚力量；官员群体是另一重要群体，据人社部2016年5月30日发布的《2015年度人力资源和社会保障事业发展统计公报》显示，截至2015年底，全国共有公务员716.7万人，这一统计数据范围主要是指国家机关工作人员，即政府系统工作人员，范围是人大、政协、政府、法院、检察院等机关除工勤外的人员，不包括事业单位工作人员。而2014年《事业单位人事管理条例》发布，国务院法制办、中央组织部、人力资源社会保障部负责人就《条例》答记者问时表示，当时我国事业单位人数为3153万人，可见官员群体编制内人员数量巨大，而这群人处于中国政治结构的中心位置，对于国情的了解比其他群体更具优势。

家庭承包责任制改革后我国土地政策经过多次调整，农民的生产积极性得到进一步提升，再加上社会经济结构的转型、城市化进程的加快、进城务工农民人数的增加，农民群体的分化进一步加剧，可以分为务农农民、非农农民和兼业农民，而务农农民又可以分为传统农民、种植专业户、合作经营者；非农农民划分为农民工和个体私营业主，而农民工又存在雇用工人和个体劳动两种类型，新生代农民工与老一辈农民工又有显著的不同；兼业农民分化为以农业为主的兼业农民和以非农业为主的兼业农民。可见当前农民群体的分化较为多样，而且不同的群体利益诉求大不相同，伴随着农村政治、民主意识的逐步提升，农民已经成为公共利益诉求的重要组成部分。另外，军人群体是我国一个特殊的具有较高政治组织程度的社会集团，十八大以后中央军委对军事体制进行了改革，同时对部队进行调整，军队总体上保持稳定。

社会群体的分化使得阶层利益诉求进一步多样化，不同的利益诉求下就会形成不同的意见和观点，基于 Web 2.0 的网络空间环境可以充分容纳各方意见和诉求，形成独具特色的网络舆情洪流。这股洪流既是网民意见的体现，也存在着不良情绪的表达，既存在意见一致的汇合也表现为不同诉求的碰撞，从而综合表现为不同的群体在不同领域内针对各种话题进行的话语表达，而更为明显的是群体的分化增加了舆情中不同意见的冲突，从而使网络舆情向更加不稳定的趋势发展，使网络舆情危机出现的可能性大大增加。

5. 生态：绿色理念构筑共赢格局

人类的发展过程中长期忽略了自然生态的重要性，直到大自然对人类一次又一次无情的报复，使人们认识到只有人与自然和谐共处，才有可能实现可持续发展。笔者曾于2008 年撰文《绿色电子政务理念、方法及意义探索》，当时将绿色电子政务界定成“为确保电子政务建设和活动能够在节能、环保、安全、和谐等状态下可持续发展，而遵循的一系列理念、方法及指标体系，而在遵循此理念的基础上建设和开展的电子政务即为绿色电子政务”。所谓绿色包含以下几个理念：首先是节能环保理念。对于节能比较好理解，电子政务的建设和开展活动都是需要投入大量人力、物力、财力的，如何才能以最小的投入得到最大的产出这是电子政务应该考虑的问题。同样环保思想也同等重要，电子政务的环境不仅包括常规的周围环境，还应将电子政务服务平台的网络环境包含在内，一个充满垃圾信息的电子政务平台又如何使电子政务的优越性得到体现，节能环保是绿色电子政务的一个首要理念。

其次是可持续发展理念。这方面不用多讲，许多专家已经给出了精辟的论证。如于凤春教授指出电子政务的可持续发展是一个值得政府、厂商和科研机构关注的课题。只有实现了电子政务的可持续发展，电子政务的建设才能在更大的资源基础上逐步推动、扩张；只有实现了电子政务的可持续发展，政府管理才能得到更及时、合理的改进，合理的政府管理体制会给电子政务的进一步发展提供充分的资源和条件；只有实现电子政务可持续发展的目标，电子政务与政府管理之间才会形成良性互动关系，社会才会形成内在的对电子政务发展的进一步需求。

再者是和谐构建理念。这一思想是将中国和谐社会构建背景与电子政务自身要求相结合而得出的。电子政务是政府开展业务的一种途径，在一定意义上说是政府的“脸面”。如何使其更好地为每个公民提供公平、公正的服务，在一定程度上影响着和谐社会的构建，也与服务型政府的推进有着密不可分的关系。由此，和谐思想应该贯穿电子政务建设和开展的始末，这也是绿色电子政务理念不可或缺的基本思想。

十八届五中全会提出了“创新、协调、绿色、开放、共享”的五大发展理念，集中反映了党中央对经济社会发展规律认识的深化，极大丰富了马克思主义发展观，为党带领全国人民夺取全面建成小康社会决战阶段的伟大胜利，不断开拓发展新境界，提供了强大思想武器。其重大意义正如全会所指出的，这是关系我国发展全局的一场深刻变革，影响将十分深远。

综上所述，伴随我国互联网的快速发展，政治上电子民主的出现和发展使传统民主得到进一步的补充和完善，经济上随着产业结构的调整和国民物质生活水平的提升，使以旅游等休闲娱乐业为主的休闲产业时代即将来到，文化上网络文化的进一步繁荣和发展，使社会主义网络文化成为社会主义核心价值观建设的重要组成部分，而社会群体的分化使群体利益诉求更趋多元化，生态上绿色理念的崛起使和谐网络建设成为必需。在政治、经济、文化、社会以及生态背景的交织之下，旅游网络舆情危机治理的提出意义重大，影响深远。

（二）研究意义和价值

对于旅游网络舆情危机及其治理进行深入研究，不论是在理论层面还是在实践领域都具有较为深刻的意义。

1. 理论层面

第一，有利于进一步厘清旅游网络舆情危机治理研究的相关理论及实现其研究的系统化。当前我国对于旅游网络舆情的研究才刚刚兴起，对于其中的一些基本概念、元理论还尚未厘清，对于旅游网络舆情危机及其治理的研究还少之又少，没有实现研究的系统化、研究团队的规模化。因此，通过本项研究可以进一步梳理当前的相关理论，并在此基础之上探索新的理论，使该领域研究走向系统化。

第二，有利于探索构建旅游网络舆情危机治理的一般化模式。由于该领域属于交叉学科领域，再加上其出现时间较短，而实践中相关事件推进较快，对于旅游网络舆情危机的治理还处于理论和实践同步探索的阶段，尚未形成具有理论支撑的、较为科学的一般化治理模式。本项研究试图通过整合相关理论，并在实证研究的基础上，进一步摸清规律探索建立旅游网络舆情危机治理的理论模型，为该领域研究和实践提供支撑。

第三，有利于奠定网络舆情研究学科体系的基础。当前形势下，新媒体深刻影响着社会的各个方面，各大高校在认识到新媒体重要性的基础上纷纷建立新媒体学院或研究院，根据已有的学科发展经验可知，网络舆情研究繁荣的前景就是要建立以其研究为中心的学科体系。因此，以该选题进行的系统性研究，可以进一步丰富网络舆情相关理论体系，并通过抛砖引玉引起更多学者的关注和研究，从而丰富该领域研究成果，扩大研究影响力，为下一步学科建立打好基础。

第四，以旅游网络舆情危机治理为着眼点对政府治理能力展开研究，并初步对网络环境下政府治理创新的路径、实践及困境进行探索，有利于引起理论界对互联网背景下政府治理创新议题的关注，并以此进一步加强学者对政府创新研究的必要性的认识，从而进一步完善政府治理创新的相关理论。

2. 实践价值

第一，有利于摸清旅游网络舆情危机的现状，了解旅游网络舆情危机产生、发展与演变的一般规律，在此基础上提出较为合理的治理策略，为网络时代的旅游网络舆情危机治理工作提供参考。当前我国旅游网络舆情危机处于高发时期，但该领域研究严重不足，在实践领域各治理主体还未形成准确定位，总体治理水平不高。因此，系统的研究以及结合具体区域典型案例的深入剖析有利于提升对旅游网络舆情危机及当前形势下的治理的准确认识，从而对政府等主要治理部门开拓治理路径、加强治理合作和提升治理水平提供有益建议。

第二，对五台山等重点景区进行实证研究，有利于摸清五台山景区旅游网络舆情危机及治理情况，对典型案例进行剖析可以进一步认识当前危机治理中存在的不足，并结合山西省的具体实际提供对策。当前山西省正处于“转型跨越”的重要时期，随着国家经济结构的调整和山西省去产能的深入推进，旅游资源成为除煤矿外山西省拥有的另一优势。山西省委提出以加快把文化旅游业培育成为战略性支柱产业为主线，以深化旅游景区景点体制机制改革创新为突破口，以“互联网+旅游”为手段的发展思路。因此，通过加强理论研究和实证分析结合山西和忻州的实际对五台山旅游网络舆情危机进行研究，可以对有效提升政府等治理主体的治理水平，助力山西经济转型提供智力支持。

第三，以旅游网络舆情危机治理研究为突破口，提出网络时代政治治理创新的必要性，并就政府回应力、政府治理创新路径等现实议题进行剖析。可以使政府全面提升对互联网社会的认识，从而加强互联网背景下治理创新能力的建设，并以旅游网络舆情危机治理能力为抓手，切实推进政府职能转变和治理能力的提升。

二、当前研究状况及评述

（一）国内外研究现状

旅游网络舆情是以网络为载体，广大网民围绕旅游突发事件和热点现象所表达的情感、意见、态度、观点等社情民意的集合。旅游网络舆情集中反映了游客、政府主管部门、旅游企业等当事人以及社会公众在网络空间中对旅游热点事件、旅游现象和旅游问题的认知、态度和诉求，是旅游部门和企业获取旅游舆情信息和应对旅游舆情危机的重要依据。近年来“凤凰景区收费”“华山游客被捅”“九寨沟景区游客滞留”等突发事件的爆发和解决过程中网络舆情均起到重要的作用。旅游网络舆情危机研究涉及旅游网络舆情、旅游网络危机的相关理论、产生机理、传播模式及应对等各要素，其涉及公共空间和公共议题的治理是公共危机管理的有机组成部分，也是政府责任的重要指向，旅游网络舆情研究源于早期的网络公共治理研究。

早在 20 世纪 90 年代初，美国就在计算机传播领域开展了社会治理中的网络舆论应对探索，并将研究成果应用于民意调查、公共事务管理中。此后，经过 Mark Slouch（1995）、Cass Sustain（2002）、Jovan Kurbalija（2005）等学者的推动，网络舆情研究逐步在欧美等国受到重视，形成了面向公共危机预警的舆情监测和预警体系。随着 Twitter 等微博客的问世及网民个体参与积极性的提高，网络舆情预警民用化趋势加强，网购、旅游、资讯服务等领域开展了大量围绕舆情分析、监测与预警的研究。如 Anita Coleman（2007）从 Twitter 平台上的网络舆情特征入手，探讨了微博舆情信息分析与旅行者网络行为引导问题；Dave K 等人（2012）则提出了旅游公司进行网络舆情应对的策略，并构建了包括舆情采集、分析、预警、处理的旅游网络舆情预警工作流程，等等。

在国内，由于我国经济社会和互联网发展有其自身规律，且不同于英文可根据空格自动切词，中文需要进行分词，因此国外先进的研究成果需要进行本土化改造。目前国内网络舆情研究主要包括：网络舆情事件的特征和形态，网络舆情内容，网络舆情形成、传播和演化过程以及网络舆情监测预警与管理四个方面。国内现有研究对具体领域涉及较少，有关旅游网络舆情危机的研究还较少，相关的观点多散布于一些关于网络环境下提高旅游服务质量、应对网络危机的成果中，因此并未形成系统性研究。其中较有代表性的是付业勤等提出的旅游网络舆情的研究框架，该框架涉及旅游网络舆情的研究方法和构想，同时也发表了一系列相关论文，但同样对旅游网络舆情危机治理应对的核心话题谈的不多。

（二）当前研究评述

当前国外对网络舆情及危机的研究较为成熟，但国内研究却才刚刚起步，尤其是旅游网络舆情危机及治理方面的研究更是少之又少，依然存在以下几方面不足之处：

1. 系统性研究不足。当前旅游网络舆情危机研究的成果主要集中于海南师范大学的付业勤等学者发表的十几篇论文，尚未形成以一系列科研项目为支撑的论文、著作成果体系，也未形成稳定的科研团队。在研究的内容上也不够全面，对于旅游网络舆情危机治理研究的核心内容尚未涉及。

2. 成果转化率不高。国内网络舆情研究涉及新闻传媒、管理学、统计学、情报学、法律、计算机等多个学科，其中新闻传媒占了所有文献的近一半，互联网技术、计算机软件及计算机应用、统计学等方面的文献数量不多，且大多数文献都存在为研究而研究的现象，没有能够有效地将研究成果转化到实际应用领域。

3. 理论研究占主流。已有的研究大多探讨网络舆情或旅游网络舆情的一般性理论，具体领域研究较少，而且大多以案例穿插为主，而专门以五台山景区等具体研究领域为对象的研究较少，而五台山旅游网络舆情研究领域尚待开辟。

三、研究方法与创新之处

（一）研究思路

本次成果研究中主要采用以下几个方法：

1. 文献研究法。对相关理论和成果进行整理、分析，并在此基础上通过逻辑思辨的方法进行抽象归纳、演绎。

2. 社会调查法。通过问卷调查、访谈、实地考察等方式了解获取信息，了解实际情况。

3. 网络文本分析。根据课题研究的需要，对网络上一段时间内的相关文本进行比较、分析、综合，从中提炼出评述性的说明。

4. 数理统计法。对获取的大量有关数据利用 SPSS 社会调查软件进行数理统计分析的量化研究方法。

（二）技术路线

本研究本着“从实践中来到实践中去”的总体思路展开，从理论研究和实践调查两条主线出发，理论方面侧重探究五台山旅游网络舆情及危机治理相关理论问题，实践方面主要通过对五台山旅游舆情及治理现状展开实证调研，摸清五台山旅游舆情的构成、类型、特点及其危机和治理现状、存在的问题，并最终将理论研究成果与实践调研结果相结合，归纳危机生成的原因、演化的路径、提出治理策略，并在此基础上以五台山景区为例进一步构建旅游类网络舆情危机治理的一般性模式，明确旅游网络舆情危机治理中的政府责任，并就政府回应力、政府治理创新等议题进行研究。

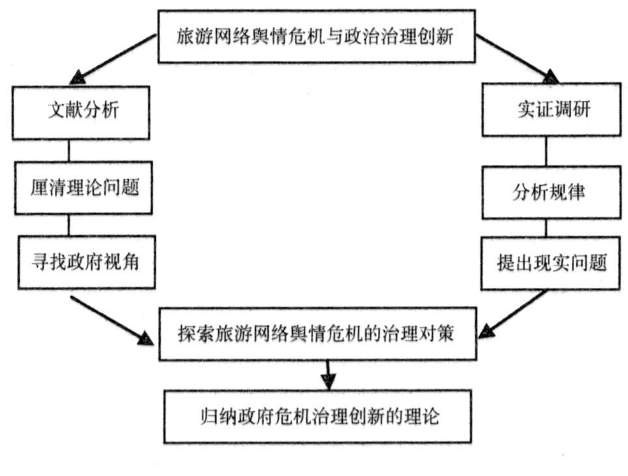

图1　研究技术路线

（三）创新之处

本课题研究的创新之处主要在以下三个方面：

一是研究领域上弥补了五台山旅游舆情研究的不足。本研究拟以五台山旅游网络舆情为研究对象，既注重其一般性特点的继承，又深挖其内在特殊性，从而弥补对五台山旅游网络舆情研究的不足。

二是多样化的研究方法。课题研究拟突破本领域已有研究大多采用理论分析的思维，既注重量化考察又注重质化分析，同时结合使用网络文本分析法等网络技术展开研究，切实保证研究目标的顺利实现。

三是系统性创新。本研究拟在前人的基础上，通过论著的形式对五台山旅游舆情的研究成果进行系统性研究和整合，从而有利于该领域研究的系统性发展。

第一章

旅游网络舆情缘起

一、网络舆情及其相关概念

近些年来，随着互联网普及率越来越高，网络已经成为人们日常生活中的不可或缺的工具，它能够满足人们多样化的需求，因此人们对网络的依赖程度也就越来越大。另外微博、微信、微视频等平台的不断出现和使用，使人们表达意见和观点的渠道愈加畅通，不同意见汇聚而成的网络舆情对人们生活的影响也越来越大，政府网络舆情治理工作也日趋重要。近年来，暴恐事件、马航失联、香港非法占中等事件引发的网络舆论及其反响，无不彰显出网络舆情这股新兴力量的强大，让人们逐渐意识到网络舆情的出现和其治理成效对社会影响之巨大。政府如果对网络舆情事件处理、应对不恰当、不合理，就很容易遭受来自多方面的压力，以至于陷入被动的局面，致使公共形象受损、公信力下降。同时，对于处置一些重大网络舆情事件政府发挥的作用就更重大了，稍有不慎，就有可能引起民众的不满情绪，甚至引发公众的集体抗争。再加上冷战思维的残留，如果舆情被不怀好意的势力利用，便可发展成为对社会稳定形成威胁的公共事件。因此，如何及时、有效地回应网络舆情，恰当地处理网络舆情以及如何更好地利用网络舆情已经成为一个急需我国政府迫切思索并且不断改进的问题。

（一）网络舆情

2012 年 12 月 7 日，习近平总书记在视察腾讯公司总部时指出：“现在人类已进入互联网时代这样一个历史阶段，这是一个世界潮流，而且这个互联网时代对人类的生活生产、生产力的发展都具有很大的进步推动作用。”正如互联网的迅猛发展一样，网络舆情也越来越影响到人们的日常生活，政府应对网络舆情的方式手段也在不断发展并日趋成熟。但同时，因为事物发展的自身规律以及网络舆情本身的复杂性，网络舆情治理还存在许多不完善的地方。某“表哥”在事故现场的照片被放到网络上，从而开启了其事业的下坡路，网友根据其所带名表和高价眼镜进行深层挖掘，揭露其贪污受贿的本质；铁道部某高官贪腐被网络联名举报，引起网络上巨大反响，政府介入调查，最终因贪腐下马；某官员不雅视频一夜爆红，众多网民纷纷转发，最终他本人因为败坏党风党纪而受到法律制裁。这些事件无一不体现了网络舆情的巨大推动力量，尤其是对公共领域形成巨大影响。网络舆情能量巨大，处置得当便可树立威望，提升公信力，处理不当就会形成负面影响，甚至损害公权力的合法性。可见，政府工作中要对网络舆情进行积极主动的治理，才可以抢占先机。

学者们对网络舆情的概念理解和定义各不相同，但笔者比较认可这一观点：所谓网络舆情是指在互联网上流行的对社会问题产生不同看法的网络舆论，是社会舆论的一种表现形式，是通过互联网传播的公众对现实生活的某些热点焦点问题所持有的有较强影响力、倾向性的言论和观点。网络舆情是社会现象的镜子，它能够直接反射出社会中形形色色主体最为真实的生活状态和社会心态，是民情民意最无阻碍的表达方式。网络舆情存在的主要平台是微博、微信、QQ等新兴通信平台，具有其独特的特点：

1. 表达自由

互联网对于每一个网民来说都是相对开放的，这使得所有的网民只要有在网络平台上发表自己对某个社会事件观点和看法的意愿，都可以通过微信等方式发表见解并得到赞成者的转发，使得更多的人看到，这就意味着在网络平台上每个人都有公共空间，在公共空间中每个人都可以是网络舆情的发起者，通过微博、微信、博客等网站，表达自己的看法和真实观点，表达自己的情绪，并可以在平台上与意见不一致的人交流意见，自由表达。

2. 过程互动

在互联网舆情平台上，人们可以自由表达自己的情绪，在这个自由的基础上，就必然会存在每个人立场不同、观点不同的现象，因此会出现很多不同观点的交汇与碰撞，在这个过程中，网民之间就会在网络上相互讨论交流，支持自己观点或反驳对方观点，这就形成了互动局面。因此网络舆情发展过程也是网民互动交流观点的过程。

3. 方式匿名

人们在表达自己观点和情绪时，容易受外界环境影响，大部分人在外部环境的压力作用下，不敢表达自己真实的看法，选择沉默，然而在互联网上网络舆情参与者和发布者的信息可以匿名，这样就在一定程度上保护了网民的个人隐私，确保了网民可以在不受外界环境的影响下，真实表达自己的意见，切实地站在自身或者与自己同类群体的角度出发，表达自己的愿求。

4. 发展迅速

网络舆论的形成是非常迅速的，因为网络舆情的内容大部分都是与广大公民的日常生活很贴近，人们对生活中热点事件的关注度很高，再加上在网络平台上发表意见的渠道多，又快捷方便，所以一个热点事件就可以迅速得到人们的广泛关注，引起剧烈的反响，从而形成重大网络舆情事件。

（二）网络群体性事件

网络群体性事件是随着计算机的普及和网络技术的迅速发展而出现的一种新型事物，它的出现是信息社会发展的一个必然结果，但是它引起学者的注意却大多是从2009年的“躲猫猫”事件开始，随即人们对于网络群体性事件的关注迅速升温。从中国知网以“网络群体性事件”为主题进行检索得到的论文篇数可以证实这一点，中国知网收录的以“网络群体性事件”为关键词的论文统计如下：2009年以前共2篇，2009年上升到了6篇，2010年达41篇，2011年69篇，2012年达到高峰82篇，网络群体性事件成为学术研究的热点。

当然，这也与网络群体性事件呈现的特点分不开，通过对近三年的59个案例进行研究发现，网络群体性事件的出现频次逐年升高，参与主体日趋复杂，发生规模和影响范围进一步扩大，而且相当比重的事件都集中发生在公共管理领域，这些事件的应对情况直接影响到公共部门的威信，进而影响到和谐社会的建设，而中国知网收录的相关论文中论述政府网络群体性事件应对的占到论文总数的75%以上，这恰恰证明了网络群体性事件的应对会对政府管理产生重大影响这一观点。因此，进一步研究网络群体性事件的应对机制将具有十分重要的学术意义和实用价值。

网络群体性事件已经成为当前社会存在的不争事实，但是网络群体性事件的界定目前还没有统一的看法。这里根据概念的界定是否与群体性事件直接关联及是否具有危害性将学者们的看法分为三种类型，第一种即有直接关联有危害性，如以杨久华为代表的学者认为“网络群体性事件是群体性事件的一种新的特殊形式。它是指在一定社会背景下形成的网民群体为了共同的利益或其他相关目的，利用网络进行串联、组织，并在现实中非正常聚集，扰乱社会正常秩序，乃至可能或已经发生影响社会政治稳定的群体暴力事件”。这种观点认为网络群体性事件是在网络背景下发生的群体性事件，其具备群体性事件的一般特征，如非法性、危害性，同时也有自己的特征如利用网络渠道集聚。第二种即无直接关联但有危害性，如揭萍、熊美保认为“网络群体性事件是指在一定社会背景下形成的‘网中人’群体为了共同的利益，利用网络进行串联和组织，公开干扰网中网外秩序，干扰网络正常运行，造成不良的社会影响，乃至可能危及社会稳定的集群事件”①。这一观点虽然没有把网络群体性事件看作是群体性事件的变体，但是认为它是一种“扰乱”行为，可能具有危害性。第三种即无直接联系不确定危害型，如生奇志、徐斌、展成、王琳等学者认为“网络群体事件是指，为了实现某一目的，利用网络大规模发布、传播某一方面信息，以发泄不满、制造舆论，在相对自发的、无组织的和不稳定的情况下，因为某种普遍的影响和鼓舞而发生的集群行为称为网络群体事件”②。葛琳认为网络群体事件定义为“在相对自发的、无组织的和不稳定的情况下，因为某种普遍的影响和鼓励而发生的集群行为”③。他们既没有承认网络群体性事件与群体性事件有继承关系，也没有对其危害性及合法性问题进行探讨。

综上所述，关于网络群体性事件的界定一直没有一个统一的认识，但是就其存在的一些一般特征却在界定中都提到了，即其一，网络群体性事件是在网络环境下发生的；其二，网络群体性事件是相当数量网民的聚集行为；其三，这种行为或合法或非法，或有组织或无组织，或有危害或无危害，但都会产生

---

① 揭萍，熊美保．网络群体性事件及其防范［J］．江西社会科学，2007（9）．

② 生奇志，徐斌，展成．网络群体事件的产生、影响及应急机制研究［J］．理论探讨，2007（6）．

③ 葛琳．网络舆论与网络群体性事件［J］．新闻爱好者，2008（9）．

一定的影响；其四，这种聚集行为是有目的的。因此其概念可以界定如下，所谓网络群体性事件是指在网络环境下发生的，相当数量的网民群体通过网络渠道进行有目的的聚集行为，这种行为会给社会带来一定影响。这一界定没有将网络群体性事件限定为非法事件，也没有从其社会危害性进行考量，从而可以更加灵活、开放地对其进行研究，从而为其应对提供更好的解决思路。

（三）政府网络危机管理

危机是对一个社会系统的基本价值和行为准则架构产生严重威胁，并且在时间压力和不确定性极高的情况下，必须对其做出关键决策的事件。①

政府网络危机包括广义和狭义两种情形。政府网络危机狭义上是指在社会生活中以网络为中介，网民对突发社会事件做出偏离事实、过激的言语，并引发众多的具有一定倾向性的负面舆论，当负面舆论成为舆论主导时，对某政府机关及国家产生严重后果的一种危机形态，本书探讨的就是狭义的政府网络危机。政府网络危机广义上还包括网络舆论引发的国家危机，是指国家敌对分子利用网络煽动网民情绪，诬蔑执政党和政府，企图颠覆现存政权而制造的紧急状态。这是网络极端民族主义或网络恐怖主义的产物，如新疆“七五事件”。②

政府网络危机的本质是政府公关危机，挑战的是政府的权威性和合法性。在信息快速传播的网络社会里，因传播的时效性和广大网民的积极参与，任何一位政府工作人员的不当具体行政行为，一旦被人发现，都可能把视频或图片放到网上，经过网络传播和放大，产生不利于政府的负面舆论，严重损害政府形象，进而把当局政府推向公众舆论的风口浪尖，动摇政府的合法性地位。

政府网络危机是一种危险和机遇并存的状态，危机除了给社会带来摩擦和不稳定，也给社会带来暴露深层问题的机会。如果政府网络危机处理得当，决策者正面应对危机，危机可以促进制度的革新和环境的变革，并提升政府执政能力。过去众多的网络危机事件证明，危机的出现并不是一件可怕的事，而真正可怕的是社会缺乏一套相对完善的危机应对体系，具体来说政府网络危机管

---

① Rosenthal Uriel, Charles Michael T. Coping with Crises. The Management of Disasters, Riots and Terrorism [M] Springfield: Charles C. Thomas, 1989, 215 - 216.

② 李斌．政府网络舆论危机及其治理策略——社会转型、网络政治参与、政治体制改革的交集［J］．广东广播电视大学学报，2010（12）：52 - 57.

理有如下特点：

第一，匿名性。在传统媒体时代，信息来源可靠真实，所以保证了信息本身的真实性。从立意、编辑到信息的发出，传统媒体有着相当严格的准入审核制度。而网络则不同，每个人都可以通过虚拟身份发表言论。在网络公共论坛，大家无须经过身份验证的关口，只要注册完成，即可在论坛里发表议题。没有人验证发布者的身份，也没有人考证所发布信息的真实性，议论的热点就有可能被其他网民快速转载，议题就会立刻涌现在各大网络空间。由于网络的匿名性，当网络舆论危机出现时，信息源头很难查询。

第二，突发性。与传统媒体不同，在新型网络媒体中，一旦将热点议题置于社区网站或论坛，信息就会以惊人的速度在网络上传播开来，网络舆论瞬间引爆。在舆论形成热点的过程中，经过不断的传播和讨论，关于政府的负面舆论泛滥成灾，使政府在短时间内面临大规模的公众舆论压力，陷入公关危机，这就要求政府在应对危机做出反应时越快越好。

第三，信息传播的偏误性。网络生活中，一是在法律和技术层面缺少一些必要的规则限制和有效监督，二是网民身份的隐蔽性，三是大众网民的非理性，网络不可避免地成为一些网民宣泄情绪、倾诉不满的空间，甚至发布“仇官”“仇富”的流言，产生庸俗、灰色和误导性的言论。有些人利用舆论制造声势，以讹传讹，形成网络“谣言之毒”，利用不明真相的网民的舆论支持，牵制主流或官方媒体舆论，使人们不相信媒体和政府的话，成为网络舆情危机形成与发展的“幕后黑手”。

第四，虚拟与现实的互促性。一直以来，虚拟空间、虚拟社会只是提及电脑网络时才会联想到的词汇，并且潜意识里把它视为与现实社会截然相反的概念。然而网络舆论危机的出现，混淆了对虚拟与现实的距离与差异的原本认识，并亲身体会到了虚拟网络对现实生活的巨大影响和深刻作用。各类网络舆论危机尽管各有不同，但都遵循了现实和网络互动互促的特点，在形成与发展模式上基本一致。有时网络舆论危机甚至会在虚拟与现实之间越滚越大，呈现出

“雪球效应”①。

二、旅游网络舆情的提出

（一）旅游网络舆情的出现

1. 网络新媒体的兴起

从1994年4月20日，中国实现与国际互联网的全功能连接，从此中国与世界紧密联系在一起，当时中国是第77位国际互联网成员。到2005年底我国网民达到11100万人，突破了1亿，互联网普及率达8.5%，实现了我国互联网的顺利起步。2005年到2015年是我国互联网高速发展时期，网民人数飞涨到了6.88亿，互联网普及率达到50.3%，从而一跃成为世界第一网络大国，伴随着网络高速发展过程，新兴媒体不断出现、成长、成熟。

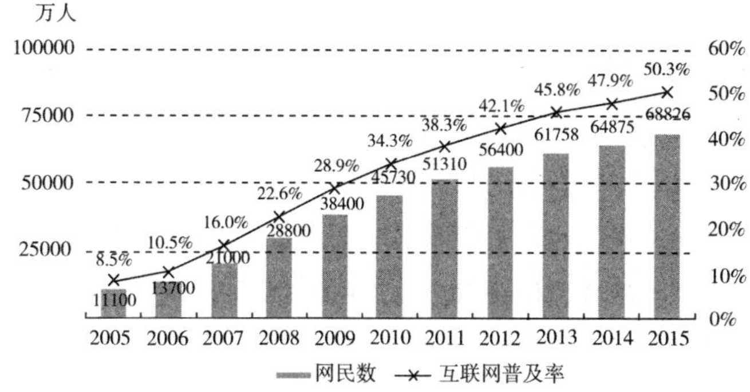

图1－1　中国网民规模和互联网普及率

传统媒体主要是通过单一的形式来进行信息的公开与传播。新媒体是在传统媒体的基础上运用数字媒体技术开发创意完成并对于信息进行传播加工以及创新诠释的一种新的媒体概念，即以“数字媒体为核心的新媒体”。② 和报纸、杂志、广播、电视这四大传统媒体相比，新媒体已经成为新时代最重要的信息传播媒介，它们在建构和谐社会的过程中发挥着日趋重要的作用。新媒体主要

① 田新．新时期地方政府网络舆情危机及其控制探析［J］．贵阳市委党校学报，2011（6）：54－57.

② 黄蕾．浅谈广播面对新媒体的竞争应如何创新发展［J］．新闻世界，2012（3）．

有以下几种类型：

（1）手机媒体。手机媒体在信息的扩散式传播中发挥着重要的作用。在手机媒体与网络媒体的互动中，手机网民普及率已经超过网络，手机对于事件舆论的传播有更便捷的渠道，并日益成为互联网传播的重要辅助媒介。手机传播主要是通过短信传播谣言，短信的不间断转发就可以使谣言在人群中产生爆炸式反应，手机传播的谣言也即刻成为网络各社区、各论坛检索的关键词，目前承载于手机端的媒体形式主要有手机 APP、微信等。

（2）网络媒体。网络媒体在危机传播中表现活跃并占据主流地位。网络凭借其高普及率和方便快捷、信息全面等特点，已成为政府危机的主流传播渠道，在众多媒体中表现活跃。如：网络搜索引擎百度、搜狗等为人们了解危机状况提供了更加快速便捷的渠道；网络媒体库、网络社区等也成了信息的集散地，使得危机事件各主体产生信息的激烈交锋与博弈。

（3）博客。博客提供舆情言论即时发布和沟通的平台。博客通过收集、阐释和整理信息为人们提供了发表言论和沟通信息的平台。对于极具争议性的事件，博客上往往会形成激烈的言论，并引发危机的扩散。在博客提供的开放性的网络环境下，人们往往拥有一定的话语自由权，这种自由权利就会颠覆“把关人”① 的概念。但在这种相对自由的网络环境下，也存在着负面的信息互动现象，需要网民采取理性的行为来应对。

2. 网络公共话语权的确立

网络时代的兴起，网络社区的出现，唤醒了公众的参与意识，同时也革新了公众的参政方式。值得注意的是，作为新生事物，由于体制的不完善或基本管理制度的缺乏，每一种参与方式的出现必然会带来一些负面影响，网络社区也不例外。当前，基于政府的公共权威，各政府部门成为引领网络社区发展方向的重要主体之一。在我国，虽然不同类型的网络群体性事件诱因各不相同，但其略有失控的发展趋势、民众情绪的不合理宣泄，逐渐暴露出相关部门在与民众沟通中的不规范状况。因此，政府需要强化其在网络社区发展过程中的职

① “把关人”概念最早是美国社会心理学家、传播学的奠基人之一库尔特·卢因在研究群体中信息流通渠道时提出的。

能，保护网络主体权力，规范社区中不合理不合法的行为，并在适时的情况下进行引导。网络时代，政府亟需转变自身的治理理念和治理方式来应对新兴媒介和技术对整个社会的冲击，打造公民网络参与的平台，规范网络行为，维持网络社区的秩序和稳定。

2011 年笔者负责的“网络群体性事件研究”课题组对 2007 年到 2010 上半年发生的 59 起网络群体性事件进行了深入调研，从数量分布来看 2007 年前共有 6 起，2008 年 12 起，2009 年 28 起，2010 年上半年 13 起，从事件爆发的数量上看这几年呈现剧烈增长的趋势，类型涉及经济民生、政府管理、立法司法、科教文化等多个领域。网络群体性事件是指在一定社会背景下形成的网民群体为了共同的利益或其他相关目的，利用网络进行串联、组织，并在现实中非正常聚集，扰乱社会正常秩序，乃至可能或已经发生影响社会政治稳定的群体暴力事件。① 网络群体性事件一直是近些年来的热点话题，它深刻地反映着网民的利益诉求和政治意识，同时也是网络公共话语权兴起的体现。

“躲猫猫事件”的出现使得网络公共话语权在一定程度得以确立。2009 年 2 月据当地公安部门通报，24 岁男青年李乔明在看守所中与狱友玩“躲猫猫”游戏时头部受伤，后经医院抢救无效死亡。这一事件经媒体报道后，在网络上迅速发酵，众多网民纷纷质疑，一群成年男人在看守所中玩小孩子玩的“躲猫猫”游戏听起来非常离奇，而这种“低烈度”游戏竟能致人死亡就更加令人难以置信。于是，一场以“躲猫猫”为标志的舆论抨击热潮迅速掀起。事件在网上曝光之后，迫于网络等媒体的舆论压力，2 月 19 日，云南省委宣传部在云南网公告“征集网民参与调查‘躲猫猫’事件真相”。2 月 20 日，晋宁县公安局公布调查结果。2 月 22 日下午 3 时，云南省委宣传部副部长、“躲猫猫”调查委员会的创意人伍皓、“躲猫猫”调查委员会主任风之末端、市民蒋月蓉等嘉宾做客云南网，向网民讲述开展“躲猫猫”调查事件的前后始末，并在线回答质疑。2 月 27 日 17 时，云南省政府新闻办召开新闻发布会，公布检察机关调查结论。事件的起因于网络公共空间，事件的调查过程有网络意见领袖参与，而结果的

① 杨久华．试论网络群体性事件的发生模式、原因及防范［J］重庆社会主义学报，2009（4）．

公布也有网络民意代表的参加，可见网络公共话语权在一定程度上得以确立。

与此同时，国家各级领导干部也非常重视网络意见，胡锦涛2008年6月20日于人民网强国论坛与全国网友互动，开辟了领导人与网友直接对话的先例，同时，他指出“互联网已成为思想文化信息的集散地和社会舆论的放大器，我们要充分认识以互联网为代表的新兴媒体的社会影响力”①。十八大之后，新的领导集体更加重视网络，提出了建设网络强国的战略布局，习近平指出“网民来自老百姓，老百姓上了网，民意也就上了网。群众在哪儿，我们的领导干部就要到哪儿去。各级党政机关和领导干部要学会通过网络走群众路线，经常上网看看，了解群众所思所愿”。可见，网络公共话语权已经得到中央领导的认同。

3. 涉旅网络诉求的增加

Web 2.0 时代的到来，使得网络社区应运而生，并且迅速成长壮大，成为网民聚焦的主要领域。社区中用户根据自己的兴趣爱好聚合成众多圈子，同圈子内的用户在一定程度上具有类似的需求倾向。如基于论坛形成的车友会、本友会、旅友会等，有共同需求的用户会在相关社区中询问、交流相关信息。社区用户将社区作为发表自己思想、见解的平台，具有较强的参与性和信息分享性。同时，网民在旅游前后除了寻找官方信息外，更习惯于借助网络听取其他有旅游经验的网友的体验和评价；很多旅客在出游后，也倾向于在社区中分享自己的体验感受，从而形成基于公共同诉求的网络社区，这就使得涉旅网络舆情的出现有了存在的空间基础。

仅有平台没有内容也不会使涉旅舆情出现，而随着社会经济的发展以及人们收入的提升，“有闲”状态的出现使人们对旅游有了较大的需求，同时，对于我国来说已进入后工业化时期，旅游业属于朝阳产业，在2015年，接待的国内外的旅游人数超过41亿人次，旅游总收入达到了4.13万亿元，有着巨大的经济价值和无限的潜力。旅游业同时也是一个对信息特别敏感的行业，信息的产生和传播对旅游行业的发展尤为重要，而据第37次《中国互联网络发展状况统计报告》显示，截至2015年12月，中国网民规模已达6.88亿。随着电脑、手机

---

① 胡锦涛．在人民日报社考察工作时的讲话［M］．北京：人民日报出版社，2008.

的普及，游客对互联网的依赖不断增加，越来越多的旅游者会通过收集各种网络数据来选择、决定旅游目的地。同时也通过互联网反馈旅游信息。人们通过网络平台表达自己的观点、看法、意见，网络舆情对人们的生活影响也越来越大，网民凭借互联网“所有人对所有人”的传播优势，对社会发展中的种种问题畅所欲言，能够在极短的时间内凝聚共识、发酵情感、诱发行动，影响社会。因此，三亚宰客事件、青岛天价烤肉事件、青岛大虾事件、哈尔滨天价鱼事件等引发网民广泛讨论，进一步发展成为政府等各部门必须专门应对的危机事件的情况多有发生，一方面旅客的利益诉求得到了表达，而另一方面其他相关主体也受到了极大的影响。

涉旅舆情的出现使得旅游网络舆情研究成为学者、政府以及旅游企业争相涉猎的领域，对于学者来说旅游网络舆情的生成、演化、爆发、消退整个过程存在其内在的规律，这些是需要进行深入研究才能掌握的；而对于政府来讲，网络危机治理已经成为政府进行社会治理的必要组成部分，尤其是休闲时代涉旅舆情必然成为网络舆情的重要内容，也是关系到网络和谐、社会稳定的关键要素，相关主管部门该方面的治理能力应当及时跟进；对于企业来讲，旅游网络舆情既是机遇也是挑战，当前一些旅游企业已经通过大数据、云计算的新技术去第一时间获取旅游舆情，掌握了信息就把握了商机，同时不善于处置舆情危机也就随时可能面临灭顶之灾。可见，旅游网络舆情已经成为一种常态。

（二）旅游网络舆情的界定

天津社会科学院舆情研究所王来华于2003 年出版的专著《舆情研究概论》中将舆情定义为：舆情是指在一定的社会空间内，围绕中介性社会事项的发生、发展和变化，作为主体的民众对作为客体的国家管理者产生和持有的社会政治态度。① 张兆辉、郭子建在《舆情信息工作理论与实务》中引用了这个定义，并进一步定义为：所谓舆情，是指在一定的社会空间内，围绕特定的舆情因变事项的发生、发展和变化，在民众中产生和存在的对执政者及其所持有的政治

① 王来华．舆情研究概论—理论、方法和现实热点［M］．天津：天津社会科学院出版社，2003：33.

价值取向的社会政治态度。① 学者们基本上将舆情的主体定位为民众，而客体可以是管理者、执政者或其他，内容就是有关价值取向和态度。

随着网络自媒体时代的兴起，网络已经成为各种思潮的集散地，网络舆情也已成为危机事件引发和曝光的源头。我国关于网络舆情的研究始于2005年，自其出现到现今依然是学术界研究的热门课题，但学者们对于网络舆情的认识尚不统一。刘毅认为"网络舆情是由于各种社会群体构成的公众，在一定的社会空间内，对自己关心或与自身利益紧密相关的各种公共事务所持有的多种情绪、态度和意见交错的总和"②。周如俊、王天琪认为"网络舆情从书面上理解，就是在互联网上传播的公众对某一焦点、热点问题所表现的有一定影响力、带有倾向性的意见或言论的情况"③。徐晓日认为"网络舆情是社会舆情的一种表现形式，是公众在互联网上公开表达的对某种社会现象或社会问题具有一定影响力和倾向性的共同意见"④。华中科技大学纪红、马小洁认为"网络舆情就是指在网络空间内，围绕舆情因变事项的发生、发展和变化，网民对执政者及其政治取向所持有的态度"⑤。中宣部舆情信息局认为网络舆情是民众和媒体通过互联网，对热点事件或议题的情感、态度、意见和观点等的总和情况。⑥ 曾润喜认为网络舆情就是由于各种事件的刺激而产生的通过互联网传播的人们对于该事件的所有认知、态度、情感和行为倾向的集合。⑦ 孙玲芳等认为网络舆情就是公众以网络为平台通过新闻、评论、发帖、微博等为载体表达的对于在特定时空中发生的针对特定组织或个人的与自身利益相关或感兴趣的各种事项

① 张兆辉，郭子建．舆情信息工作理论与实务［M］．沈阳：辽宁大学出版社，2006：13－14.

② 刘毅．网络舆情研究概论［M］．天津：天津人民出版社，2007：53.

③ 周如俊，王天琪．网络舆情：现代思想政治教育的新领域［J］．思想理论教育，2005（11）．

④ 徐晓日．网络舆情事件的应急处理研究［J］．华北电力大学学报，2007（1）．

⑤ 纪红，马小洁．论网络舆情的搜集、分析和引导［J］．华中科技大学学报，2007（6）．

⑥ 中共中央宣传部舆情信息局．网络舆情信息工作理论与实务［M］．北京：学习出版社，2010.

⑦ 曾润喜，徐晓林．网络舆情突发事件预警系统、指标与机制［J］．情报杂志，2009（11）：52.

的具有群体性倾向的所有态度、意见、情绪和行为倾向的集合。① 学者付叶勤认为网络舆情是网络媒体和新闻媒体在网络空间内，对关心的新闻事件、公共话题和热点现象等，表达的认知、情绪、态度、意见、观点、意愿和行为倾向等的总和情况。② 王永杰认为，网络舆情是民众要求决策者不断改善现时民情及其自身利益并通过网络传递的一种诉求总表达，是网民对社会生活、政府管理中所出现的各种现象和问题的态度、情绪及意见的总和。③ 可见，随着对网络舆情研究的深入，绝大部分学者认识到了网络舆情不仅仅是现实社会中舆情在网络平台的反应，而且是存在于网络空间的、有其独特发展规律的事物。当然，网络舆情是与现实社会紧密相关的，因为网民的情感、态度、意见、政治倾向还是构建在现实生活的基础之上的。

对于旅游网络舆情概念的解读，国内外相关文献中阐述较少。付业勤、郑向敏认为旅游网络舆情是网民和媒体针对旅游热点事件表达的情绪、态度和意见等情况，而旅游热点事件应具备四个条件：一是旅游热点事件必须与旅游相关；二是旅游热点事件必须是热点事件，具有一定影响力；三是旅游热点事件在性质上包括负面的危机事件和重大突发事件，中性正面的假日旅游活动、节事活动、政策法规出台等事件。④ 可见，旅游网络舆情是网络舆情这个概念的一个子集，它也是网民或媒体在网络平台表达的态度、情感和价值倾向，只不过这些表达始终围绕一个话题或领域，那就是“旅游”，那么所谓旅游网络舆情也就是存在于论坛、微博、微信以及 APP 等互联网平台的，网民或网媒基于一定的诉求而进行聚焦表达的态度、价值倾向和情感，简单来说其产生必须有以下几个条件：

第一，网民的参与。自媒体时代的到来，拓宽了传统媒介信息传递的渠道，实现了人与人之间较为对等的信息传递方式。自媒体如微博、微信、论坛、博

---

① 孙玲芳，周加波，徐会，侯志鲁，许锋．网络舆情危机的概念辨析及指标设定［J］．现代情报，2014（11）：26.

② 付业勤．旅游危机事件网络舆情研究：构成、机理与管控［J］．韶关学院学报，2014（6）：17.

③ 王永杰．地方政府网络舆情危机应对研究［J］．国际关系学院学报，2013（11）：19.

④ 付业勤，郑向敏．旅游网络舆情研究体系建构研究［J］．重庆工商大学学报，2015（4）：75.

客等的出现成为个体表达自身利益诉求的主要渠道，它将话语权授予给草根阶层和普通网民。网民将自己的诉求发布到微博、微信等社交网络中引起网友注意或共鸣，经过广泛的发酵之后，便很可能成为热点事件从而得到更多人的关注。

第二，公共诉求。热点事件或话题事件的背后实际上是网民对于利益诉求的共鸣，得到公众广泛关注的事件往往关乎民众的生活和其切身利益。以青岛大虾事件为例，青岛大虾事件之所以能够引起广大网友的关注，其关键在于38元一只的大虾涉及的消费欺诈行为突破了游客消费者能够容忍的底线。每个网民都可能是潜在的游客，像38元大虾的消费欺诈行为发生在自己身上是大多数人都不愿遇到的。

第三，以网络为载体。网络舆情的产生、发展、高潮、平息这几个阶段都是以网络平台为土壤。网络空间的匿名性让民众广泛参与到对网络舆情事件的讨论中来，通过舆论的力量影响或改变政府或相关社会组织的决策，从而使得自身的权益得到切实的保障。

同样，旅游网络舆情与教育网络舆情、医疗网络舆情一样作为网络舆情的新兴研究领域，是对网络舆情出现在旅游地区市场中情况的新探讨。总的来说，旅游网络舆情是民众在网络中对旅游地区出现的旅游热点事件进行评论与互动，并造成更大范围影响的结果。

三、旅游网络舆情治理的意义

（一）旅游网络舆情治理而非管理

传统的政府统治理论在全球经济一体化、社会信息化、世界各国民主化的推动之下逐渐失去了生机，因此治理理论作为传统的政府统治理论和市场模式理论的替代而出现了。那么，究竟何为治理？所谓治理，是指“各种公共的或私人的机构和个人管理其共同事务的诸多方式的总和。它是使相互冲突的或不同的利益得以调和并且采取联合行动的持续过程。这既包括有权迫使公众服从的正式制度和规则，也包括人们同意或认为符合其利益的各种非正式的制度安排”①。虽然治理理论没有一个一般性的通用界定，但是其包含的理念却是得到公认的：第一，治理而非管理更非统治，意味着行为主体可以是政府也可以是其他社会公共机构或部门；第二，治理强调在公共领域政府与社会组织的合作关系，注重多方参与；第三，治理强调政府手段的创新，即采取除了用权力进行管理统治之外的其他方式。

旅游网络舆情是网络技术迅速发展至今出现的事物，它的出现并非偶然，而是社会问题在网络平台上的直接反映。由于网络平台具备信息传递畅通、言论更加自由等特性，网络的出现使得政府组织结构更加扁平化等特点，使得一些社会问题选择了网络的表达渠道。因此，在旅游网络舆情的应对上是治理而非管理，更非统治。如果相关主体从一开始就将旅游网络舆情定位为一种消极的事务、一种危害社会的行为，那么就只能进行管理了，而事实并非如此。通过对近些年引发的旅游舆情事件来看，其主要内容都是围绕网络维权、对旅游场所安全、卫生及管理的一些诉求，这些内容都是对社会进步有积极意义的，因而在其应对上应该是治理而非管理。在旅游网络舆情的治理中要秉持多方协调、共同参与的原则，政府旅游主管部门要多与其他社会组织进行合作，如“躲猫猫”事件中的云南省委宣传部，积极地与网民沟通，成立“网民调查委员会”，虽然这一组织的合法性有待认定，但却很好地化解了事件带来的负面影响，防止了事件的进一步扩大，维护了政府的威信。胡锦涛总书记在庆祝中国共产党成立90周年大会上的讲话中明确指出：“要加强和创新社会管理，完善党委领导、政府负责、社会协同、公众参与的社会管理格局，建设中国特色社会主义社会管理体系，全面提高社会管理科学化水平，确保人民安居乐业、社会和谐稳定。”② 网络群体性事件的治理理念正好顺应了中央创新社会管理方式这一要求。党的十八大三中全会更是从国家顶层设计将社会管理发展为社会治理，要求进一步提升社会治理水平，实现国家治理体系和治理能力的现代化。

---

① 俞可平. 全球治理引论［J］. 马克思主义与现实，2002（1）：22.

② 胡锦涛. 在庆祝中国共产党成立90周年大会上的讲话［M］. 北京：人民出版社，2001.

（二）我国旅游网络舆情治理的现实意义

当前节假日外出旅游已经成为常态，而旅游网络舆情势必会成为舆情的重要组成部分，由于网络传播速度快、网民群体极化等一些因素的影响，旅游网络舆情会在一定程度上影响网络社会的稳定，甚至会动摇现实社会的基础，因此对其进行治理具有非常重大的现实意义。

政府积极应对网络舆情可以促进政府工作顺利进行，主要表现在：

1. 有助于构建和谐社会

随着社会的不断发展，“和谐”已经成为当今社会发展的主旋律，由于国家的一切重大事件都可以通过网络平台传递到每一个人身边，供广大网民出谋划策、批评建议。如果政府能够在网络舆情平台上与参与网络舆情的网民形成一种畅通的互动与沟通方式，就能够及时了解民众的诉求，同时也可以将政府工作具体细节与困难公示，让广大公民能够了解并且理解，所以，政府积极应对网络舆情可以使政府与公民的联系密切起来，从而有助于社会主义和谐社会的建设。

2. 使民意表达的道路更加广泛并畅通

传统的民意表达有着其自身的缺陷性，其表达渠道并不通畅，所以更多的人倾向于选择运用网络来表达自己的意愿，网络上表达自己的意愿对广大网民来说更加快捷、方便，更重要的是自己的隐私可以得到很好的保护，这样政府如果能真正问计于民，就会使民意表达更加畅通，从而减少政府与民众间的隔阂。

3. 有助于树立更好的政府形象

网络是政府对外展示的良好平台，政府可以通过利用网络舆论宣传自己，增强政府的凝聚力和号召力，同时可以实现公民对政府的更好监督，有利于透明政府的建设，有利于政府良好形象的塑造。

但另一方面如果政府不积极应对网络舆情，也会出现比较严重的后果。由于网络舆情参与自由，网络之间相互开放，网络舆情中不乏恶意诽谤政府、侵犯他人权利的现象，他们利用网络传播信息的便利，煽动一些不明真相的群众，宣传偏激的理论，引起群众的不良情绪，影响政府工作及科学民主的决策，造成社会的不稳定。

第二章

旅游网络舆情的一般规律

旅游网络舆情是在特定条件下出现的新事物，而新事物是在量变积累的基础之上质变而来的，因此旅游网络舆情不仅仅是旅游领域的网络舆情，它既继承了网络舆情的一般性特点，同时也有其内在的特殊性。如在“青岛大虾事件”“海南宰客事件”“五台山天价蘑菇”事件当中，体现出旅游网络舆情引爆点小、辐射面大、关联性强等一些新特点。这些都表明一个事实既然是一个新事物，就一定存在其区别于其他事物的内在因素，其运动过程中也就存在独特的规律。本章从旅游网络舆情的表现、构成、类型、特点等方面对其进行解构，拟加深对这种规律的认知。

一、旅游网络舆情的表现

（一）网络新闻评论

网络新闻评论是伴随网络的出现基于网络新闻传播而产生的新功能、新事物，杨书卷指出“网络新闻评论是针对在网上某一具体的新闻事件的网上跟帖，其形式相当于读者来信，处于传播学中的反馈阶段”，姬米刚也提到“网络新闻评论与其他大众传媒的评论一样，只不过是借助现代网络信息载体将新闻评论转化为电子化的文本传播而已”。① 两位学者都关注到了网络新闻评论的“反馈”特点，但是 Web 2.0 时代的互联网具有一些全新的特点，绝不仅仅限于反馈。Blogger · Don 在《Web 2.0 概念阐释》中提出 Web 2.0 是以 Flickr、Craigslist、linkedin、Tribes、Del. icio. us、43things. com 等网站为代表，以 blog、

---

① 王代强，李旭曜．我国网络新闻评论文献综述［J］．新闻与传播研究，2011（7）：16.

tag、SNS、RSS、wiki 等应用为核心，依据六度分割、XML、A－JAX 等新理论和技术实现的互联网新一代模式。Web 2.0 阶段强调的是网络的用户制造“内容”大大降低了在互联网上发布内容的门槛，给予网民更大的创造性的空间。在这一阶段，任何网民都可以更加方便、简单地制造自己喜欢的内容并上传网络，与他人分享。① Blogger 主要强调了网络新闻评论中互动性强和网民的主体性的特点，另外一些有较大影响的网络意见领袖的评论本身又具有很强的动员作用，而这些都是不同于传统的文本或反馈的。

公共政策研究者们更加倾向于研究网络新闻评论在公众议程设置中发挥的积极促进作用。早在 1948 年拉斯韦尔就提出了“社会组成部分在环境反应中的相互依存关系”的观点，即传播在社会议题的协调中发挥关键作用。他认为，大众传媒、民选官员、社会团体等各自具备互相关联的“关注框架”或关注各种问题的差异时段，而媒体在引导人们关注对象时发挥了极其重要的作用。他指出，其结果是媒体、团体、民选官员、公众同时关注某些议题，进而形成某种依存关系。② 上述见解被麦库姆斯和唐纳德·肖于 1972 年共同定义为“大众传媒的议程设置功能”，麦库姆斯和肖提出“议程设置功能”假说，即“大众传播具有一种为公众设置‘议事日程’的功能，传媒的新闻报道和信息传达活动以赋予各种‘议题’不同程度的显著性的方式，影响着人们对周围世界的‘大事’及其重要性的判断”。③ 而网络新闻评论极大地拓展了大众传播的这一功能。曾润喜对互联网环境下媒介议程与政策议程设置的相关性进行了实证研究，结果表明近年来网络媒介对政策议程所施加的压力在逐渐加大，在互联网环境下，网络媒介与传统媒介相较，在发布信息时更加及时、内容更加直观、互动沟通更加便捷。基于新媒介特点，互联网时代议程设置在议题来源上更加丰富，在设置模式上更加民主，网络媒介成为议程转化加速器，缩短公众议程和政策议程距离。互联网出现前，公众议程进入政策议程的渠道主要是人大代

① 龚文庠，齐济．公共危机管理新探：Web 2.0 时期的特点［J］．新闻界，2010，（1）：11.

② Dearing James，Rogers Everett. 传播概念：Agenda－setting［M］．倪建平译．上海：复旦大学出版社，2009.

③ 郭庆光．传播学教程［M］．北京：中国人民大学出版社，1999：214.

表制度，从问题发生到受到代表关注，进行调查列入议案，每个过程都繁琐漫长；而互联网出现后，其裂变式传播速度和发展，以及快速聚焦功能，大大缩短了社会问题转化为政策议题的时间。①

截至2016年6月，以“旅游网”为关键词在百度中检索，返回1亿条结果，关于“旅游舆情”的结果也有253万条，可见旅游网站和网页的数量是十分庞大的。总体来看可以分为这么几个类型：一是旅游局官网，从国家旅游局到地方各级旅游主管部门大多已建设自己的官网，做为旅游信息公开、舆情互动、特色宣传的重要平台，如山西省旅游局官方网站：山西旅游网。二是旅游景区网站，一些较大的景区通过开设网站对景区进行宣传，同时对旅客提供相关的一些服务指导，如泰山风景名胜区官方网站、中国桂林漓江景区官方网站、九寨沟景区官方网站等。三是旅游企业网站，一些旅行社开设的网站，如西安中国国际旅行社，主要提供一些旅游资讯、旅游签证办理等服务。另外还有基于网络的旅游服务平台，如携程网、去哪儿网、艺龙网、途牛旅游网、穷游网等，这类网络企业近几年发展势头强劲，有效借鉴了其他电商的用户评价模式，给旅客很大的服务评分权，使服务品质得到有效提升。四是一般网站中的旅游板块，指的是一般新闻网站中基本都会设置旅游专栏，如凤凰旅游、网易旅游等，这类网站因其受众较大，往往每条新闻下面的评论数较多，影响也大。2014年10月一篇“五台山一盘台蘑炖山鸡卖400元”的报道，在网友的热烈评论之下迅速将五台山风景区推上风口浪尖，结果正当网友热衷于讨论“究竟贵不贵”“还有哪些宰客行为”时，五台山风景区官方微博“五台山发布”做出回应“市场经济时代，市场调节。只要是明码标价，你愿意买，他愿意卖，即可成交。同一只鸡，所处地域不同，它的售价不一定相同。您有体会吗?”同时山西省物价局价格举报中心在接受采访时表示“餐饮业的定价已经放开十几年了，物价局不再管控，由市场自主定价。除非价格高得离谱，否则物价局不会干预。明码标价，嫌贵就不要点”，这些回复引起了网民强烈的反感，并将旅游舆情引向另一个高潮。

---

① 曾润喜．互联网环境下媒介议程与政策议程设置相关性实证研究［J］．情报杂志，2015（11）：115.

（二）论坛热门话题

Web 2.0后网络论坛已经成为各类兴趣爱好人群的聚焦地，在这一互动社区中，一些热门话题往往会成为引领网络舆情的风向标，而其中一些网友会成为意见领袖，就是“那些通过聊天室、论坛、博客等方式，以发表大量关于社会热点、重点问题和具有高认同度的言论为主要形式，并能在言论中提炼舆论观点，在一定程度上引导舆论的走向从而对网民产生深刻影响的个人”①，这些人往往引领着网络话语的走向。由于话题本身的感染性、话题背后的推手以及网络平台本身的影响力使得此类话题吸引了大量的关注、点击、回帖等互动行为，使其影响力快速上升。

表2-1　2013年国内旅游景区热点舆情事件应对排行榜

排名	时间	事件	景区	新闻	微博	论坛	热度	参与度	应对得分
1	2013.10	张家界景区错峰优惠事件	张家界	56	95	26	2.89	3.03	6.7
2	2013.10	庐山景区桥塌事件	庐山	475	186	150	17.61	8.4	6.68
3	2013.10	香格里拉导游强制消费事件	香格里拉	156	230720	368	28.36	59.2	6.16
4	2013.10	北海旅游大巴司机打人事件	广西北海	155	1660	84	17.15	31.25	5.64
5	2013.10	九寨沟游客滞留事件	九寨沟	950	1462	314	43.10	36.51	5.5
6	2013.3	桂林游船翻船事件	桂林	72	92	159	4.67	6.28	2.36
7	2013.10	庐山通票成摆设事件	庐山	38	599	29	7.42	15.7	2.2

① 彭琳，邓国峰．网络意见领袖的培养机理［J］．学校党建与思想教育，2010（32）：60－62.

续表

排名	时间	事件	景区	新闻	微博	论坛	热度	参与度	应对得分
8	2013. 10	“十一”西湖游客爆满事件	西湖	94	982	400	16. 64	34. 55	2. 1
9	2013. 5	凤凰古城塌桥惊魂事件	湖南凤凰	13	64	63	1. 66	3. 18	1. 9
10	2013. 4	普陀山游客大雾滞留事件	普陀山	38	404	284	038	1. 72	1. 2

（数据来源：人民网舆情监测室）

当前我国旅游类论坛数不胜数，有较大影响的如旅游网论坛、自助游论坛、穷游论坛、驴友空间以及天涯论坛旅游杂谈等。其设置内容十分丰富，主要有装备交易、旅游摄影、旅游交友、游记攻略、AA 出行、知识问答、旅游资讯、景点点评、驴友吐槽等，而且网站活跃程度较高，以驴友网论坛（http：//bbs. traveler365. com）为例，其底部显示的在线会员人数，当前共 1244 人在线，最高纪录 17603 人，而其中的“2016 走进西藏”热门帖已经有 348800 人阅读，20977 人回帖，可见热门主题帖的影响之大。从表 2 - 1 亦可以看出在各种旅游景区舆情事件当中，旅游网络论坛是一个重要的意见发酵空间。

（三）网络媒体聚焦

网络媒体聚焦是旅游网络舆情的另一个表现，当有一定数量的网络媒体共同关注某一旅游事件时，伴随着这一焦点的形成网络舆情也就出现了。究竟是因为“热点”而被“聚焦”还是因为“聚焦”才成为“热点”，尤其是在当前我国网络秩序尚不规范，网络立法还不完善的情况之下，在现实社会中已经很难明确进行区分了。当前“网红”现象的出现就说明了这一点，河北科技大学的韩春雨就是因为众多网媒的聚焦，而一度成为网络“红人”，更有网络红人“Papi 酱”还成功引发了中国的网红经济，获得 1200 万元的融资，可见，网红、络热点事件与网络的关系较为复杂。北京师范大学的邓滢和民政部、教育部减灾与应急管理研究院的汪明通过对雾霾天气的社会涟漪效应为例，分析了网络新媒体时代的舆情风险特征，指出“网络新媒体是全新、快速和有力的风险社会放大站，相比传统放大站更能促使社会反应涟漪效应的形成”，肯定了网络新媒体的放大作用，同时强调“网络新媒体这一放大站难以对信息客观性和公正性进行评价和监督，无法避免风险信息的夸大和扭曲，这样风险的社会认知极易受到风险放大站本身的影响”。①

网络媒体聚焦之后，话题本身也就推到了公众面前，公众在面对热门话题时会根据网络媒体的自身情况进行研判，而较少关心媒体为何聚焦的原因，这也就给网络推手、网络水军留下了生存的空间。相反，当媒体聚焦某一话题后会给相关主体造成很大的压力，甚至由于网友之间的争论使话题本身出现异化，从而形成次生舆情。

（四）自媒体爆料

2012 年 1 月 28 日，微博实名认证用户罗迪发布微博称：“朋友一家 3 口前天在三亚吃海鲜，3 个普通的菜消费近 4000 元。他说是被出租车推荐的。邻座一哥们指着池里一条大鱼刚问价，店家手脚麻利将鱼捞出摔晕，一称 11 斤，每斤 580 元共 6000 多元。那哥们刚想说理，出来几个大汉，只好收声认栽。”该微博发布后，引起网友的热议，一些网友纷纷转帖并留言称自己也遭遇过类似情况。截至 29 日下午 6 时 30 分，这条微博在网上已被转发 4 万多次。29 日下午，罗迪再次发微博表示，没想到这个帖子产生了如此之大的反响，作为海南人，他是恨其不争。目前，这条微博已被删除。②

2015 年 10 月 4 日，肖先生携妻女来青岛旅游，在“善德海鲜”吃饭。正赶上店里的朱先生一桌与老板发生争执，原来 38 元每份的蒜蓉大虾在结账时变成 38 元每只。按这个算法，朱肖两家人分别消费 2175 元和 1338 元，不服气的两家人选择报警。民警确认后答复说属于价格纠纷不在职责范围，建议找物价局解决。物价局值班人员回应说时间太晚还是放假期间，建议找 110 协调。两家人见势欲走，老板则威胁道“不给钱别想走人”，还打电话叫人称“有人吃霸王

① 邓滢，汪明．网络新媒体时代的舆情风险特征：以雾霾天气的社会涟漪效应为例［J］．中国软科学，2014（8）：68.

② 人民网．游客称在三亚吃海鲜被宰：一条鱼六千［EB/OL］．http：//society. people. com. cn/GB/1062/16966141. html，2012－1－30.

餐想跑”。二次报警后，双方被带到派出所。经派出所协调，肖先生和朱先生分别支付给店家800元和2000元。之后肖先生21岁的女儿用微博曝光此事，38元一只的青岛大虾立刻火爆网络，各大门户纷纷推送，网友们的跟帖也已刷爆。①

以上两起典型的旅游网络舆情事件都是起于自媒体，南京大学新闻传播学院的丁柏铨指出自媒体时代舆论格局呈现出一些新特点：第一，公众在舆论格局中显得更加重要；第二社会舆论格局中出现碎片化的趋势；第三，社会舆论呈现多元而又复杂的状态；第四，众声喧哗成为社会舆论的常见景观；第五，社会舆论变得越来越不容易控制；第六，舆论引导要取得理想效果难度陡然增加。②

（五）旅游热点事件舆情

热点事件的出现往往是某个领域矛盾的集中反映，网络空间出现后网络热点事件频频爆发，张明学对其进行了分类，分为民生问题、政府官员问题、司法公正问题、国家利益问题、伦理道德问题、灾害安全问题、公众人物问题等。③ 网络热点事件是舆情关联的关键点，王国华认为舆情关联是指网络热点事件舆情通过主体、主题、情绪等要素发生联系，生成舆情簇或者舆情集，从而影响舆情演化的现象。④ 伴随着旅游业的发展，旅游热点事件的出现已经由突发、少发发展为常发、多发的趋势，雷春、付业勤认为旅游网络舆情是建立在旅游热点事件发生及处理的基础上，属于公共危机事件舆论范畴的一部分。它是由事件发生到结束时所有参与人员沿着若干极差从无序走向有序，逐渐递进增长或者消减的过程。⑤

可见，旅游热点事件舆情是旅游网络舆情生成的重要来源和关键传播节点，

---

① 搜狐．青岛天价大虾事件毁了山东几个亿［EB/OL］．http：//mt. sohu. com/20151008/n422715303. shtml，2015－10.

② 丁柏铨．自媒体时代的舆论格局与舆情研判［J］．天津社会科学，2013（6）：39.

③ 张明学．网络热点事件的传播分析与舆论引导研究［J］．中国青年研究，2010（12）：63－64.

④ 王国华．网络热点事件中的舆情关联问题研究［J］．情报杂志，2012（7）：2.

⑤ 雷春，付业勤．旅游网络舆情事件的时空分布与演化规律分析［J］．韶关学院学报，2014（1）：114.

其往往是旅游网络舆情事件的初级阶段。当热点事件进入网络场域后就成为网络事件，而网络事件又如何演化为网络热点事件并产生相关舆情呢？麦田认为网络事件传播的最基本范式为“三棒传播”，一般性网络媒体将现实事件进行曝光是第一棒，报纸等传统媒体报道完成第二棒，较大网络媒体热议完成第三棒，之后事件就被无限“放大”，同时强调在第一棒传播过程中的“群星传播”① 雷春等人也研究了从旅游热点事件到旅游网络舆情事件的演化过程，他们以“三亚宰客”事件为例进行剖析，由游客新浪微博曝光“宰客事件”为首发主要事件，引起网民媒体迅速关注，衍生出相关部门逃避、推卸责任第二高峰，到政府官员出面道歉缓解，再到“政府遭追责”“天价菜单”事件再度发生引起小范围反应第三高峰，最后到后期市政相关部门出台措施以及处罚，影响范围逐步减小。

从以上分析可知，旅游热点事件引发公众关注，之后在网络平台传播扩散，发展成为旅游网络热点事件，之后引发相关部门、主体、利益相关人的行动，最后形成影响或导致结果，可见旅游热点事件是一个关键结点。近年来学者、旅游企业和政府部门都特别关注旅游热点事件，李彪对近年来40个网络热点事件进行了研究，分析了其传播空间结构及特征，② 李娟等基于共现聚类分析的西藏入境旅游热点进行了研究③。人民网发布了《2013年国内旅游景区热点舆情事件应对排行榜》，并对其应对情况进行了评估，袁星等人针对2015年十一黄金周的旅游舆情情况进行了分析，写作了《2015年十一国内旅游舆情分析报告》，对期间发生的热点事件特征进行了分析，具体包括地域分布、时间分布、热度分布、形成原因等。④

---

① 麦田．放大－反思“姜岩事件”的网络传播［EB/OL］．http：//blog. donews. com/maitian99/archive/2008/01/28/.

② 李彪．网络事件传播空间结构及其特征研究［J］．新闻传播研究，2011（3）：91.

③ 李娟等．基于共现聚类分析的西藏入境旅游热点研究［J］．旅游学刊，2015（3）：35.

④ 搜狐．2015年十一国内旅游舆情分析报告［EB/OL］．http：//mt. sohu. com/20151027/n424260699. shtml，2015－10－27.

表 2－2　十一旅游热点话题排行榜

序号	舆情事件	新闻	论坛	博客	微博	微信	热度
1	青岛“天价虾”事件	2664.0	66.0	71.2	165.8	5875.8	8842.8
2	山海关景区被取消 5A 级资质	1050.0	138.0	34.4	56.0	370.9	1649.3
3	旅客遭威胁：走不出张家界	298.5	11.0	1.6	14.0	109.1	434.2
4	山东日照宰客事件	70.2	196.0	2.0	13.6	100.0	381.8
5	常州“百元白粥”起诉事件	214.2	104.0	1.0	16.0	34.7	369.9
6	云台山景区玻璃栈道破裂事件	66.0	28.0	0.6	79.4	46.1	220.1
7	央视曝光峨眉山购物团事件	78.0	2.4	0.2	2.0	100.0	182.6
8	崂山景区高价蘑菇炖鸡事件	66.0	70.0	2.4	14.2	18.0	170.6
9	张家界景点门票事件	40.5	84.0	0.6	8.0	14.0	147.1
10	江西景区验票冲突风波	75.0	40.0	0.6	19.0	12.2	146.8

（数据来源于：红麦舆情）

二、旅游网络舆情的构成

（一）旅游网络舆情的载体：互联网

互联网是旅游网络舆情构成的必要载体，尽管存在 SNS、微博、微信等多种平台和渠道，但这些平台都是以互联网为基础的。近年来，我国互联网发展已经处于成熟阶段。根据中国互联网络信息中心 2016 年 1 月发布的第 37 次《中国互联网络发展状况统计报告》显示，截至 2015 年 12 月我国网民规模已达 6.88 亿，互联网普及率为 50.3%，域名总数 3102 万个，中国网站数量 423 万个，网页 2123 亿个，出口带宽 5392116Mbps①，从各个指标来看，中国已经无疑成为世界第一网络大国。

新中国历届领导集体都特别注重信息化建设，十八大领导集体更加注重互联网建设。中共中央于 2014 年 2 月 27 日召开的中央网络安全和信息化领导小组第一次会议中指出，我国正处信息化、全球化大潮，互联网在其中发挥着重要

① 中国互联网络信息中心．中国互联网络发展状况统计报告［EB/OL］．http://www.cnnic.net.cn/hlwfzyj/hlwxzbg/，2016－1－22.

的作用。我国互联网和信息化工作取得了显著发展成就，已成为网络大国，但同时在自主创新方面还相对落后，区域和城乡差异比较明显，特别是人均带宽与国际先进水平差距较大，国内互联网发展瓶颈仍然较为突出。同时还提出网络安全形势严峻、网络舆论环境多元复杂、网络信息资源利用水平不高、网络核心技术缺乏等方面的挑战，要求进一步制定全面的发展战略，汇聚人才建设网络强国。习近平在2014年11月19日的首届世界互联网大会上致辞，指出互联网真正让世界变成了地球村，让国际社会越来越成为“你中有我、我中有你”的命运共同体。同时，互联网发展对国家主权、安全、发展利益提出了新的挑战，迫切需要国际社会认真应对、谋求共治、实现共赢。中国正在积极推进网络建设，让互联网发展成果惠及13亿中国人民。中国愿意同世界各国携手努力，本着相互尊重、相互信任的原则，深化国际合作，尊重网络主权，维护网络安全，共同构建和平、安全、开放、合作的网络空间，建立多边、民主、透明的国际互联网治理体系，这一致辞明确了中国互联网发展在全球治理体系中的定位。2015年9月22日，习近平接受美国《华尔街日报》书面采访时谈到互联网作为20世纪最伟大的发明之一，把世界变成了“地球村”，深刻改变着人们的生产生活，有力推动着社会发展，具有高度全球化的特性。但是，这块“新疆域”不是“法外之地”，同样要讲法治，同样要维护国家主权、安全、发展利益，并表示中国愿同美国建立两国共同打击网络犯罪高级别联合对话机制。2016年4月19日，习近平在网络安全和信息化工作座谈会上的讲话中首次提出互联网要发挥干部走群众路线、为群众排忧解难、接受人民监督三项新功能，他指出：“各级党政机关和领导干部要学会通过网络走群众路线，经常上网看看，了解群众所思所愿，收集好想法好建议，积极回应网民关切、解疑释惑。”他强调：“让互联网成为了解群众、贴近群众、为群众排忧解难的新途径，成为发扬人民民主、接受人民监督的新渠道。”

（二）旅游网络舆情的主体

旅游网络舆情的主体，指的是网络舆情参与主体，也就是在网络舆情形成、传播、灭失整个过程中发挥作用，形成影响的个人或组织，从总体来看可以分为网民、热点事件当事人、意见领袖、新闻媒体、政府发言人及其他。

1. 网民

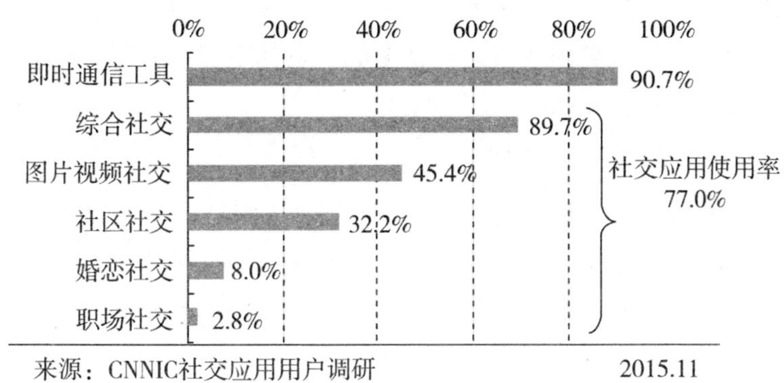

图 2－1　2015 中国网民应用使用率

网民是互联网中的基本单位，截至 2015 年 12 月，我国网民人数已达 6. 88 亿，手机网民 6. 20 亿，从中国互联网络中心《社交应用用户行为研究报告》可知，作为即时通信的互联网应用使用率为 90. 7%，其他社交应用使用率为 77. 0%，可见我国网民在网络空间有较高的活跃度。

网民作为旅游网络舆情的重要构成主体，有其自身特点：

（1）网民涉及人群广泛，素质不均衡

现代社会网络技术的快速普及使网络突破以往单一人群的分化，开始走向社会各阶层的融合。近年来，网民涉及人群越来越广泛，中国拥有全球最大的互联网群体，其包含的群体分布于各年龄段、各行业之中，他们的社会背景、受教育水平、风俗习惯各不相同。调查显示，随着互联网的继续推进，新增网民中向各层人群扩散的趋势明显：18 岁以下的网民和 30 岁以上年龄较大的网民增长较快；初中及以下受教育程度的网民增长较快；低收入人群开始越来越多地接触互联网。各种人群进入互联网一方面体现了我国互联网建设的显著成效，另一方面却使我国互联网社会承受着严峻的挑战。

（2）现实行动与网络行为互动

网络为网民发表言论表达意见提供了一个自由的平台，但是，网络舆论的影响力却没有局限在网络之上，它也随着影响的扩大而超出网络走向现实世界。当事件舆论到达巅峰时，网民在虚拟世界中的各种行动就无法表达他们的诉求，因而逐渐从网络行为演变为现实行动。就旅游网络舆情来讲，其网络与现实的互动性更加明显，网络舆情生起缘由大多即是对现实中利益诉求的不满，而诉诸网络形成网络舆情的目的或指向也是能够满足其现实中的利益要求，因此网民作为旅游网络舆情的主体极具活跃性。

（3）行为激进，普遍缺乏理性

我国网民中低年龄占比偏高，10－39 岁网民占到总人数的75.1%，其中20－29 岁年龄段的网民占比最高达29.9%，占比最高。低学历人群占比偏高，高中中专以下学历占总人数的51.1%，这种网民主体格局就决定了在舆论热点形成过程中网民行为激进、缺乏理性的特点，这也是近年来在多起旅游网络舆情事件中，由网民行为过激而引发事件恶化的直接原因。

（4）积极主动且言论极具批判性

研究发现广大网民对热点事件的回应态度主动积极，在发表自己的看法时言论极具批判性，这种主动性态度和批判性言论通常会在网络上引发激烈的论战甚至对抗，主要表现为网上发帖、言论攻击、人肉搜索等方式，有时也会引发现实生活中的暴力对抗，加速舆论热点的形成。同时，网民言论的批判性往往使相关主体承受极大压力，一方面能够促进事件的快速解决，另一方面却也不利于问题的理性处理。

2. 旅游热点事件当事人

当事人是旅游网络舆情的直接参与者，在网络舆论形成中，当事人有着显著特征，深受舆论压力的影响，主要有以下特点：

（1）维权意识高

在旅游网络舆情事件中，当事人在面对危及自己切身利益的事件时普遍表现出积极的态度，从关系到个人的“青岛大虾事件”到有关整体旅客的“海南宰客事件”，公众对自身利益的维护意识越来越强，并且懂得如何通过合法途径维护自身权益，从而使网络事件朝着稳妥方向发展。

（2）受舆论压力影响大

当事人是整个事件舆论传播的重要来源，当事件曝光后当事人的行为和言论都深受媒体和网民的关注，因此，他们的行为会受到舆论压力的进一步影响，这种影响可能会对当事人产生积极的引导作用，也可能会妨碍当事人进行自我权利的维护，亦有可能使事件的发展脱离当事人的掌控。

（3）舆论指向很难掌控

当事人虽然是旅游热点事件的主要参与者、直接利益相关者，但其并非舆论主导者，一旦形势恶化旅游网络舆情危机态势形成，当事人无法掌控舆论的最终指向，从而出现所谓“躺枪”的现象，即危机最后指向与当事人不相关的领域或主体。

3. 意见领袖

权威人士通常是指那些在某一领域拥有解释权，能够得到绝大多数相同领域人员认可的人士。在舆论传播过程中，当权威人士充当意见领袖时，由于自身所处位置，权威人士在某些专门的问题上有较多的研究和较广阔的知识，他们往往信源广阔，具备较强的读码、释码（如解释与理解）能力，这在一定程度上更容易引起人们注意。同时，权威人士充当意见领袖更容易成为追随者心目中价值的化身。在网络舆论传播中，大部分接受信息者会格外注重意见领袖的一言一行、所作所为，愿意追随和模仿他们的行为，而权威人士在某一方面具有专业的知识，在一定程度上行为更加理性科学，因此，意见领袖的一言一行更容易成为普通大众的楷模，使公众都愿意追随和模仿其行为，从而使意见领袖发挥更大影响。

4. 新闻媒体

（1）传统媒体

报纸：贯穿始终，不可或缺。从旅游网络舆情的缘起、发展、高潮到最终平息，报刊始终是重要的传播媒介之一。但近年来，以报刊为代表的传统媒体受到以网络为代表的新兴媒体的冲击，因此在整个网络事件的舆论传播中，报刊报道始终不能占据主要地位。尽管如此，报刊作为传统媒体的重要代表仍然不可或缺，在许多网络群体性事件中，报刊扮演的角色甚至超过网络媒体。

电视：力量强大，一鸣惊人。许多年来，电视媒体始终是人们普遍接触的重要媒体之一，也是传统媒体的重要代表，虽然电视在舆论传播中稍逊于网络媒体，但其独具特色。与其他媒体相比，电视媒体凭借其高普及率及其直观生动的表现形式对事件舆论的传播起着重要作用，许多旅游网络舆情一旦经由电视媒体报道通常便能引起大众的热切关注。

广播："默默无闻"，影响有限。近年来，广播作为传统媒体的一部分越来越受到电视及网络媒体的冲击，由于其本身传播形式的局限，在对旅游网络舆情的报道中发挥的作用极其有限。

（2）新兴媒体

网络媒体：表现活跃，占据主流。网络凭借其高普及率和方便快捷、信息全面的优点成为主流传播渠道，在众多媒体中表现活跃，如：网络搜索引擎百度、搜狗等为人们了解事件提供了更加快速的渠道，人们只需输入事件关键字便可获得与事件有关的所有信息。此外，网络论坛、贴吧、博客为人们提供了发表言论的平台，对于极具争议性的事件，网络上往往形成激烈的言论。

手机媒体：推波助澜，辅助网络。手机在舆论信息传播中与网络媒体相辅相成，近年来，手机上网技术已经得到广泛普及，我国手机互联网网民比互联网网民增长率要高，手机网民普及率已经超过网络，因此手机对于事件舆论的传播有重要作用，成为互联网传播的重要辅助媒介。此外，手机短信也对事件舆论传播产生影响。

5. 景区、政府相关发言人

在网络舆论传播的全过程中，政府始终扮演着最具有权威性的角色。政府作为舆情治理的关键主体，有其自身特征：

（1）信息垄断与公权干预

政府等治理主体在占有公共权力和掌握信息方面存在天然的优势，一方面有更多机会接触传播媒介的内容，甚至可以左右传播媒介的内容。另一方面，政府作为具有公共权力的权威组织，机构众多，分工明确，可以更便捷、更广泛地获取信息。

（2）权威性与合法性

政府具有行使公权力的天然合法性，同时其也具有最为广泛的权威性基础，因此其协调能力更为强大。当政府充当意见领袖时，完全可以凭借公权力对符合利益取向的信息进行协调处理，对违背利益目标的信息进行干涉和规制，与其他群体相比，其协调能力和范围都极其广泛。

（3）影响大与支配性强

发挥对大众的支配、引导功能更为有效。意见领袖的社会地位越高，则其对信息接受者的支配和引导作用就越为明显，政府在社会中处于绝对权威地位，在舆论传播过程中对大众的支配引导作用最为强大，因此，在对待网络舆情事件时，政府应尽力发挥好意见领袖的作用，将大众舆论向正确的方向引导。

（三）旅游网络舆情的客体

关于网络舆情的客体，吴安辉从表达的维度认为存在自然客体、社会客体和精神客体三种，他认为自然客体在舆情事件中的重要性与人类的认知水平有很大关系，越是在人类认知水平不高的时期其扮演的角色越重要，尤其是一些异常天象，如日全食、地震、洪灾等都可能导致社会问题的激化；在狭义的自然界之外，就是人类活动的世界。人类自身的活动因为与具体的个体、群体、整体有关，不同的活动所产生的结果可能引起其他个体、群体、整体的注意。如果这样的注意引起的反应激烈，可能导致网络舆情事件的发生；人类的社会活动不仅在创造物质产品，还在创造精神产品，精神产品同样是网络舆情表达的重要客体，就网络舆情表达的客体而言，由语言符号构成的精神客体通常包括政治传言、讽刺漫画、新闻报道、文学作品和学术研究 5 种形式①。刘晔从网络舆论传播的角度认为网络舆论传播的客体从狭义内涵上来看，是指网络舆论传播的对象；从广义外延上来看，还应包括网络舆论传播的社会根源和社会心态。② 可见，学者们对于客体的认识基本是一致的，不过是在表述时方式不一，所谓网络舆情的客体也就是在网络舆情生产、演变以及灭失的过程中的传播标的，既包括自然界能够引发网络舆情的异常现象或事件，也包括人类社会活动中产生舆情的一些社会活动或精神追求，它们可以是具体的事件也可能是抽象的价值体现。

付业勤认为旅游网络舆情客体，是被新闻媒体和网民关注的，由旅游直接产生的和与旅游有关的事件，主要是负面的旅游危机事件，也包括一些正面或中性的旅游事件，如《旅游法》颁布、《国民旅游休闲纲要》出台、海南国际旅游岛建设和黄金周假期等，都能引起网络热议、产生舆情热点。③ 该观点将

---

① 吴安辉，刘海明．网络舆情表达的主客体和表达伦理［J］．编辑之友，2015（8）：51－52.

② 刘晔．关于网络舆论传播的主体及客体分析［J］．法制与经济，2012（5）：82.

③ 付业勤．旅游危机事件网络舆情研究：构成、机理与管控［D］．华侨大学，2014.

旅游网络舆情的客体定位为可以引发热议的与旅游有关的事件，却忽视了社会心态、价值表达、利益诉求等内在精神追求。所以可以把旅游网络舆情客体概括为，可以引发旅游网络舆情的事件、议题、价值取向、社会关系、利益诉求等包括现实事件和精神追求的标的，但如前所述，旅游热点事件是旅游网络舆情的一个重要客体，尤其是负面倾向的事件。

旅游网络舆情的客体可以有多种类型。根据其外在表现形式可以分为自然事件型、社会事件型、精神价值型；根据客体来源可以分为现实发生型和网络发生型两类；根据客体内容可以分为倾诉经历类、侵害维权类、哗众吸睛类、蓄意动员类等；根据客体的具体指向可以分为景点吐槽类、政府问责类、出谋划策类等。不管是如何进行划分，旅游网络舆情客体都具有以下几个特点：

1. 产生的必然性

不管是旅游热点事件还是旅游热点议题或利益诉求，都是人们在社会实践过程中对客观世界或问题的反映，某些旅游舆情事件从表面看极具偶然性，但究其内在规律发现从其产生到引爆都是必然的。正如恩格斯指出："在自然界中全是没有意识的、盲目的动力，这些动力彼此发生作用，而一般规律就表现在这些动力的相互作用中。在所发生的任何事情中，无论在外表上看得出的无数表面的偶然性中，或者在可以证实这些偶然性内部的规律性的最终结果中，都没有任何事情是作为预期的自觉的目的发生的。相反，在社会历史领域内进行活动的，是具有意识的、经过思虑或凭激情行动的、追求某种目的的人；任何事情的发生都不是没有自觉的意图，没有预期的目的的。"① 旅游舆情的客体就是人们在旅游过程当中的社会实践，这种实践也是具有意识的活动，所以也是有"自觉的意图"，其发生也是必然的。

2014 年 1 月 3 日，一段丽江导游骂游客的视频在网上疯传。视频中一名男子称："一路下来，一分钱没有消费的话，比卖淫更可耻。"并称，"丽江欢迎你，云南欢迎你，欢迎你来干吗，是欢迎你来消费。"视频发布之后迅速燃爆网络，网友们纷纷吐槽自己的"被消费"经历，并展开与之相关的一系列讨论；2014 年 1 月 7 日，继丽江导游辱骂游客之后，石林又爆出类似事件，引起网络

① 马克思恩格斯选集（第 4 卷）［M］. 北京：人民出版社，1995：247.

社会广泛热议。随后，网络上传出了视频，视频显示，一白衣女导游与一群人吵架对骂，并冲向对骂人员，被其他人员拉开；2015 年五一期间，一段云南女导游陈某辱骂游客的视频在网上热传。视频中，她对游客言辞激烈地说："你看你们一车人没（其他车上）一个人买得多""如果你要像貔貅一样……""你还连脸都不要，那就不好意思了"。这段视频立刻在网络上引起公愤，陈某随即被推上舆论的风口浪尖，然而在事发后两天，舆论风向却发生了改变，网络舆情不断演进，深挖出种种。这些旅游网络舆情事件的发生，从单个事件来看好像是视频的上传偶然造成的热点现象，但是从全国范围内来看此类事件层出不穷，也就证明了其产生的必然性。《参考消息》报根据媒体公开报道，统计了从 2012 年 10 月到 2014 年 10 月发生的 168 起旅游纠纷，结果发现，强制游客消费、未经旅客同意带入购物点比例最大，共有 60 起，占比达 35.7%①。可见，强制游客消费已经成为游客权益受损的重要形式之一，在网络开放性的平台之上，这种维权的诉求已经不仅仅是单个热点事件的发生那么简单，而是网民游客们共同的心理凝结。

2. 诉求的公共性

旅游网络舆情的客体，从外在表现来看是事件、新闻、争议话题等，但从其内在逻辑来分析都是有关网民游客利益的诉求，而且这一诉求并不是一小部分人或组织、团体的诉求，其必然是有关较多人数的、内在需求旺盛的、普遍性的公共诉求。在《现代汉语字典》中，对公共的解释是：指公有的；公用的；大家。对诉求的解释是：陈述和请求；追求和要求。公共诉求是指在以广大的人民群众为诉求主体的前提下，向行政机关、事业单位、非营利机构等，维护自身权利的诉求、请求。公共诉求是公众民意的集中体现，基于网络平台的公共诉求，指的是在网络空间中，公众对与自己相关或关心的某一社会事件发表观点、看法中显示出的集体倾向。从把 2007 年定义为"中国网络民意年"就可以看出，互联网已然成为公众表达公共诉求的重要平台。

旅游网络舆情中的公共诉求是指公众对于与旅游有关的社会现象或问题在

① 参考消息．导游骂游客为何屡禁不止［EB/OL］．http：//www.cankaoxiaoxi.com/rui/dy-myk/，2015-5-6.

网络社会中发表自己的观点、看法、态度中所表达出来的公众民意，是公众关注某种事件的原因，是旅游网络舆情中体现出来的各主体共同的利益诉求，尽管在网络条件下这些诉求可能是违法的或合法的、正义的或非正义的，只是事件的发生契合了这种诉求，便成为其引爆网络的基本条件。付业勤（2014）对旅游危机事件网络舆情的发生机理进行了研究，他通过对386个典型个案进行分析，认为在旅游危机事件中的主体主要有“窥探猎奇”“探寻真相”“同情弱者”和“仇视公权”心态诉求，而这四种诉求无一不具有公共性的特点。

3. 传播的多渠道

旅游网络舆情的客体并不仅仅通过网络传播，在当前的传播体系之下网络媒体与传统媒体已经充分整合，自媒体迅猛发展，因此各传播渠道已经实现“互联互通”，形成全新的神经网络系统，而这一系统的核心就是客体本身。同时，传播者本身也并不受限于相关主体，休闲时代来临之后，每位公众都已经是一名游客或潜在的游客，其本身也是旅游网络舆情的制造者，可以说旅游网络舆情传播已经进入一个全媒体时代。所谓全媒体可以从广义和狭义两个角度进行理解，从广义上看，全媒体即是指对媒介形态、媒介生产和传播的整合性应用。从狭义上看，全媒体即是指立足于现代技术的发展和媒体融合的传播观念，综合传统媒体与新兴媒体，在媒介内容生产、媒介形态、传播渠道和传播方式、媒介运营模式、媒介营销观念等方面的整合应用。

网络舆情客体的全媒体传播也具有全媒体的一般化特征：首先，传播的集合性。将传播技术、传播形式和手段、营销方式等进行全方位整合，从而形成不同的媒介载体形式、内容形式以及技术平台互相整合的技术、内容、渠道、营销等；其次，传播对人们信息感知的全面实现。正如麦克卢汉所说“媒介是人的延伸”，全媒体传播就受众层面而言，是对受众信息感知和理解认识的全面覆盖；再者，传播是对信息内容生产和传播的全面整合。全媒体传播实现了信息内容生产和传播的全面整合，即按照受众对信息的需求决定信息内容的生产和传播，在一程度上实现了信息需求与供给的对接；最后，全媒体传播对受众进行了超级细分，使不同的游客选择不同的媒体信息，实现了游客到媒体的双向互动与选择。

4. 涉面的广泛性

此处所指的涉面有两方面的内容，一是指旅游网络舆情客体的存在边界是极其广泛的，它不仅表现在形形色色的旅游网络热点事件当中，还隐含在各种言论、价值观的内在诉求当中；二是旅游网络舆情客体的辐射面大，当一个热点事件或争议话题能够引起网民的共鸣，说明该网络舆情的客体与之有着必然的联系，如“青岛大虾事件”当中的游客被宰事件本身是一个独立的事件，而当其传到网上时就与其他主体建立了千丝万缕的关系，同样有被宰经历的游客就会吐槽声援，一些网络大咖、意见领袖等网络意见人士就会发表观点，专家学者就会进行学理分析和点评，媒体也会争相转载，爱心人士会伸出援助之手，旅游管理部门会做出回应和相关措施，最终波及面会越来越广，直至将青岛多年的旅游形象消耗殆尽，甚至“好客山东”的名誉也大打折扣。可见，在这个过程当中旅游网络舆情的客体是在不断发展演变的，由直接的大虾事件到旅游目的地物价管理，再到地方旅游形象等等，涉及面极为广泛。

5. 指向的明确性

无论是一个热点事件、争议话题，抑或价值标准，所有的旅游网络舆情的内在就是诉求，而这一诉求不是模糊的，而是有着明确的指向性。指向性，也就是在旅游网络舆情中引导舆情发展方向的内在动因，如景区门票上涨引起的事件其指向是表达不满或要求降价，导游骂人视频的上传是为了维护自身权益及揭开旅行团黑幕，天价菜事件是为了反映旅游景区管理混乱的问题，同样，也只有指向明确的客体才可以最终引起网友的共鸣，从而成为旅游网络舆情事件。

（四）内容：旅游事件中的利益博弈

旅游网络事件之所以能够发展成为旅游热点事件、网络热点事件或旅游网络舆情危机事件，其内在的根本动因就是各参与主体之间的利益诉求与利益关系，而在社会科学研究领域早就使用了利益分析的方法去认识事物、现象的本质和根源。恩格斯指出：“旧唯物论在历史领域内自己背叛了自己，因为它认为在历史领域中起作用的粮神的动力是最终的原因，而不去研究隐蔽在这些动力后面的是什么，这些动力的动力是什么。不彻底的地方并不在于承认精神动力，而在于不从这些动力进一步追溯到它的动因。”① 这里的动力也就是利益分析法中的利益，旅游网络舆情事件即是各方参与主体基于各自利益诉求展开的活动，但仅有利益诉求是很难引爆网络事件的，因为世界万物是普遍联系的，而普遍联系的万物之间必然会存在着或多或少的利益关系，空间是什么将这种利益关系从隐性变为显性呢，笔者认为这是多方博弈的结果。

1944 年由冯·诺伊曼（John Von Neumann）与摩根斯坦恩（Oskar Morgenstern）合作出版的《博弈论与经济行为》第一次系统地将博弈论引入经济学中。1950 年纳什（Nash J. F.）的《N 人博弈的均衡点》、1951 年的《非合作博弈》明确提出了“纳什均衡”的概念，到点 70 年代博弈理论基本形成一个完整的理论体系。通俗来讲，博弈也就是局中人在对局中各自利用对方的策略变换自己的对抗策略，达到取胜的目的，我国古代的“田忌赛马”典故、《孙子兵法》著作中都蕴含了博弈的思想。那么博弈涉及另一个重要的议题就是冲突与合作，是冲突还是合作是决定局中人应对局面和最终是否能够实现均衡的关键。旅游网络舆情是在各方有内在利益诉求的前提下，为了追求各自利益的最大化而展开博弈最终促成的，可见利益博弈是旅游网络舆情形成的内在动因，利益是目的，博弈是手段，而舆情是外在表现。据此也就不难理解各主体参与的动机，即游客将经历与视频上传到互联网无非是想维护在旅游过程中被损害的利益，虽不一定能够得到补偿，但也能将诉求公之于众，给对方带来打击；新兴媒体与传统媒体都纷纷转载、报道无非是想聚集热点、吸睛或伸张媒体的“正义”，其目的也是为自身利益而服务的；旅游景区、主管部门等被指向主体积极应对也是为了挽回形象、减少利益的损失。在各主体之间的互动之中，这种动态博弈的趋势也就越发明显，只有最后各方在多次采取策略之后，各方基本实现利益的均衡或趋于均衡，舆情危机才会平息。

综上所述，旅游网络舆情的内容也就是各参与主体之间的利益博弈，博弈过程中有可能趋于合作，从而使舆情最终化解，也可能趋于冲突，使旅游网络舆情演化为旅游网络舆情危机。

---

① 马克思恩格斯选集（第 4 卷）［M］. 北京：人民出版社，1995：244.

三、旅游网络舆情的类型

旅游网络舆情由于其参与主体身份复杂、旅游目的地情况不一、社会环境变化快等特点，使得旅游网络舆情表现千变万化，但通过进行归纳和梳理可以对其进行以下分类。

（一）根据舆情主题分类

有学者在研究旅游网络舆情事件的时空分布规律时将事件的主题分为民众生活（安全问题、资源环境、消费价格、社会不公、征地拆迁）、政府管理（政策管理、项目建设、奢侈腐败、官员言行）、企业管理（侵犯权益、其他违规、经营活动、员工言行）、涉法涉警（违法行为、争议案件）、社会文化（伦理道德、宗教信仰、国民素质）① 五个大类，十八个小类，这一划分是根据收集的样本实际情况进行的，对于认识旅游网络舆情有重要的意义。

（二）根据旅游网络舆情危机事件分类

付业勤、郑向敏还从舆情危机的内容特征、发生源头、传播机理、应对机制和表现形态等视角研究建立了旅游网络舆情危机事件分类体系：

表 2－3　旅游网络舆情危机事件分类体系

分类视角	具体方面	分类内容
舆情危机内容特征	舆情涉及体	政府、企业和个人
	事件主题内容	民众生计、政府管理、涉法涉警、企业管理、社会文化、对外交往
	旅游系统分布	需求、出行、供给、支持
舆情危机发生源头	危机事件原因	受害者型、意外型、预防型
	事件影响	重大危机事件和一般性危机事件
	引发呈现形式	单一化呈现、系列化呈现、对比化呈现
	事件亮点分布	“热点”“标签化”和网络流行语

① 付业勤．旅游网络舆情危机事件的时空分布规律研究［J］．财经问题研究，2014（9）：126.

续表

分类视角	具体方面	分类内容
舆情危机传播机理	曝光途径	新闻媒体报道、民众爆料、政府司法曝光、企业宣布、政府发起
	曝光媒介	传统媒体及其网站、新媒体、政府和企业官网
	传播时效	时效性强和时效性弱
	持续时间	持续时间长和持续时间短
舆情危机应对机制	应对主体	涉事主体、主管部门、法律部门、党委部门、境外部门等。
	应对时效	应对早和应对晚
	信息发布方式	信息发布制度和媒介
	舆情应对和处理方式民主	应对方式，包括道歉、承诺、迎合、解释、辩解、否认；处理方式，包括企业、政府和党委、司法机关的处理方式。
舆情危机形态表现	舆情意见分布	网民和媒体对事件不同看法的数量
	事件时间的分类	事件发生时间统计分类，了解不同时段态势
	事件空间分布	地理区位分布统计和分类

（三）根据旅游网络舆情的外在表现分类

根据旅游网络舆情的外在表现可以从发生的频率、影响的范围、持续的时间、演变规律等方面进行分类：

发生的频率即该类旅游网络舆情在单位时间内发生的次数，可以分为常规性旅游网络舆情、突发性旅游网络舆情和潜在性旅游网络舆情。通过发生频率的研究有利于进一步了解不同频次的网络舆情之间的区别，以及采取相应的引导措施。

影响的范围是指旅游网络舆情生成后在网络和现实空间中传播的场域范围，以及造成的相关影响程度。可以根据地域范围划分为地方旅游网络舆情、区域旅游网络舆情、全国性旅游网络舆情及全球旅游网络舆情；根据旅游网络舆情发生的场域可以分为现实为主的旅游网络舆情、网络为主的旅游网络舆情、现实与网络交互的旅游网络舆情；根据旅游网络舆情的影响程度可以分为一般性旅游网络舆情、重大旅游网络舆情和特大旅游网络舆情。

（四）根据旅游网络舆情内在机理分类

根据旅游网络舆情内在机理分类，可以考虑从生成机制、生成原因、性质定位等几个方面进行分类。

生成机制是指旅游网络舆情生成的主要环节，起关键性作用的机理，可以分为网络聚集型、现实引爆型、网络与现实互促型。网络聚集型是指事件最初起源于互联网空间，并经过网友评论、媒介转载等途径于网络进行发酵、放大从而形成网络舆情的类型；现实引爆型是指由发生在现实生活中的旅游事件、话题由网友、新闻媒体传播到网上成为热门话题；网络与现实互促型是指该舆情同时在网络和现实中进行传播，而且网络传播随着现实的推进而进行交互。

生成原因是指旅游网络舆情生成的内在动因，其主要存在倾诉经历类、侵害维权类、哗众吸睛类、蓄意动员类等几种。倾诉经历一些旅客在旅行中或后于个人博客、QQ 空间、微信相册以及 SNS 空间发布的经历，如果其中有部分内容可以与网民发生共鸣或“亮点”，就可能进一步发展成为网络热点；侵害维权类是指游客在旅游过程中感觉权益被侵害，通过网络等平台进行倾诉和维权，或通过自身教训唤醒网民的维权意识，从而成为网络热点，并进一步演化为旅游网络舆情；哗众吸睛类是指一些网民、网络媒体或其他组织利用一些旅游景观、资源、热点，刻意制造舆情从而提升自身知名度或增加网站点击率，从而实现其自身利益的类型；蓄意动员类指的是一些不法组织或个人通过网络水军、网络大 V、网络公知等渠道掌控、引领旅游网络舆情走向，表面上看是有关旅游的舆情信息，而其内在动因是有其不可告人的动机，甚至政治目的。

性质定位是指该旅游网络舆情的价值取向和法律尺度，可以从正当性和合法性两个方面分类。从正当性方面指该旅游网络舆情是否正当，由于我国网络法制建设还不完善，许多舆情事件都是建立在违背自由、公正的基础之上做出的，而且在广大网民的价值评判标准参差不齐的情况下，舆情走向很可能逾越社会价值的边缘，可以将旅游网络舆情分为正当的和非正当的两类；而合法性方面是指从舆情的生成、传播到引曝、平息整个过程中是否合法的标准加以分类，可以分为合法旅游网络舆情和非法旅游网络舆情。

四、旅游网络舆情的特点

（一）旅游网络舆情是游客旅游体验的网络延伸

互联网的网络对于每一个网民来说都是相对开放的，这使得所有的网民只要有在网络平台上发表自己对某个社会事件的观点和看法的意愿，都可以通过微信等方式发表见解并且得到赞成者的转发，使得更多的人看到。这就意味着在网络平台上每个人都有公共空间，在公共空间中每个人都可以是网络舆情的发起者，通过微博、微信、博客等网站，表达自己的看法和真实观点，表达自己的情绪，并可以在平台上与意见不一致的人交流意见，自由表达。

（二）舆情生成前的隐动性和生成后的激增性

人们在表达自己观点和情绪时，容易受外界环境影响，大部分人在外部环境的压力作用下，不敢表达自己真实的看法，选择沉默，这也就造成了一些游客在现实世界中利益受损时选择忍气吞声，而当别人利益受到侵害时也不敢仗义出手，最终陷入“沉默的螺旋”。然而在互联网上的网络舆情参与者和发布者的信息可以匿名，这样就在一定程度上保护了网民的个人隐私，确保了网民可以在不受外界环境的影响下，真实地表达自己的意见，切实地站在自身或者与自己同类群体的角度出发，表达自己的愿求，此时网民的各种顾虑不复存在，各种伸张正义和声援、声讨行为如爆炸似地增长出现，甚至有些还越过了法律红线，如出现网络暴力现象。这也就使得旅游网络舆情出现了生成前后截然不同的两种局面，之前现实环境中的沉默不语与网络中的舆论激增形成鲜明的对比。

（三）“身份标签”成为网民判断是非的主要依据

所谓身份标签也可以称为情感的阶层归属感，即它是指一个个体或集体根据自己所拥有的社会地位和掌握经济机遇对一件事物或现象的心理评价，并对自己和他人或某一群体进行心理上的比较，来自觉地划分自己所处社会阶层，并在心理上极力维护自己所处阶层的观点和利益，形成志同道合的小团体。因此，“富二代”“官二代”“星二代”等词迅速蹿红网络，展现富与贫，强与弱，官与民的社会阶层的断裂和对立。当旅游网络舆情产生时，网民的这种非理性的身份标签成为判断的主要依据，而事实的真假对错反而成了次要问题。普布里乌斯·克奈里乌斯·塔西佗（Publius Cornelius Tacitus）是古罗马时期的政务官同时也是伟大的历史学家，其在《历史》一书中提到“一旦皇帝成了人们憎恨的对象，他做的好事和坏事就同样会引起人们对他的厌恶”①。在当代社会，当政府或旅游主管部门的权力失去公信力后，将陷入一种进退两难、因小失大的信任危机中，从而给社会带来负面影响，网民也就不自主地陷入与主管部门对立的境地，从而影响舆情的正常发展。

（四）“羊群效应”导致旅游网络舆论极化

所谓羊群效应就是人们容易受多数人的影响从而跟从大众的思想和行为，也称为从众效应。尤其是在网络群体性事件发生后的群体讨论，这种效应更加明显。社会心理学家认为，通过群体讨论，无论最初的意见是哪一种倾向，其观点都会被强化，称之为群体极化效应②。

凯斯·桑斯坦认为：“在网络和新的传播技术的领域里，志同道合的团体会彼此进行沟通讨论，到最后他们的想法在形式上会变得更极端，而临时组成的松散群体在经过讨论后会出现不同程度的极化现象。”③ 这一现象在不少网民的行为中有更明显的特征，他们极力攻击反对言论，吸引人们眼球，使网络舆论朝着某一方面发展以此来从中取乐，以满足自己的娱乐精神。

“驴友”通过各种论坛、BBS 建立联系已经实现了“羊群”的聚集，当热点生成、舆情演化时更容易出现舆论一边倒的从众效应，往往其他观点的出现就会陷入“一石激起千层浪”的困境，导致旅游网络舆论极化，这使得网友很难有一个客观理性的评判。

---

① ［古罗马］普布里乌斯·克奈里乌斯·塔西佗．历史［M］．王以铸，崔妙因，译．北京：商务印书馆，1981：16.

② ［美］S. E. Taylor，L. A. Peplau，D. O. Sears. 社会心理学［M］．北京：大学出版社，2004：326.

③ 凯斯·桑斯坦．网络共和国——网络社会中的民主问题［M］．上海：人民出版社，2003：41.

（五）旅游公共问题成为网络舆情关注的热点

当前我国经济正处于转型阵痛期，同时，第三产业产值首次超过 GDP 的 50% 也标志着我国业已进行后工业化时代，公众对于休闲的需求不断上涨，而且随着有闲时代的到来，休闲旅游已经成为民众一大消费需求。高涨的旅游消费需求必然对我国旅游资源、旅游环境、旅游管理等诸方面提出更高的要求。在网络时代，局部容易被放大，社会情绪加速感染，某一具有普遍性的问题可以迅速发展成为全国性旅游舆情。“在互联网上……一个个体最初可能是带着相对中立的观点看某个问题的，但与别人就此在网络中讨论后，他可能从中间的地段向边缘移动”①。“史上最牛”加“三公部门”型的网络事件，溯其本源其实就是公共部门的公职人员“涉腐”“涉富”“涉权”，在涉及“三公部门”的负面新闻时，往往看到的是一边倒的批判浪潮。

（六）“水波效应”致使个体诱发群体聚集

所谓水波效应也就是一石激起千层浪，平静的湖面，由于一个小小石子的进入打破平静引起共振，由于有共振频率和相同波段，水波才能传得远，起到波峰强劲的效果。互联网就是由一个个相互联结的结点构成的场域，任何一个结点发生变化都有可能在一定机制下打破舆论场的平静。但是，从内在联系来看，这个“石子”或者结点往往是承载着公众最基本的诉求，这种诉求已经聚集到一定水平，超出了个人诉求或私人诉求的范畴，成为一定数量公众的共同诉求，而且已经到了必须由公共部门回应的境地。只不过是互联网给这种公共诉求的表露提供了渠道，而的确个体需要通过群体来维权，而群体也需要拿个体来表白。

（七）意见领袖的作用更加明显

意见领袖是指在传播过程中为他人提供信息，同时对他人施加影响力，他们在大众传播效果的形成过程中起着重要的中介作用，并将经过自己再次加工过的信息传播给其他人的人。通常而言所谓意见领袖一是其具有一定规模的支持者或粉丝，二是其言论往往能够代表或覆盖一部分网民的心声。网络的社会化使网民社交范围变广，拥有较多的信息渠道，使得那些常常关注身边的事件

---

① ［美］Patricia Wallace. 互联网心理学［M］. 北京：中国轻工业出版社，2001：84.

和新闻，有着自己理性和思考的，并适时发表自己观点的 ID 在一个圈、群里成为“意见领袖”。他们善于对各种信息和舆情做出判断或解释，并在态势上做出导向，从而使网络事件的热度急剧提升，使舆情传播更加复杂。旅游圈内意见领袖的作用往往因领域的明确性和具体性，使其影响力更为直接。

第三章

旅游网络舆情危机

一、旅游网络舆情危机的界定

（一）旅游网络舆情危机的形成

据中国互联网信息中心发布的第37次《中国互联网络发展状况统计报告》显示，中国网民规模达6.88亿，互联网普及率为50.3%，其中手机网民规模就达6.2亿。手机的普及，网络媒介的多样化，使得传统的信息传播方式如报纸、书刊等受到新兴信息传播方式的猛烈冲击。自媒体如微博、微信、论坛、博客等的出现成为个体表达自身利益诉求的主要渠道，它将话语权授予草根阶层和普通民众。普通民众将自己自身的经历发布到微博、微信等社交网络中引起网友注意或共鸣，经过广泛的讨论之后，这一经历便很可能成为热点事件从而得到更多人的关注。

但是因为相关网络社交平台本身的虚拟性造成的信息真实度较低，在同样作为新兴产业的旅游业市场中，一旦旅游网络舆情发生，依靠传统媒介传播的政府工作人员难以及时掌握舆情发生的动态、获得事件演变发展的相关信息，从而致使对旅游网络舆情危机的处理迟缓，或公共部门在应对时由于缺乏相关网络舆情危机处理意识或担心因此承担责任而出现集体噤声，这样就在普通大众心中留下了政府不作为的形象，给当地的旅游业造成了不良影响。在人人都是主角的自媒体时代背景下，要掌握自媒体时代下网络媒介的传播过程、特点和规律，学习总结政府应对网络舆情的技巧，及时消除民众心中的误解，维护地区旅游形象。

（二）旅游网络舆情危机的界定

2016 年李克强总理在《政府工作报告》中提出要规范旅游市场秩序，迎接正在兴起的大众旅游时代，然而当前旅游市场的各种乱象不仅在不断地挑战游客的道德底线，也在慢慢使政府打造的旅游城市信誉度急剧下降。如 2015 年五台山景区省道强征过路费、海南三亚宰客事件、哈尔滨天价鱼事件等等都因游客在景区遭遇消费欺诈经网络媒体的披露引起轩然大波，并最终给当地城市的旅游市场造成了极其恶劣的影响。当旅游网络舆情在网络上达到顶峰时，非常容易迅速转化成旅游网络舆情危机，此时政府能否对危机做出积极的回应，化解公众的情绪，其回应的力度将直接关系到旅游网络舆情危机的化解。因此，研究旅游网络舆情危机这一随着网络技术的高速发展和旅游业规模的日渐扩张而产生的新的危机形态，对于政府回应力建设而言具有非常重要的意义。

前文指出旅游网络舆情是指存在于论坛、微博、微信以及 APP 等互联网平台的，网民或网媒基于一定的诉求而进行聚焦表达的态度、价值倾向和情感。那么何为旅游网络舆情危机呢？顾名思义是旅游网络舆情演化而成的危机类型，同时也是旅游危机、网络舆情危机的一个子集。危机管理研究先驱赫尔曼认为危机是指一种情境状态，在这种形势中，其决策主体的根本目标受到威胁且做出决策的反应时间很有限，其发生也出乎决策主体的意料之外。① 世界旅游组织将旅游危机定义为“影响旅游者对一个旅游目的地的信心和扰乱继续正常经营的非预期性事件。这类事件可以以无限多样的形式在许多年中不断发生”。刘毅认为网络舆情危机，是针对某一特殊刺激事项所产生的涉及民众利益较深较广的舆情，在相对短时间内生成大量信息，并在一个社区或更大范围内民众中掀起范围更大、强度更强的社会反映，最终，与事项刺激方或事项本身形成激烈的认识或观点对抗。② 孙玲芳等认为网络舆情危机就是指网络上突然出现了对特定组织或个人具有严重威胁的舆情，组织或个人必须在物资、时间和信息缺乏的条件下快速做出决策的一种非常危险或者困难的状态。③ 梁春阳认为所

---

① 高恩新，余朝阳．试论危机管理的常态化趋势［J］．云南行政学院学报，2008（10）：114 - 117。

② 刘毅．网络舆情研究概论［M］．天津：天津人民出版社，2007：53

③ 孙玲芳等．网络舆情危机的概念门板及指标设定［J］．现代情报，2014（11）：27.

谓网络舆情危机，主要是指可能危及社会及组织目标和利益的突发性事件在互联网上被广泛传播，引起公众集中关注并发表评论和意见而形成强大的网络注意力，这种注意力足以影响和改变社会或组织原有的发展态势，而形成的社会公共危机。① 付业勤认为旅游危机事件的网络舆情是指网民和媒体对由旅游现象产生的或有关的危机事件表达意见、态度与行为倾向等的集合，包括民众生计、政府管理、涉法涉警、社会文化、对外交往等主题，涉及客源市场、交通出行、目的地发展环境等旅游系统。

综合学者们对旅游危机、网络舆情危机以及相关概念的理解，我们可以给旅游网络舆情危机做如下定义：是指由旅游网络舆情演化而成的危机态势，即网民及媒体对旅游现象及相关议题表达意见、态度与行为倾向，而引起公众及有关主体的集中关注并发表意见、评论，形成对特定组织或个人具有严重威胁的舆情，组织或个人必须在物资、时间和信息有限的条件下快速做出决策的一种非常危险或者困难的状态。

（三）旅游网络舆情危机的内涵

通过上述对旅游网络舆情危机的界定，可知其包含以下几个要件：

1. 网络媒介是旅游网络舆情危机生成的重要载体

网络媒介是信息传递较为迅捷的媒介之一。当前网络媒介主要以微博、论坛、博客、微信等媒体形式在旅游网络舆情的发展中起到信息发布和社会讨论等作用，同时也是旅游网络舆情危机形成的重要载体。

2. 网民和媒体是旅游网络舆情危机的推动主体

网民通过将自身的亲身经历和遭遇通过网络媒介反映到互联网上，从而引起其他网民的关注和共鸣。从信息传播的视角来讲，网民是旅游网络舆情的引发者和创造者，为媒体提供传播内容，而媒体为网民提供舆论空间。随着事件中大量网民的迅速围观，旅游网络舆情事件的关注度呈爆发式增长，最终使得旅游网络舆情事件转化为旅游网络舆情危机。

---

① 梁春阳，李习文. 论党政部门网络舆情危机应对策略［J］. 图书馆理论与实践，2012（11）：21－25.

3. 旅游热点议题是旅游网络舆情危机的核心

能够演变为网络舆情危机的热点议题具备以下几点：第一，事件本身的性质。即旅游热点议题本身的内容能否得到网友的广泛关注和讨论，是否涉及广大网民的自身利益。第二，议题爆发的后果。旅游热点事件爆发后事件的发展、爆发的后果以及影响的范围、变化程度都将决定事件能否演化成舆论危机。

4. 旅游网络舆情的恶化是导火索

旅游网络舆情的恶化主要是指在网络舆情出现一段时间后，由于相关责任主体对网络其他相关主体的诉求把握不当、处置不当、回应不当导致旅游网络舆情朝着不可控的方向发展，这也是旅游网络舆情危机形成的最终导火索。

二、旅游网络舆情危机的类型

旅游网络舆情危机的分类有多种方式，目前专门研究这议题的成果并不多见，以下提供几个分类的视角，以期能够通过不同的维度进一步认识和理解旅游网络舆情危机。

（一）根据内容分类

根据内容分类也就是依据旅游网络舆情危机的主题，可以分为民生类、涉政类、涉法类、企业管理类、文化风俗类、对外交往类等。

民生类是指旅游网络舆情危机主要因民生诉求而起，如游客的权益保障等问题；涉政类指涉及政府部门的旅游网络舆情危机，这里的政府指广义的政府，即除政府行政部门以外还包括立法部门、党群部门；涉法类指与公安机关、检察院、法院有关的危机事件；企业管理类是指与旅游企业有关的危机事件，如景区企业管理不善引发的危机事件，旅行社和导游管理出现的事件等；文化风俗类是指与旅游目的地文化和风俗有关而引发的网络舆情危机事件，如围绕某景区狗肉节引发的关于是否应该吃狗肉的舆论激辩，甚至引发现实冲突；对外交往类是涉及涉外旅游的有关网络舆情危机，如多次发生的中国游客安全事故、菲律宾人质事件等。

（二）根据起源分类

根据起源分类就是指根据旅游网络舆情危机源最初是发生于现实还是网络这一标准进行划分，可以分为现实生成型、网络生成型、现实网络互促型三类。

现实生成型是指在现实旅游休闲过程中发生的事件，其被媒体或网民曝光互联网之后引发的网络舆情危机，如“济南动物园游乐场过山车停电，十余人悬空”引发游客对景区设施安全讨论和吐槽的舆情，“庐山景区桥塌事件”引发网友对景区基础设施质量的质疑及问责潮等；网络生成型是指旅游网络舆情危机最初舆情生成于网络平台，如“青岛大虾”事件，是游客将自己被宰的经历曝光于微博进行而引起的关系到青岛甚至山东旅游形象的危机事件，“山西五台山景区和尚打人事件”是由网友曝光于网络论坛，还有多个导游宰客、强制消费、辱骂游客的录音、视频也是由网友上传到网络引起的一系列后续事件；现实网络互促型是指旅游网络舆情危机的形成是现实和网络交互影响的结果，就是在现实事件发生的同时网络上出现了相关舆情，事件因受到舆情关注而继续发展继而产生新的舆情，几个回合之后促成了网络舆情危机的产生，如“天价台蘑事件”，原本只是关于旅游景区消费品价格定价的问题，其曝光于网络之后相关部门积极做出回应，但在回应过程中相关人员出语不慎导致舆情非但没有平息，反而再次引爆，给相关部门带来更大压力。此类事件强调在网络舆情危机形成过程中网络与现实之间的互动关系。

（三）根据领域分类

根据旅游网络舆情危机中核心问题所处领域可以分为景区管理类、旅行社类、治安管理类、自然灾害类、涉旅安全类、旅游消费类、网络议题类等。

景区管理类旅游网络舆情危机是指引发危机的是景区管理中的问题，包括景区物价问题、景区设施安全问题、景区秩序问题、景区环境问题等；旅行社类危机是指引发危机的关键内容是旅行社存在的问题，包括导游素质问题、导游强制消费问题、导游回扣问题、黑团问题、游客与旅行社冲突问题等；治安管理类危机是指景区社会治安事件引发的旅游网络舆情危机，包括游客冲突、景区人员与游客冲突、景区人员与旅行社冲突、其他涉及人身、财产安全的事件；自然灾害类是指由自然条件变化而引发的旅游网络舆情危机，包括大雾滞留、洪涝灾害、雪灾引发的危机事件，如“广东江门漂流遇山洪”事件，导致8人死亡10人受伤，事发后引起网友的关注与追责，另外五台山景区多次发生因天气突变导致的游客被困事件都属此类。涉旅安全类是指在旅游过程中发生的安全事件引发的旅游网络舆情危机，包括旅游出行安全、旅游设施安全、旅游过程安全、旅游人身安全等类型，涉旅安全类旅游网络舆情危机是当前主要的类型之一，人民网发布的《2013 年国内旅游景区热点舆情事件应对排行榜》20 个上榜案例中，有“庐山景区桥榻事件”“广西北海旅游大巴司机殴打 75 岁游客事件”“桂林游船翻船事件”“凤凰古城塌桥惊魂事件”“旅游大巴翠华山景区门口侧翻”“湖北神农架一游客摔伤”6 件属于此类，占比将近 30%，再加上近期多起旅游大巴撞桥爆燃造成重大人员伤亡的事件频发，说明旅游安全形势依然严峻。旅游消费类是指在旅游消费过程中由于各方冲突引发的旅游网络舆情危机，包括过高定价、门票纠纷、强制消费、导游回扣等问题，如“香格里拉导游强制消费事件”“庐山通票成摆设事件”“凤凰古城收取门票事件”“黄山禁售泡面事件”都属此类。网络议题类是指不以现实事件为聚集热点，而是就某一议题在网络空间引发关注并进一步聚集、评论，甚至给相关主体造成压力，包括旅游现象议题、旅游政策议题等，如“十一长白山游客爆满事件”、“河北山海关景区被取消 5A 资质事件”、“央视曝光峨眉山购物团事件”、景区不文明现象等。

（四）根据层次和影响程度分类

这一类型是根据旅游网络舆情危机所处层次及其影响程度进行分类，雷春根据旅游网络舆情事件发生的特点、强度、事件参与者、舆情传播途径与速度等要素，结合层次分析法构建网络舆情的监测指标体系，设置了三级指标和预期级别，一级为最高警戒，二级、三级逐渐减弱。① 付业勤等通过确定指标量化方法和指标权重的基础上，量化了旅游危机事件网络舆情风险指数 TRI，并制定了五级舆情风险指数标准及相应的预警等级，分为理想安全、较安全、临界安全、较不安全、不安全五个等级，并且以绿、蓝、黄、橙、红五种颜色表示。② 综合已有研究成果的基础之上，充分考虑旅游网络舆情发生的层次（如乡、县、市、省、全国、全球）和其影响程度（如一般影响、重大影响和特大影响）两个层面的因素可以将旅游网络舆情危机分为一般旅游网络舆情危机、

① 雷春．旅游网络舆情热点事件监测与预警指标体系构建——以海南国际旅游岛为例［J］．四川旅游学院学报，2014（4）：46.

② 付业勤等．旅游危机事件网络舆情的监测预警指标体系研究［J］．情报杂志，2014（8）：188.

重大旅游网络舆情危机和特大旅游网络舆情危机三类。一般旅游网络舆情危机指发生在县级以下的常态下的旅游网络舆情危机，此类危机影响程度也一般；重大旅游网络舆情危机是指发生在省市层面的影响重大的危机，此类危机可能涉及省级层面的相关主体和事项，影响重大；特大旅游网络舆情指发生在省级范围以上，对多个省甚至全国造成威胁态势，一些涉及对外关系的危机事件也属此类。

三、当前旅游网络舆情危机的特点

（一）静态层面

旅游网络舆情危机传播速度较快，且方式多样化。随着时代的不断变化，网络也在日益更新，主要有开放性、虚拟性和舆论性等特征，这在一定程度上决定了旅游网络舆情危机具有以下几个方面的特征：

1. 危机产生的偶然性

网民们可以通过博客，新闻点评等渠道直接在上面发表自己的意见和建议，通过这种方式使网民们更能流畅地表达自己的看法。网络舆情的传播速度较快，受到较少的限制和干扰，传播的技术门槛低，使得旅游网络舆情危机的出现时时处处都有可能，呈现出一种随机性强的状态，这种状态可以表现为一定的偶然性。

2. 舆情诉求的多元化

“网络社会”是一个特殊的存在，具有虚拟性、无界性等特征，这就使得网络民意具有多元化的特征。虽然人们的思想意识和价值理念得到提高，道德体系更为规范化，但有关部门对网络监管力度的不足，使网络舆情呈现多样化的特点，以至于人们通常都会在网络上看到各种各样的舆论内容，各种思想也自由交流、表达，一元化的态势很难在网络出现，因此旅游网络舆情危机始终表现出来的是关于旅游议题的“争议”“分歧”甚至“对抗”，当然，网络中这种多元性不存在时网络自由和民主也就不复存在了。

3. 危机形势的突发性

旅游网络舆情危机与其他危机一样具有突发性的特点，网络舆情本身就有其鲜明的特点，那就是必然存在一个导火索或爆点，这个爆点可以是一个表情，也可以是一个动作或言语，抑或一个事件，总之其会使旅游网络舆情演化成为危机，给相关主体带来威胁和压力。而这个爆点是很难预料到的，虽然其出现具有必然性，但往往是在不经意之间发生的，很难察觉。

4. 危机诉求的偏差性

互联网舆情可以说是吸取民意中的一部分，并不是所有人的观点。随着经济的发展，互联网在现实生活中的不断运用，贴吧、微薄等交流平台的不断出现，网民们更有空间去发表自己的言论。但是由于政府的网络监督能力不足，网络社会法制化水平不高，一旦网民出现一些其他的情况，如自身缺乏道德的约束，受他人言论的影响，或者在生活中遭受到困难等，就会利用网络这种方式发泄自己的不满情绪，从而发表一些欠理性的话语。因而，网络舆论更容易呈现出偏差性的特点，旅游网络舆情危机也继承了这一特点，网民的“一己之见”、网友的非理性参与以及网络空间的从众心理使得这种危机中的诉求未必是正当、合法的。这也给危机的应对增加了不少困难，一方面要顺从民意，另一方面又要维护正常秩序与公正。

（二）动态层面

从动态的视角出发，近些年我国旅游网络舆情危机发展演变过程中主要表现出如下特点：

1. 发生时间有规律，应对预警有策略

人民网发布的《2013 年国内旅游景区热点舆情事件应对排行榜》显示，旅游舆情危机事件发生最多为 10 月份，其次为 4 月份，负面舆情危机事件高发时段与我国节假日安排非常吻合，这说明旅游网络舆情危机还是有规律可循的，其也是伴随着旅游活动的增加而增多，这就为应对旅游网络舆情危机提供了科学支撑和应对思路。

根据已有的旅游网络舆情危机应对经验和数据，根据各景区的基本资源情况和各有关部门、主体的工作职责相应地制定有效应急预案，是有效预警并应对旅游网络舆情危机的策略。

2. 地域分布较集中，经济落后是短板

已有研究表明，旅游网络舆情危机的发生较多集中在湖南、广西、云南和江西等南部内陆省份，究其原因有以下几方面：其一，这些省份的旅游资源较为丰富，是游客乐于选择的旅游目的地；其二，这些省份经济发展相对落后，旅游基础设施、旅游环境、旅游服务等相应落后，景区接待能力不足；其三，经济落后地区的管理理念和技术手段相应缺乏先进性，景区人员的服务意识不强，旅游舆情危机意识淡薄，网络形象观念尚未形成。

3. 生成原因呈多样，游客权益是爆点

据红网舆情中心统计，旅游舆情事件的形成主要有四种：一是游客与服务提供者之间的冲突，如导游揽客、导游改变旅游路线等；二是旅游事故，有交通事故、景区设施事故、自然灾害事故等；三是旅客滞留问题，大多因为天气原因或旅游目的地接待能力而导致的问题；四是费用问题，包括强制消费或乱收费。不论何种原因导致的危机事件，以及哪一主体参与其中，游客始终是其中的核心，而游客权益受损通常成为网络舆情危机的爆点。相应地，只有以游客权益和利益为中心的旅游服务理念才能够打造出一流的旅游品牌和高质量的旅游服务和高素质的旅游人才。同样，旅游网络舆情危机的预防、应对、善后也要时刻以游客利益至上才能应对得当。

4. 危机参与度和热度高，应对不慎影响大

旅游网络舆情危机因搭载网络平台，因此不再是传统危机事件中一小部分人的事件，而是由网民参与的多数人的事件，再加上旅游本身的特性以及旅游业在我国的发展，危机参与的热度和参与度都比较高。主要体现在：其一，新旧媒体的融合和媒体的聚集效应，当旅游舆情事件发生时媒体就会争相追踪报道，并以头条的形式追求点击率，而网友已经形成网络依附心理，就会关注热点并进行吐槽与问责。其二，旅游网络舆情危机绝大部分发生于节假日期间，而旅游新闻也是节日期间媒体与网民关注的焦点，当前在多元传播渠道与全媒体的传播技术支持之下，舆情危机事件的潜在能量可以迅速得到释放，并让最广泛的多元主体参与到其中。其三，随着休闲时代的到来，旅游已经不再是奢侈品，有闲也不再是上层社会的专利，即使普通人随时也可以成为一名“驴友”。因此，在每一件旅游网络舆情危机面前，每位网民都可以成为利益的相关者，并且在整个危机发展中，自觉地将自己置于局中人的角色进行博弈。其四，旅游网络舆情危机本身已经成为各媒体吸睛的手段，一些媒体已经定期发布一些舆情排行榜、重大舆情事件、应对排行榜、热榜等，甚至一些旅游舆情类栏

目已经成为媒体网站的常设栏目。

四、旅游网络舆情危机中的公共诉求

（一）旅游网络舆情危机中的公共诉求界定

通过互联网来了解民情，汇集民意，是一个重要的渠道。网络的开放性、无限性、虚拟性和隐蔽性，给公众提供了广阔的空间和可能性来表达诉求。公共诉求是指在以广大的人民群众为诉求主体的前提下，向行政机关、事业单位、非营利机构等，维护自身权利的诉求、请求。基于网络平台的公共诉求，指的是在网络空间中，公众对与自己相关的某一社会事件发表观点、看法中显示出的集体倾向。随着互联网的发展，我国网络已经成为公众进行公共诉求表达的重要场域。

旅游网络舆情危机中的公共诉求是指公众对于与旅游有关的社会现象或问题在网络社会中发表自己的观点、看法、态度中所表达出来的公众民意，是公众关注某种事件的原因，是旅游网络舆情危机中体现出来的共同的利益诉求。

（二）研究旅游网络舆情危机中公共诉求的意义

国内对旅游网络舆情方面的研究是从近几年才开始的，对旅游网络舆情方面进行研究的学者并不多见，在中国知网中以“旅游网络舆情”为关键词检索，发现发表成果较为集中，关注并不广泛，以付业勤的文章占多数，他们主要从旅游网络舆情的构成、主客体、演变规律、管控、管理机制等角度进行研究，为相关研究和实践奠定基础。虽然我国学者对于旅游网络舆情进行了一定研究，但对于旅游网络舆情的研究并不完善，对于旅游网络舆情事件中的公共诉求分析并未涉及。随着网络技术的不断进步，网络舆情的影响力正在不断扩大，通过对典型案例的分析，研究旅游网络舆情的公共诉求，对于解决旅游网络舆情危机，进一步完善相关理论，构建扎实的理论基础具有重要意义。

随着互联网技术的兴起和发展，网络媒体成为“第四媒体”。电脑和手机等工具逐渐进入人们的生活并占据着重要的地位，社交软件如“三微一端”的推广使用，给网民提供了自由获取信息、发表言论的新平台和新技术。2008 年对汶川地震的报道，标志着网络媒体成为中国社会的主流媒体。同年，中国社科院《社会蓝皮书》第一次录入互联网舆情分析报告，也标志着互联网舆情是社会舆情的重要组成部分。随着人民生活水平的提高，快速发展的交通工具使出行更加方便，越来越多的人选择旅游来放松心情，缓解压力，旅游网络舆情也受到越来越多的关注。因此，研究旅游网络舆情的公共诉求的现实意义有以下几点：

第一，保护旅游行业的市场秩序，促进旅游行业的发展。旅游业是一个信息敏感的行业，人们旅游是为了放松心情、调节紧张的工作节奏，旅游中出现的侵权行为不但会对游客造成损失，也使旅游地形象大打折扣，通过对旅游网络舆情中的公共诉求进行深度分析，有利于正确认识危机，进而科学地化解危机，树立旅游行业良好形象。

第二，有利于政府了解社情民意，正确有效、有针对性地解决旅游网络舆情危机。网络舆情的影响力正在随着互联网的发展持续扩大，政府能否正确处理危机事件，影响着政府的形象树立以及政府公信力，通过研究可以使政府掌握理论话语，顺应客观规律，有效治理危机。

第三，维护公众的权利。公众对某件社会事件表达自己的观点、态度等，都存在着潜在的利益诉求，我国目前还处于强国家、弱社会的状态，现实中人民表达诉求的渠道有限。网络为人民自由、直接的发表自己的观点、表达自己的诉求、维护自己的权利提供了平台和可能。

（三）旅游网络舆情危机中的诉求分析：以青岛大虾事件为例

青岛大虾事件是2015年度的十大网络事件之一，在旅游事件中具有很强的代表性。以青岛大虾事件为研究对象，对旅游网络舆情的公共诉求进行分析，研究青岛大虾事件能够引起公众关注的起因，青岛大虾事件背后所展现出的公共诉求。以“世界那么大，我想去走走”为理由的辞职信红遍网络的同时，青岛大虾事件发生后也有网友调侃“去哪儿都好，就是不要去青岛吃虾”，继以前的“姜你军”“蒜你狠”“豆你玩”等网络热词外，又出现了“虾死你”，可见青岛大虾事件的影响力之大，其也成为宰客事件的典型案例。

随着人民消费水平的不断提高，公众离家旅游越来越常态化，我国已然进入了大众旅游时代。2015年十一黄金周期间，青岛大虾事件火遍全国。点餐时38元一份的青岛大虾在结账时却变成了38元一只，游客在相继找警察和物价局等相关部门都没有得到有效帮助后，游客把被宰事件发表到新浪微博，广大网友感同身受，纷纷转发以及诉说本人被宰经历。而随着手机、电脑的普及，人们越来越依赖于互联网获取外界消息、表达观点。青岛大虾事件由微博热议到微信段子演绎表明新媒体已逐渐渗透到公众日常生活中，也证明了在我国旅游业蓬勃发展的同时也存在着诸多不足。公众想通过旅游放松心情的初衷也因为旅途中遇见的各种不公平待遇受到影响，青岛大虾事件之所以能够引起共鸣，是因为其仅是众多宰客事件之一，而网络中有关此类事件的负能量已经聚集到一定水平，并借机得以释放。

青岛大虾事件的发生是游客在被“宰”求助相关部门未得到解决后，通过微博进行求助和发泄情绪，经网络发酵而生成的危机事件，以新浪微博作为研究的数据来源，对于摸清此次事件的内在规律具有明显优势。2015 年 9 月新浪微博的月活跃人数为 2.12 亿，日活跃用户达到 1 亿①，是中国目前规模最大的社会化媒体平台。以“青岛 38 元大虾”为关键词在新浪微博搜索，相关帖子有 686123 条搜索结果，认证用户 155152 条。由于数据基数过大，本文采用抽样调查法，采取 2015 年 10 月 1 号至 2015 年 10 月 31 号中 200 条微博认证用户的相关评论进行分析整理，合并同义词、近义词并在获取评论数据时剔除了简单转发、无实际内容以及明显的“蹭头条”等非理性数据，以保证数据收集的有效性。

1. “青岛大虾”事件中的公共诉求分析

通过抽样调查 200 条新浪微博数据，可以发现公众主要关注青岛大虾事件中以“监管不力”“警察权限”“停止罚款”“青岛好客形象”为关键词的相关议题。通过青岛大虾事件可以看出，公众所表现出的公共诉求主要集中在以下几个方面，如表 3-1 所示。

① 新浪微博数据中心 .2015 微博用户发展报告［EB/OL］. http：//www. useit. com. cn/thread-10921-1-1. html，2015-12-16.

表 3-1 青岛大虾事件公共诉求数据

指标	明确职责范围	改善工作态度	出台执法制度	加快反应速度	维护市场秩序	畅通维权通道	其他
条数	61	50	27	21	19	15	7
百分比	30.5%	25%	13.5%	10%	9.5%	7.5%	3.5%

(1) 关于明确部门职责权限范围的诉求

调查数据显示，关于明确部门职责范围的公共诉求占 30.5%。在青岛大虾事件中，公众对“无权处理，不归警察管”的言论表示怀疑、不解，游客碰到宰客事件后，先后找过警察和物价局，双方都未能为游客提供满意的解决办法，而由于职责界线不清导致责任也不明确，甚至有网友认为存在地方保护主义现象。公众对公职人员权利和责任的范围问题展开讨论，分析为什么公权力在私人利益受到侵害时显得苍白无力。青岛大虾事件中店家把实际价格 38 元一份的大虾以每只 38 元卖给游客，警察称无权处理并让游客接受妥协的行为，引起了公众的广泛讨论。

(2) 关于改善工作态度的诉求

调查数据显示，公众对于关于改善工作态度的公共诉求占 25%。宰客事件发生后，公共部门未能有效介入的前提下，游客权益无法得到保障，于是发布微博使事件扩大化，让公众对公共部门人员工作态度表现不满，即使相关部门事后做出对相关人员的处罚规定和对宰客店家罚款 9 万元等措施，也让公共部门形象受到一定程度的损坏，从而影响政府公信力。

(3) 关于出台执法制度的诉求

关于出台执法制度的公共诉求占 13.5%。青岛大虾事件中，部分公众对处理结果“相关部门主要负责人停职，涉事店家罚款 9 万元、吊销营业执照、退还多收费用”等表示满意。同时，也有公众对处罚决定的具体细节表示疑问，如罚款店家 9 万元的依据是什么、店家有无实际缴款等问题，舆论要求尽快出台执法制度，让公共部门的执法行为有法可依。

(4) 关于加快反应速度的诉求

关于加快政府反应速度的公共诉求占 10.5%。在网上流传青岛大虾事件之初，相关主体并未重视此事，错过了处理此次事件的“黄金一小时”，使相关部门陷入被动局面。迟缓的反应速度使青岛大虾事件影响力不断扩大，所谓一丑遮百俊，青岛大虾事件的发生对青岛产生了不可估量的负面影响，使“好客山东”变成了“宰客山东”，更有38元的青岛大虾毁掉了山东几个亿的论断。责任主体的反应迟缓使青岛大虾事件不断发酵，成为影响全国的旅游典型事件。

（5）关于维护旅游市场秩序的诉求

关于维护旅游市场秩序的公共诉求占9.5%。青岛大虾宰客事件出现后，部分公众纷纷表示自己同样遇见过宰客事件，可见宰客事件并不少见，从而引起共鸣现象，使青岛大虾事件引发热议。旅游宰客现象频发，可见旅游市场的混乱无序。旅游市场秩序持续混乱，阻碍了旅游行业的发展，也使得公众权益得不到维护，让公众纷纷通过网络表达不满，发泄情绪，使得青岛大虾事件恶化，影响旅游主管部门的公共形象。

（6）关于畅通维权通道的诉求

关于畅通维权通道的公共诉求占7.5%。游客旅途中遇到宰客事件会影响心情，在鼓起勇气维权后却得不到满意解决，让游客产生对公权力的不信任，使公共形象受损。青岛大虾事件受到众多关注的部分原因在于类似被宰事件不在少数，但选择维权的人数并不多见，一方面是维权意识淡薄，另一方面是游客对维权的预期不理想，认为即使选择维权问题也一样得不到解决，使得游客缺乏维权信心，从而放弃正式维权渠道，而选择网络维权的非正式渠道。

（7）其他诉求

调查数据显示，其他诉求占3.5%。有网友表示青岛大虾事件的产生是经济利益至上价值导向下的结果，也有网友表示无恒产者无恒心，产权问题导致经营者短视，出现宰客现象。还有网友认为青岛大虾事件的背后，是中国社会转型进程中的一个特殊现象。更有甚者认为是地域歧视导致的侵权现象，每种分析背后都有一种价值选择和倾向，都代表着网民的内在诉求。

2. 青岛大虾事件产生的原因分析

（1）公共部门主体责任不明确，服务意识不强。

青岛大虾事件发生后，公安部门、工商部门和物价管理部门的相关责任分工不够具体、界线模糊，再加上法定假日的特殊时期，导致消费者的权益受到侵害时无法得到维护。同时相关人员在面对群众诉求时，缺乏服务意识而不能很好地了解群众需求，切实地从本职工作视角出发去帮助群众解决问题，从而使诉求深化为舆情。

（2）部门职责权限划分不明确、执法程序不健全、权责不统一。

由于社会环境的变化，公共部门的职责也需要与时俱进地调整，而由于调整的滞后性使得部分部门之间职责不明确，使相互推诿成为可能，从而延误了执法的恰当时机。相关部门应对网络舆情时也缺乏科学的流程和规制，使舆论给公共部门造成巨大压力，甚至影响公众视听。处罚决定也没有具体的工作流程，结果是否严格履行正常行政处罚程序还有待商榷，相关部门事前的滞后与事后的闪电处理使公众产生更多疑惑。当然，以此事为鉴，青岛市政府联合青岛市旅游局、工商行政管理局、物价局、公安局等联合在全市范围内展开拉网式市场秩序大检查、大整顿，最大限度挽回了事件带来的损失。

（3）旅游市场秩序混乱，宰客现象普遍存在。

青岛大虾事件的发生引起公众共鸣。每到旅游黄金期，被宰事件频频发生，被宰游客维权效度不高，相关部门监管不严或不作为使引发公众不满情绪的可能大大增加。游客因权益得不到保障，始终处于负能量积压阶段，青岛大虾事件的发生使游客的委屈心理有了突破口，从而将愤懑一倾而出，致使事件不断发酵，形成“38 元青岛大虾毁了山东几亿的广告效果”的后果。

（4）游客维权意识觉醒，投诉程序有待改进。

青岛大虾事件的爆发意味着游客维权意识的觉醒，游客维权无门后在网络平台发泄不满引起强烈关注。《工商行政管理部门处理消费者投诉办法》中规定“有管辖权的工商行政管理部门应当自收到消费者投诉之日起七个工作日内，予以处理并告知投诉人”，而被宰的多是外地游客，由于短暂的停留给消费者维权带来不少困难，而投诉和解决需要大量时间，相关部门往往要在最后期限才告知结果，使消费者的维权通道名存实亡，游客权益得不到保障。互联网情境下，政府相关部门应当与时俱进，将业务处理的时限、程序都进行重新设定，如可学习保险公司的事故处理程序、联网处理等办法，有效提高办事效率，切实为公众服务好。

（5）部分商家法律意识淡薄，企业诚信缺失。

青岛大虾事件中的涉事主体以使人误解的手段诱骗消费者并使用暴力手段威胁消费者付账，明显是不合法的行为。当前我国社会主义市场经济体制还不完善，一些小微企业经营者的政策法律素养还不高，如果市场监管无法及时跟进的话，过低的违法成本使经营者存在侥幸心理，从而使侵权行为不断出现。所谓“天地可欺客莫欺，客是商家食和衣”，服务行业不仅仅要遵纪守法，其长期经营要依靠的是诚信而非“一锤子”买卖。

（6）公共部门危机意识薄弱，应对网络舆情过于被动。

相关主管部门反应迟缓，在关键处置时间内未能及时介入，致使青岛大虾事件人尽皆知，而严重影响了青岛的形象。有关责任主体在事件发生三天后才做出回应，错过了“黄金一小时”法则，使网络舆情危机影响力不断扩大，对公众诉求未能形成良好回应，从而加剧了公众的不满情绪。治理主体网络舆情危机应对意识的薄弱，对网络舆情重要性和危害性认识的严重不足，使其错失最佳应对时机。同时，治理主体也缺少应对网络舆情危机的体制机制，多部门权责纠结使各部门对网络舆情危机反应迟缓，而出现责任空置的空间。

（四）旅游网络舆情事件中公共诉求的回应策略

1. 明确公共部门职责范围，推行权责清单制度

公共部门的权利与责任必须有明确划分，权责对称，部门之间、上下级之间权责划分要清晰明确。青岛大虾事件体现了部门之间职责分工交叉、权责不对称等问题。物价局、旅游局、工商行政管理局、公安局等部门权责重叠，出现“九龙治水”现象。当游客选择维权时，由于责任划分不明确，部门成员很难为游客提供确切的服务，同时，自由裁量空间的加大使不作为成为可能。因此，要大力推行权责清单制度，明确划分各部门之间、上下级之间的权、责关系，杜绝权责不清现象。

2. 建立旅游投诉快速办理程序，保障游客权益

游客在旅途中维权受到时间、精力、财力的限制，按照《投诉办法》规定的自收到消费者投诉之日起 7 个工作日内处理程序来办理游客的维权投诉明显不利于游客维权，游客没有时间等待正常程序下的处理结果，致使游客难以维权，使维权形式化。依靠互联网络建立旅游投诉快速办理程序，缩短办理时间，

有利于游客在离开旅游地之前获得维权结果和相应补偿，也降低了游客的维权成本，提高游客维权信心。

3. 加大旅游网络信息公开力度，增加执法透明度

事件中“节假日过后才能解决”表明一个现实问题，即在投诉办法中规定的办理时限是“工作日”，这样就使得假期投诉时限更加漫长，公众的权力通过正规渠道无法得到满足时便会选择诉诸网络。随着社会的不断发展、人民维权意识的增强，公共部门的服务水平也应该相应提高，工作人员应当具有良好的专业素质与办事能力，同时也应实现工作的规范化和制度化，通过信息公开来使游客能够及时获取相应的服务及标准，减少权利受到侵害的可能性。

进一步公开公共部门工作人员的执法程序，使执法过程在人民的监督下进行。青岛大虾事件工作人员相互推诿责任就是由于缺少外部监督，仅仅依靠工作人员的自身素质与内部制度难免会让工作人员消极怠工，形成不良的工作氛围。执法程序的不公开导致公众投诉只能是“投诉者—工作人员”的单向联系，建立工作人员办公程序网络公开处，公开如投诉时间、投诉类型、解决过程等信息，让公众通过网络找到自己投诉的办理步骤，督促工作人员按规定办理，做到公平公正公开，也可以提高工作人员的效率。将权力关进制度的笼子里，不仅仅指的是政府部门的权力，也包括街头官僚的微权力，对于游客和公众来讲，街头官僚手中的微权力更具实际意义。

4. 市场监管制度化、常态化，建立商家诚信网络评价系统

青岛大虾事件只是众多事件之一，对于规范旅游市场秩序方面，治理部门不能以“民不告，官不究”为原则，而应该主动出击；不能只是“头痛医头，脚痛医脚”，而是要直击病根；更不能只在事件爆发后才采取补救措施，而是要注重事前监管和事中协调，通过建立长期有效的市场监管制度，完善旅游市场治理，打击扰乱行为，维护正常秩序。使各类市场主体能够公平竞争，也为消费者营造一个安全的消费环境，从根本上解决旅客侵权事件，净化旅游环境，保障游客权益。

建立商家网络诚信评价系统，对经营者进行信息统计，建立黑名单，按照商家经营行为实行积分制，根据商家违法轻重情况扣除信誉值，分数累积到一定程度时禁止商家从事相关行业，并及时在网上公布商家情况。同时建立网上

信息查询平台，使游客能够及时了解相关信息并做出自由选择，打破信息不对称格局。

5. 正视网络舆情，建立应对机制

公众对青岛大虾事件的关注不仅在于“宰客”现象，还在于相关执法部门的不作为，包括对投诉和青岛大虾事件爆发后的两个阶段，很显然相关部门对网络舆情并未产生足够重视。在应对网络舆情时，治理主体首先应当在思想上予以高度重视，正视网络舆情的出现，做到及时发现，科学处置，在第一时间表明态度，做出回应，并依法进行处理，将相关信息实时更新，保证公开透明。再者就是要建立网络舆情危机应对机制，将危机的治理置于体制机制的框架之内，以事实为依据，以法律为准绳，以责任为中心，在正视事件的基础上了解公众诉求，进而提出治理措施。

6. 加大对违法者的惩罚力度，增强民众维权意识，提高民众维权信心

违法成本过低以及监管的不到位导致商家宰客猖獗，相关部门的不作为也壮大了宰客商家的队伍。相关事件中宰客商家大多以停业罚款为主，惩罚力度不足以让商家停止宰客行为，反而容易让商家将处罚成本转嫁到游客身上，从而让宰客事件变本加厉。因此，对于违法者的惩罚应当注重结果而非惩罚的过程，转变经济处罚的单一手段，通过建立企业信用体系和市场准入门槛等办法约束商家行为，加大引导力度。

同时，要加大宣传力度，增强民众的维权意识，明确告知民众拥有的权利及其维护渠道，教育其在面对侵权事件时要勇于维权、理性维权。如在景区及其周边地区展示维权标语、提供维权渠道，引导民众的维权意识，提高民众的维权信心，唤醒民众对商家的防范意识。消费者敢于维权会让商家宰客的成本和风险大幅提高，从而形成一种良性循环，减少游客被侵权的可能性。

第四章

旅游网络舆情危机的过程论

旅游网络舆情危机的过程论部分主要分析在旅游网络舆情危机的产生机理、传播模式和演化路径，这部分是旅游网络舆情危机发展过程中的三个主要环节，厘清其内在规律有助于更加清晰地认识旅游网络舆情危机本身。

一、旅游网络舆情危机的相关理论

（一）治理理论

1989 年世界银行在概括当时非洲的情形时，首次使用了“治理危机”（crisis in governance）一词。自此以后，国际多边与双边机构、学术团体及民间志愿组织等都把治理作为惯用的词汇，治理理念遂被广泛地运用到政治学、经济学、社会学、管理学等各个领域。“治理并非是由某一个人提出的理念，也不是某个专门学科的理念，而是一种集体产物，或多或少带有协商和混杂的特征……治理成了集体‘时尚’的一部分”。①

英国学者罗伯特·罗茨曾概括了治理的六种不同用法，即作为最小国家的治理，作为公司治理的治理，作为新公共管理的治理，作为善治的治理，作为社会-控制系统的治理，作为自组织网络的治理。②

1992 年世界银行对公共部门治理提出了一个较为狭义的概念：治理是对一个国家用于发展的经济和社会资源进行管理过程中的权力实施方式。③

---

① ［法］让·皮埃尔·戈丹．何谓治理［M］．北京：社会科学文献出版社，2010.

② ［英］罗伯特·罗茨．新的治理［J］．英国政治学研究，1996（154）．

③ 周红云．国际治理评估体系述评［C］．国家治理评估——中国与世界［M］．北京：中央编译出版社，2009.

欧洲援助（Europe Aid）将治理定义为国家为其公民服务的能力：它指的是一个社会中利益诉求、资源管理以及权力实施所依赖的规则、过程以及行为。

国际货币基金组织所使用的治理概念是：治理包含一个国家被管理和统治方式的所有方面，包括其经济政策和规则框架。

1995 年全球治理委员会对治理的定义具有代表性和权威性。在《我们的全球伙伴关系》研究报告中将治理定义为，治理是各种公共的或私人的个人和机构管理其共同事务的诸多方式的总和。它是使相互冲突或不同的利益得以调和并采取联合行动的持续的过程，这既包括有权迫使人们服从的正式制度和规则，也包括各种人们同意或以为符合其利益的非正式的制度安排。它有四个特征：治理不是一整套规则，也不是一种活动，而是一个过程；治理过程的基础不是控制，而是协调；治理既涉及公共部门，也包括私人部门；治理不是一种正式的制度，而是持续的互动。①

英国学者格里·斯托克梳理了治理理论的五种主要观点②，分别是：

（1）治理指出自政府、但又不限于政府的一套社会公共机构和行为者；

（2）治理明确指出在为社会和经济问题寻求解答的过程中存在的界限和责任方面的模糊之点；

（3）治理明确肯定涉及集体行为的各个社会公共机构之间存在的权力依赖；

（4）治理指行为者网络的自主治理；

（5）治理认定，办好事情的能力并不在于政府的权力，不在于政府下命令或运用其权威。政府可以动用新的工具和技术来控制和引导，而政府的能力和责任均在于此。

俞可平对治理做出如下定义：治理是指在一个既定的范围内运用权威维持秩序，满足公众的需要。治理的目的是在各种不同的制度关系中运用权力去引导、控制和规范公民的各种活动，以最大限度地增进公共利益。从政治学的角度看，治理是指政治管理的过程，它包括政治权威的规范基础、处理政治事务的方式和对公共资源的管理。它特别地关注在一个限定的领域内维持社会秩序

---

① 全球治理委员会．我们的全球伙伴关系［M］．牛津：牛津大学出版社，1995.

② ［英］格里·斯托克．作为理论的治理：五个论点［J］．国际社会科学，1998（3）.

所需要的政治权威的作用和对行政权力的运用。①

十八届三中全会把“推进国家治理体系和治理能力现代化”与“完善和发展中国特色社会主义”并列为全面深化改革的总目标，不仅首次提出“国家治理”概念，而且在《决定》中共24次提到“治理”一词并且进行多种表述，如国家治理、政府治理、社会治理、社区治理、治理体系、治理能力、治理体制、治理结构、治理方式、系统治理、依法治理等等。这表明作为学术概念讨论已久的治理理论正式进入国家的战略、方针、政策领域。

将治理理论列为旅游网络舆情危机治理的主要理论之一主要有以下几个考虑：一是危机管理时代已经过去，危机治理已经成为新的时代要求。刘霞认为公共危机管理存在“政府中心”的缺憾、危机管理体系的暂时性、公共危机事件化等思想危机，因此，在当前公共危机管理的理论研究中，迫切需要在对现有理论研究成果进行梳理、辨析的基础之上，将分散、零星的研究成果系统化，并引入治理的相关理论，创立公共危机治理的理论体系，使我国公共危机应对体系实现从传统管理模式向现代治理模式的跨越。② 二是网络舆情是治理而非管理，彭知辉认为网络舆情表达也是一个容易出现政府治理缺失的公共空间，它可能引起公共秩序的紊乱，诱发多数人意见对少数人的暴政，并导致政府在网络语境下的行为失态。因此，实施以政府为主体的网络舆情治理是完全必要的。但在网络舆情治理中，政府应明晰其权力运行边界并把握必要限度。要在政府控制和网络舆情表达之间寻求平衡：既通过政府控制确保公共利益和私人利益不受侵害，又要注意政府的控制活动边界不能无限扩大或任意作为。确立正当治理宗旨，以正义价值引领并协调网络舆情治理中自由与秩序的价值冲突，实现公民维权与政府维稳的法治统一。正确界定网络舆情中政府与网民的关系，尊重网民的主体地位，网络舆情中作为主体的网民和作为客体的政府是对等的。③

---

① 俞可平．治理与善治［M］．北京：社会科学文献出版社，2000.

② 刘霞．公共危机治理：一种不同的概念框架［J］．新视野，2007（5）：50－51.

③ 彭知辉．网络舆情治理新模式［J］．人民论坛，2014（15）．

（二）扰乱效应

美国学者唐斯就提出了扰乱定律（law of disruption），这一定律指出，科技的发展是呈指数式的，具有突破性、跳跃性，但是商业结构和社会体制以及政治制度的演化却是渐进的。政治、社会和商业变化的速度远远落后于科技的变化速度。因此，在此期间就会产生一种鸿沟，当这种鸿沟大到一定程度时，便会出现一些杀手级的、突破级的科技应用。这种科技应用又会对商业机构、社会结构、政治治理产生重大影响。所以治理结构必须积极适应这种科技的发展与进步。而以微博为代表的社会化媒体近两年在我国异军突起，就是这种“杀手级”的科技应用的代表，它们必将对我国的舆情环境与社会结构、治理等产生重要的影响，值得我们高度关注。

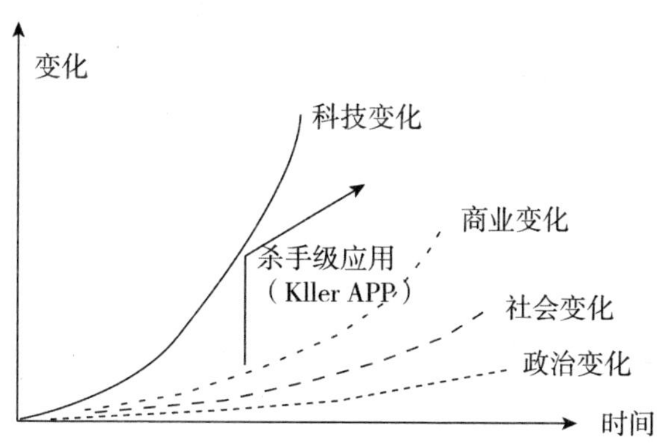

图 4－1　扰乱定律示意图

（三）群体极化理论

群体极化是西方社会心理学中的一个核心概念，最早由传媒学者詹姆斯·斯托纳在 1961 年根据群体讨论中的极化现象而提出，认为在研究群体决策时，如果一开始群体内成员的意见比较保守，经过群体讨论后，决策就会更加保守；相反，如果一开始群体内成员的意见趋向于冒险，那么讨论后的群体决策就会更趋向于冒险，这种现象被称为群体极化。事实上，“群体极化”的概念比较容易理解：“团队成员一开始即有某种偏向，在商议之后，人们朝着偏向的方向继续移动，最后形成极端的观点。"① 多数情况下，群体决策往往偏向冒险的一端，并且比个体决策更倾向于冒较大风险。

关于网络群体极化的界定，目前我国学术界有几种代表性的观点："网络群体极化指有一定规模的网络群体，针对某一事件表达或执行了偏离事物应有形态的言语与行为。"② "网络群体极化是指网络群体成员在网上就某一问题进行反复讨论后出现的意见和观点的分化、移动、集中，并达到对立或相反的一种网络现象"③，"网络群体极化是指网民一开始即有某种偏向，在网上通过交流后，人们朝偏向的方向继续移动，最后形成极端的观点和行为"④。"网络群体极化就是指具有一定规模的网络群体，对某一事件或问题通过网络讨论交流后，群体会朝原来偏向的方向继续移动，最后形成更极端的观点和行为。"⑤ 可见，虽然学者们对于网络群体极化的概念存在分歧，但是对于网络群体极化现象的客观存在的认同却保持一致，并且大多将其定位为"极端""负面"现象，认识到群体极化带来的负面影响如导致"谣言真实化""负面消息失控""异质性被吞没"等。

（四）沉默螺旋理论

"沉默的螺旋理论"是由德国学者伊丽莎白·诺埃勒－诺依曼1974年在《传播学刊》上发表的一篇论文《重归大众传播的强力观》中首次提出的，并在1980年的著作《沉默的螺旋：舆论——我们的社会皮肤》中进一步系统论述了该理论，该理论成为现代传播学中的重要源流之一。在该书中诺依曼通过讲述一个芭蕾舞剧的故事情节，使读者加深对舆情以及沉默的螺旋的认识，故事是这样的：

在意大利的某一个地方有一个小城镇，那里居住着忠厚诚恳的老百姓、伯爵及伯爵夫人，他们世世代代都居住在那里。而在城镇外山上的古堡里住着一

① 凯斯·桑斯坦．网络共和国——网络社会中的民主问题［M］．黄维明译．上海：上海人民出版社，2003：47.

② 焦德武．试论网络传播中的群体极化现象［J］．安徽理工大学学报，2010（9）：106.

③ 柳春，陈柳，唐津华．泛网络传播时代群体极化浅析［J］．大众科技，2011（7）：287.

④ 王邈，蒋一斌．网络群体极化及其心战功能［J］．西安政治学院学报，2006（8）：36.

⑤ 李萍．从群体极化视角谈网络舆情危机的预警之策［J］．现代情报，2015（4）：62.

个古怪的人，他常常做出让城镇居民感到不可思议的事情，或者更准确地说，是这些出格的想法和做法令城里人生气，因而他们在任何情况下都与这个怪人保持一定的距离。

一个星期天，这个怪人出现在城里，赶着一头独角兽。人们看到后，纷纷对他摇头。过了一会儿，人们又看到伯爵和伯爵夫人，他们也赶着一头独角兽。这却成了一个信号，那就是全城的人都应该有一头独角兽。

之后的又一个星期天，古堡里那个怪人突然和一个蛇发女怪出现在城里。人们问他把独角兽放在哪里了。他说，很遗憾，他把独角兽抹上胡椒粉给烤了。所有的人都被吓坏了。而当伯爵和伯爵夫人也带着蛇发女怪出现的时候，这种行为又成了潮流并迅速地流传开来，那些能够拥有蛇发女怪的人都成为人们羡慕的对象。

到了第三个星期天，这个古堡里来的特别的人又带着人头狮身龙尾的怪兽出现了，并且告诉众人，蛇发女怪被杀掉了。这又让公众很反感。但是和以前一样，当伯爵和伯爵夫人也偷偷地将蛇发女怪处理掉之后，人头狮身龙尾的怪兽又成为最大的时尚了。

之后过了一段时间，古堡里的怪人再没有出现。人们一致猜测，人头狮身龙尾兽也要被怪人杀掉了。于是，他们组织了市民行动，以终止古堡中的屠杀。人们向古堡进发。当他们冲进古堡的时候，被眼前的景象吓住了，他们看到那个怪人躺在地上即将死去，而旁边围坐着三只动物——独角兽、蛇发女怪和人头狮身龙尾怪兽，这三只动物陪伴着那个怪人。独角兽是他年轻时的梦想，蛇发女怪代表着他的中年，而人头狮身龙尾怪兽是他的老年。城里来的人明白了他的想法，并且很快让这种情结成为流行的模式。对于古堡中的那个怪人来说，这三个动物是他生命中的核心。①

诺依曼在故事中的怪人代表的是有独立见解、特立独行、有思想并为自己理想所引领的人，而伯爵和伯爵夫人虽然肤浅却是重要人物，他们没有独立的想法却无处不在引领潮流。而普通居民在这个情景当中的心情是纠结的，因为

① ［德］伊丽莎白·诺尔－诺依曼．沉默的螺旋：舆论——我们的社会皮肤［M］．董璐译．北京：北京大学出版社，2013：4－5.

他们知道“来自意见、名望、时尚中的规则，这些要比任何一条宗教戒律或国家法规更为个人所遵循，因为违反流行的行为模式，人们会立即遭到报复，马上会失去来自周围环境的认可和承认”，所以“即便人们清楚地看到某件事是错误的，但是如果把自己的想法说出来会让自己陷入孤立的话，那么人们就会陷入沉默”。正如诺依曼所说“公众意见在生活中承担着举足轻重的作用，这一点超越了时代和地域的差异，在不同时空中都得以体现”，汉斯·克里斯汀·安徒生（Hans Christian Andersen）早在其作品《皇帝的新装》中就讽刺了这一现象，而只有那个对环境没有形成感知能力的小孩才表达了独立的观点。之后，诺依曼通过民意调查等多种方式对这一假设进行了检验，并对“孤立恐惧”“公共意见”“舆论”和“大众心理”等核心问题进行了研究。

当前，学界已经将沉默的螺旋理论广泛用于分析传播学的现象和规律，将其表达为：个人因害怕被群体和社会孤立，在表达意见前会预先估计民意的气候，当意识到自己的意见与大多数人相同时，便会在公众场合公开自己的观点，反之则会隐藏观点，这一趋势呈现的过程。① 甚至陈强、曾润喜等学者通过对多起网络舆情事件进行分析发现，在网络空间下“社会孤立的动机基本消失”，使得少数派的意见得以发声，呈现出“反沉默螺旋”特征。“反沉默螺旋”是一种传播流动模式，即公众是具有能动性的主体，能自我思考和自我分析，常常打破沉默。受众可以自由发表或支持“劣势”或“少数”意见，此种“劣势”和“少数”意见被更多的网民接受，可能发展成为与“优势”或“多数”意见势均力敌甚至超越或改变“优势”意见的情况，即少数人意见向多数人意见演变的机制。②

（五）塔西佗陷阱

塔西佗陷阱一般被表述为当政府部门或某一组织失去公信力时，无论说真话还是假话，做好事还是坏事，都会被认为是说假话、做坏事。但是关于这一论断的出处却鲜为人知，甚至有学者撰文置疑，通过查证文献可知塔西佗确有

---

① 陈强．网络舆情反沉默螺旋研究［J］．情报杂志，2010（8）：5.

② 王国华，戴雨露．网络传播中的“反沉默螺旋”现象研究［J］．北京理工大学报（社会科学版），2010（6）．

其人，具体资料如下：

布里乌斯·克奈里乌斯·塔西佗（Publius Cornelius Tacitus，约 A. D. 55 - 120 年）是古罗马历史学家，曾出任过古罗马执政官，此外还先后干过保民官、营造官、财务官、行政长官和外省总督等，其在著作《历史》（Historiae，102 - 109 年）中描述到皇帝“伽尔巴身体衰弱，年纪也老了。他的威信就毁在世界上最坏的人提图斯·维尼乌斯和最懒的人科尔涅里乌斯·拉科两个人手里，因为人们对提图斯的罪行的憎恶和对科尔涅里乌斯的昏昏沉沉的作风的嘲骂这些负担，都只能由伽尔巴承受着”，“当选而尚未就职的执政官钦戈尼乌斯·瓦罗和先前担任过执政官的佩特洛尼乌斯·图尔披里亚努斯被处死了”，一个是因为同谋造反，另一个是由于是“尼禄（上任皇帝）的手下将领”，“这两个人都是未经审问、没得到辩护的机会便被处死，所以人们都认为他们死得冤枉”……“人们又听说了克洛狄乌斯·玛凯尔和丰提乌斯·卡皮托被处死的消息”，判断这也是“根据伽尔巴的命令处死的”，于是塔西佗在文中讲到“外界对这两次处决的反应很不好，而且一旦皇帝成了人们憎恨的对象，他做的好事和坏事就同样会引起人们对他的厌恶”。①

根据以上资料可知，“塔西佗陷阱”虽不是塔西佗本人明确提出来或证明的定律，但在其著作中基本上呈现出了当前“塔西佗陷阱”的思想精华，所以可以将其归结为塔西佗的论断在经过大量实践证实之后确定下来的规律。在我国尤其是在新媒体传播学领域，已经有许多学者关注塔西佗陷阱，并且用其解释一些现象和问题。截至 2016 年 9 月以“塔西佗陷阱”为主题进行检索，可以返回 177 条结果，以其进行全文检索，可以得到 1661 条结果，可见这一议题已经成为学者关注的重要选题。习近平在兰考县委常委扩大会议上的讲话中，也提到了塔西佗陷阱，他说：古罗马历史学家塔西佗提出一个理论，说当公权力失去公信力时，无论发表什么言论、无论做什么事，社会都会给予负面评价，以此警示领导干部。

---

① ［古罗马］布里乌斯·克奈里乌斯·塔西佗．历史（第一卷）［M］．王以铸，崔妙因，译．商务印书馆，1985：5 - 6.

二、旅游网络舆情危机的产生机理

（一）环境与背景

1. 中国特色社会主义民主日臻完善

新中国成立前30年我国的主要发展任务集中在两个方面，其一是尽快建立我国工业化体系，其二是尽快确立我国基本政治制度，这两项任务为我国后续的社会主义建设打下了扎实的基础。1979年之后，我国开始进入了改革开放时期，将经济建设置于中心位置，同时不断发展健全社会主义市场经济体制，经济体制的转型也使我国社会主义民主进一步得到发展。2009年之后，我国人均GDP已经超过4000美元，经济发展速度放缓，产业结构亟需调整，此时，我国领导集体将任务重心开始转向民生建设。网络监督平台的开设，反腐败斗争的开展，城乡医疗的统筹等等措施使人民群众利益得以切实保障。而社会主义协商民主的优势也逐渐显示出来，各个层面的协商制度促成了全国上下人声鼎沸的局面。社会主义民主的进一步发展以及人权得到更广泛的扩展，使得群众不再那么顾虑“环境气候”，从而舆情场域的唇枪舌剑成为常态，尤其是网络空间极大地拓展了民主的外延。

2. 经济转型与休闲旅游空前发展

资源消耗型的经济增长方式和劳动密集型的生产方式曾经为我国经济发展和社会进步做出了巨大贡献，但如今资源短缺、环境恶化、产能过剩以及民生问题突出，只有进行产业结构调整和经济发展模式转型才能满足当前人民群众的要求。中央领导集体也深刻认识到了这一点，在“十三”五规划纲要中重点倾向绿色、生态、民生，最近习近平同志还提出了健康中国的理念。

而以休闲旅游为主的休闲经济不仅仅是调整产业结构进行经济转型的重要出路，同时也是经济发展到一定水平时，人们在达到有闲状态时的内在需求。据统计，休闲产业早已成为为美国国民生产总值贡献最大的行业，该领域为美国上缴税收收入超过10000亿美元，创造就业机会2500万个①，为美国经济的发展打下了良好的基础。我国第三产业发展突飞猛进，根据国家统计局发布的

① 吴明华，董喆．增长方式转变与城市休闲经济发展［J］．人民论坛，2013（36）

2015 年国民经济和社会发展统计公报数据显示，全年国内生产总值 676708 亿元，比上年增长 6.9%。其中，第一产业增加值 60863 亿元，增长 3.9%；第二产业增加值 274278 亿元，增长 6.0%；第三产业增加值 341567 亿元，增长 8.3%。第一产业增加值占国内生产总值的比重为 9.0%，第二产业增加值比重为 40.5%，第三产业增加值比重为 50.5%，首次突破 50%。第三产业比重的上升既表明我国经济转型成效显著，同时也说明我国第三产业具有较大发展潜力。因此，休闲旅游作为第三产业的重要组成部分，已经成为我国经济发展的支柱。

当前背景之下，《中国青年报》总结了中国旅游发展呈现出的八个新常态：一是在旅游新政方面，制度红利集中释放，国务院正式发布了促进旅游发展的纲领性文件《关于促进旅游业改革发展的若干意见》。二是在简政放权方面，探索治理体系创新。国家旅游局适应新的形势，转变工作思路，创新工作方式只保留了 3 项行政审批事项，同时推进 9 个全国性旅游综合改革试点地，进一步探索旅游公共治理体系。三是在旅游需求方面，消费分层明显加速，呈现出国民旅游普遍化、多元化发展趋势。四是在国际旅游方面，出境入境更加分化。我国出境旅游将继续保持高速增长态势，出境旅游规模 1.14 亿人次，同比增长 16%；出境旅游花费 1400 亿美元，同比增长 18%，中国作为世界第一大出境旅游客源市场与第一大出境旅游消费国的地位进一步巩固。五是在旅游投资方面，收益风险双向累积，2014 年旅游成为各路资本逐鹿的主战场。六是在产业竞合方面，合纵连横开放平台，形成有效竞争的体系和格局。七是在旅游集团方面，商业帝国呼之欲出。万达、携程等非传统旅游行业、非国有企业集团的形成与发展，展示了旅游行业规模经济优势和范围经济优势的另一种路径。八是在国际地位方面，大国旅游风范愈显。中国作为世界旅游板块中的亚太核心、增长引擎，正在发挥越来越重要的作用。① 随着旅游业的迅速发展，旅游话题也就成了网络公共舆论场的重要声音，同时由于旅游市场还不成熟，旅游管理的相关制度还不完善，法律法规正在建设之中，旅游消费过程中必然会出现一些冲突，这些冲突使得危机出现成为可能。

---

① 齐征．中国旅游发展呈现八个新常态［N］．中国青年报，2015－2－26（11）．

3. 文化多样性与冲突加剧

正如塞缪尔·亨廷顿所言“由于现代化的激励，全球政治正沿着文化的界线重构……文化相似的民族和国家走到一起，文化不同的民族和国家分道扬镳……文化共同性促进人们之间的合作和凝聚力，而文化差异却加剧分裂和冲突”①。现代化国家更需要文化认同，然而经济全球化和政治一体化浪潮的大背景之下，再加上互联网技术已将全球变为一个实实在在的“地球村”，各民族、国家、地区之间的文化已经充分交融，此时多样性的文化导致冲突的机会就进一步加大。加之互联网文化的泛化和主流文化建设的缺失，在缺乏文化认同的前提之下，互联网很可能演变成为21世纪文化冲突的主战场。

时代的特征与互联网文化本身的特点相碰撞，所展现出来的就是一个充满不同声音的互联网舆论场。如果说沉默的螺旋是由于人们害怕环境的报复而自我保护，那么毫无指向性的狂欢也不意味着进步，在多次的旅游网络舆情事件当中，一些网民只是注重狂欢本身而对结果毫不关心，甚至于更多的网民只是在讨论中坚定地追随他们心目中的“意见领袖”。这样的情景之下，网络实际已经成为一个危机四伏的场所。

4. 技术进步的扰乱效应

恩格斯在《政治经济学批判大纲》中写到“科学发展则同前一代人遗留下来的知识量成正比，因此，在最普遍的情况下，科学也是按几何级数发展的”②。进入21世纪以来网络信息技术发展突发猛进，随之而来的社会各领域都发生巨大的变化，如通信技术和工具的普及使人们的沟通无处不在，互联网络的普及使网购成为消费主流，而一些创新APP的产生使得分享经济成为经济创新的重要形式，等等。信息技术的快速发展及强大影响力已经深刻影响到一个社会领域内的生产力构成及其与生产关系之间的互动，进而影响了社会的经济结构。马克思指出“人们在自己生活的社会生产中发生一定的、必然的、不以他们的意志为转移的关系，即同他们的物质生产力的一定发展阶段相适合的

---

① ［美］Samuel P. Huntington. 文明的冲突与世界秩序的重建［M］. 周琪等，译. 北京：新华出版社，2010.

② 中央编译局. 马克思恩格斯全集［M］（第1卷）. 北京：人民出版社，1995：621.

生产关系。这些生产关系的总和构成社会的经济结构，即有法律的和政治的上层建筑竖立其上并有一定的社会意识形式与之相适应的现实基础。物质生活的生产方式制约着整个社会生活、政治生活和精神生活的过程”①，可见根据马克思主义学说，经济基础发生的变化最终会反映在其对上层建筑的要求上来，而历史经验表明不管是思想领域的上层建筑还是制度领域的上层建筑，甚至整个人类社会的发展都趋于线性，甚至一定时期停滞不前。而在当代，科技进步的速度要明显快于社会进步，此时便会引发一些经济基础与上层建筑之间的矛盾、冲突，以此来形成新的上层建筑，进而推动社会的进步，那么原有的比较稳定的社会状态就比较容易失衡，甚至陷入混乱状态，这就形成了科技进步的扰乱效应。

由上面的分析可见，科技进步也可以是包括旅游网络舆情危机在内的冲突、矛盾、问题的形成诱因之一，所以科学技术进步与人类社会发展之间的关系问题始终是哲学层面的重要议题之一。

（二）旅游热点事件的发生

斯蒂文·芬克将危机传播划分为四个阶段，潜在期、突发期、蔓延期、解决期。那么旅游网络舆情危机也是有其生命周期的，结合多个案例的现实表现和学者们的已有成果这里可以分为旅游热点事件的发生、旅游网络舆情的生成、旅游舆情的恶化及危机态势的形成、危机的消除及善后这几个阶段进行分析。

1. 旅游新闻事件

2010 年 8 月 23 日，香港游客在菲律宾遭劫持，在事件发生过程中电视对整个营救过程进行直播，世界各国人民都能够通过电视、电台、网络等渠道关注整个事件，而此事件也成为旅游领域的一个典型新闻事件。因其成为一个新闻事件，其关注群体极为广泛，再加上在事件营救过程中菲方表现的低水准使得其迅速成为网民热议的对象，而舆论呈现压倒性的批评、置疑，随即香港对菲律宾发出黑色旅游警告，而世界其他国家也分别做出了相应的调整和回应，对于菲律宾来讲危机态势已经形成，而之所以从事件发生到危机形成时间间隔如此之短，是与互联网的传播分不开的。可见，不管是基于传统媒体还是新媒体，

① 中央编译局．马克思恩格斯选集［M］（第二卷）．北京：人民出版社，1995：32.

旅游新闻事件是旅游热点事件的重要类型之一。

2. 旅游安全事件

2016中国旅游安全报告认为2015年“我国旅游安全形势呈总体稳定态势”，但旅游安全事件形势较为严峻，具体来说涉旅自然灾害安全形势复杂严峻，发生频次和伤亡人数增加；涉旅事故灾难形势严峻，事故数量和伤亡人数上升；涉旅公共卫生安全形势稳定，防范意识整体增强；涉旅社会安全总体不容乐观，安全管控依然严峻。报告中多次指出“事件的网络舆情影响严重”“新媒体的信息传递与网络舆情风险凸显”的特点，指出了旅游安全事件衍生网络舆情并进一步恶化形成危机的深远影响。2016年4月5日凌晨00：03微博账号@弯弯_2016发布了题为“20160403北京望京798和颐酒店女生遇袭”的视频，之后通过11条微博分述了遇袭、报案及投诉的整个过程，5日晚该事件得到迅速扩散，6日引爆网络，不少网络大V纷纷转载、评论，关注该事件的粉丝人数超过2亿人。酒店安全是旅游安全的内容之一，虽然该事件主人公并非专程旅游，但其遭遇反映出来的安全问题却是每位游客都担心的事情，所以一个视频最后引发整个网络的大讨论，给管理部门以及相关企业主体形成巨大压力，势必形成危机态势。

3. 旅游侵权事件

2015年10月4日，当人们还沉浸在国庆假日的喜悦当中时，一只大虾使青岛陷入了舆论的旋涡，网友称其在青岛市“善德活海鲜烧烤家常菜”吃饭时，所点的38元一份“海捕大虾”结账时变成38元一只，后经警方调解买单1300多。此事被上传网络之后，引起网友的共鸣并广泛讨论，6日青岛市物价局通报案情进展称“菜品虽有明码标价但不规范，并涉嫌误导消费者消费”，所以责成北区特价局立案。之后，对该店做出了9万元行政处罚，责令改正价格违法行为的决定，同时对负有相关监管责任的人进行停职检查、诫勉谈话。该大虾并不是第一只“天价虾”。7日，青岛市消保委发布《关于维护消费者合法权益的声明》，青岛市旅游局、工商局、物价局、公安局还联合发布《关于进一步治理规范旅游市场秩序的通告》。据人民网舆情监测室统计，截至10月8日8时，共有相关新闻报道4162篇，论坛帖文1221篇，博客482篇，报刊报道223篇，以及新浪微博评议 574920 条。① 至此，“青岛大虾事件”一案虽已了解，但网络舆情的后续影响将持续存在。虽然仅仅是一件普通的价格欺诈案件，但其在互联网的作用下，在新媒体传播的发酵下，最终形成旅游网络舆情危机事件，而青岛相关部门的应对还是比较得力的，但始终没有扭转“一只大虾打败了好客山东”的局面，使青岛甚至山东的旅游形象大打折扣。可见，旅游侵权事件是旅游热点事件的又一重要来源和形式。

4. 旅游涉政事件

这里所指的涉政也就是涉及政府等公共部门的旅游事件，在旅游行为的整个过程当中，政府无时不在为民众提供公共服务，如旅游线路的建设，旅游市场的规制、旅游从业人员的规范、旅游环境的营造、旅游治安的保障、旅游纠纷的解决等，涉及旅游局、物价局、公安局、司法局、景区管委会、交通局、出入境管理局等多个直接或间接部门，这些部门为游客提供各种所需的公共服务和公共产品，正因为如此许多旅游事件才最终演变为涉政事件，即游客与政府相关部门之间发生冲突。“张家界 1016 特重大旅游责任事故”中，网友及相关涉事主体对政府“救援不力”不满，并认为该路段多次发生交通事故，是政府不作为的结果；“青岛大虾事件”当中许多网友认为派出所民警在接到报案后简单处理，“护短”，甚至联合本地商人，不作为。因涉政舆情影响到政府的形象，甚至影响政府与人民群众的关系，所以应对起来就更加复杂、谨慎，而同时也更加容易得到网民的关注和讨论，在面对政府时更倾向于“发声”和保持一致，甚至陷入“塔西佗陷阱”，导致民众对政府的不信任，从而给相关部门形成危机态势。

2016 年 08 月 12 日国务院办公厅下发《关于在政务公开工作中进一步做好政务舆情回应的通知》（国办发〔2016〕61 号），要求“各级政府及其部门进一步明确政务舆情回应责任，要高度重视政务舆情回应工作，切实增强舆情意识，建立健全政务舆情的监测、研判、回应机制，落实回应责任，避免反应迟缓、被动应对现象”，“对涉及特别重大、重大突发事件的政务舆情，要快速反应、

① 周亚琼．“青岛天价虾”事件舆情分析［EB/OL］．人民网，http://yuqing.people.com.cn/n/2015/1019/c210114－27714346.html，2015－10－19.

及时发声，最迟应在 24 小时内举行新闻发布会，对其他政务舆情应在 48 小时内予以回应，并根据工作进展情况，持续发布权威信息”，并将建立政务舆情回应激励约束机制。此通知表明中央层面已经高度重视涉政舆情的影响力，并深刻体会到舆情回应能力建设的重要性，将舆情回应责任落实到具体单位，当然旅游涉政舆情也是其中的重要内容之一。

旅游热点事件的发生是旅游网络舆情产生的基本前提，但并非全部旅游热点事件都将成为旅游网络舆情危机，而仅当旅游热点事件舆情失控，给相关主体造成危机态势时，才会产生旅游网络舆情危机。

（三）旅游网络舆情的产生

旅游热点事件产生后，必然会生成与之有关的网络舆情，这是热点事件区别于一般事件的重要特点之一。通常一般性事件也可能产生网络舆情，但多数不产生，或即便产生其影响也有限，但热点事件由于其内在属性与网民需求的契合，使得网络舆情会随之而来，而且由于事件本身的特性、参与主体的推动或其他因素等的影响，网络舆情的发展程度和水平，影响的层次、范围大小都有所不同。旅游网络舆情的生成从本质上讲主要存在以下几点：

1. 事件的舆情能力

旅游热点事件种类繁多，复杂的社会条件之下，各异的发生背景和参与主体使得其内在特征和外在表现都具有独特性、多样性，纵观多起事件旅游网络舆情的生成是与事件本身有着密切联系的。热点事件之所以能够得到网友的关注并进行评论互动，得到媒体各大头条转载是由于其本身包含与各方需求相契合的内在因素。“青岛大虾事件”刺激了每个有旅游被宰经历网友的神经，无不借机进行吐槽，直接诉求很简单，就是能够帮助受害者维权，而间接的目的就是通过形成网络政策议程，推动政府部门对旅游消费市场管理政策的出台，可见，这一类型的热点事件已经超出了事件本身的范围，在一定程度上是一个公共问题的集中反映，而这也正好顺应了网民的利益取向和道德取向，最终衍生出网络舆情。而在“和颐酒店女生遇袭事件”当中，微博账号@弯弯_ 2016 于 2016 年 4 月 5 日凌晨在优酷上传了题为“20160403 北京望京 798 和颐酒店女生遇袭”的视频，同时于 00：12 在微博上设置话题“和颐酒店女生遇袭”并链接优酷视频，并之后发布了 11 条微博分述事件经过，但直到晚上 20：00，13 条微博只被转发456次，评论75条。20：10再发微博，在原来的话题后面加了一个新话题“卖淫窝点案底酒店”，之后两小时话题引爆网络，见图4－2①。

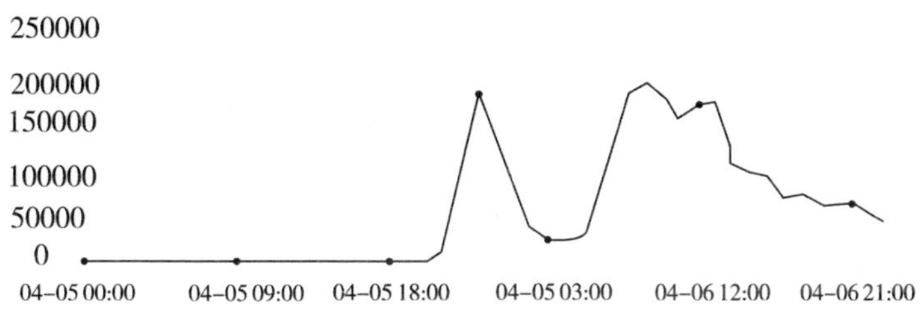

图4－2　和颐酒店女生遇袭事件评论趋势

可见，在互联网传播中事件的外在表现也是影响其舆情生成的“关键”。第一条话题平淡无奇，也就没能引起网友的关注，而第二条话题“卖淫窝点”是敏感词汇，在网络信息采取器中优先采集、推送点击率高的词条和链接，所以很快这个话题就推送到网民眼前，再加上众多大V对“女生”这一弱势群体的关怀，转发便成了必然之举，而每位大V下面都有上百万、甚至千万的粉丝支持，因此便迎来了第一次舆情峰值。同样的，很多热点事件都在社会标签之下得以迅速传播，如带有“煤老板”“富二代”“留守儿童”“女大学生”“贪腐”“炫富”“内幕”字眼的帖子更容易引起关注、引发评论、引爆舆情。

2. 网络主体的互推

如果说热点事件本身是生成旅游网络舆情的必要前提，那么网络主体是旅游网络舆情生成和发展的主导力量。主要的网络主体有三个方面，即旅游热点事件当事人、网民和媒体，而网络舆情正是在众多网络主体相互之间的互动推力作用之下发酵起来的。

旅游热点事件当事人是舆情的关注焦点，无论是在“青岛大虾事件”还是“云南导游辱骂事件”，抑或“五台山天价台蘑事件”都是游客将旅游中的遭遇诉诸网络引发的，即便事件当事人没有直接参与网络行动，但在事件后续的发

① 秩名．用数据复盘“和颐酒店女生遇袭”事件，弯弯背后站的是谁［EB/OL］．搜狐网，http：//mt. sohu. com/20160507/n448184549. shtml，2016－05－07.

展中也发挥着不可忽视的作用。“北京野生动物园老虎吃人事件”中的女当事人虽然从未发表言论，但其行为始终是网友讨论的主要话题。

网民是网络舆情演进和发展的外部动力，舆情的生成和发展除了来自于事件内部的内驱力之外，更主要的是依靠网民的力量，而且其走向基本由网民来决定，特别是处于网络中的互联网领袖，包括网络公知、网络大 V、明星、意见领袖等。这些群体拥有大量的粉丝，而偶像对粉丝的影响力又是不容忽视的，美国一家数据公司使用覆盖度（True Reach）、扩散概率（Amplification）、网络影响力（Network Impact）三个指标来分析计算用户在社交网络中的影响力，可见无论哪个指标普通网民都是望尘莫及的。对于我们这个拥有庞大网民基数的国家来说，意见领袖们的影响力可见一斑。2013 年 12 月 26 日，中国社科院发布《社会蓝皮书：2014 年中国社会形势分析与预测》称，中国大概有 300 名“意见领袖”，而这些人的粉丝人数都在 10 万以上，其影响力已经超过一些政府部门，它们的言论直接影响互联网议程的设置。

媒体是旅游网络舆情生成和传播的关键结点。首先，有相当一部分旅游热点事件都是由媒体报道之后才在网络热传、热议的，不论是传统媒体还是新媒体其同事件当事人爆料一样，为事件的网络传播提供了原材料，而这个起点是极为关键的；其次，媒体正义使得旅游热点事件可以更多地呈现在公众面前，并且媒体穷追不舍的追求精神有利于舆情诉求的解决。当然，当今社会一些媒体也是缺乏职业操守的，如 2015 年 10 月 4 日一则中国老人日本碰瓷索赔 10 万日元的消息在网络疯传，而各大媒体纷纷转载并加以评论，指老太“丢脸丢到国外”，而之后该事件发生反转，事件非但不是发生在国庆期间，更不是碰瓷事件，但已经给我国形象造成损害。由此可见，媒体本身的“放大器”效应在一定程度上助推了网络舆情的生成。在“和颐女生遇袭事件”当中，舆情的第二次峰值就出现于 4 月 6 日上午，原因是各媒体对微博热点事件及热闹话题的争相报道。现代基于互联网技术的新媒体其在传播速度、时效、影响面上都大大超过了传统媒体，呈现立体化、多维度、指数级的增长模式，因此往往在媒体爆料几到十几个小时内，舆情峰值就可能形成，危机态势也可能出现，也就有了学者们所谓的“黄金 4 小时”应对之说。

3. 非正常手段扩散

所谓非正常手段是指在当前互联网法制尚未健全，网络空间秩序尚未形成的情况之下一些个人或组织利用手中掌握的技术优势和信息资源对互联网场中的信息或有意或无意地进行人为的推送、删改、炒作等行为，以此达成其利益诉求的不当做法。如有偿删帖、网络水军、网络推手、网络打手等。之所以称这部分力量为非正常力量是因为其中有些行为是违法的，如有偿删帖，最高人民法院 2014 年 10 月 9 日公布了《最高人民法院关于审理利用信息网络侵害人身权益民事纠纷案件适用法律若干问题的规定》，规定“擅自篡改、删除、屏蔽特定网络信息或者以断开链接的方式阻止他人获取网络信息，发布该信息的网络用户或者网络服务提供者请求侵权人承担侵权责任的，人民法院应予支持”。司法解释还特别指出，“雇佣、组织、教唆或者帮助他人发布、转发网络信息侵害他人人身权益，被侵权人请求行为人承担连带责任的，人民法院应予支持”。而还有些行为是处于灰色地带，如网络水军、网络推手等。这些非正常力量的出现，使得旅游网络舆情的发展并不一定是顺其自然的过程，相反可能演变为背后利益组织借助非正常手段进行博弈的过程。在这种逆向淘汰机制作用之下，互联舆情就很难代表公众意愿了。

（四）舆情的恶化及危机态势的形成

旅游热点事件一定会衍生网络舆情，而旅游网络舆情也会存在其具有规律性的生命周期，雷春以海南旅游热点事件为例，分析了旅游网络舆情热点事件的时空分布和演化规律，发现旅游网络舆情事件具有传播速度快、周期短但范围广的分布特点，单一旅游事件引发相关串联事件，个别事件形成一组事件的深化规律。① 沈阳、夏日选取 2010 – 2014 年发生的 30 个热点旅游突发事件，采用新浪微博 API 平台数据，基于 SOM 神经网络工具箱进行聚类，并采用指数函数方法拟合预测，将旅游网络舆情传播分为六种类型，并分析了不同类型的传播特征，给出遵循“黄金 4 小时”舆情应对模式、公开信息、消除“信息污

① 雷春. 旅游网络舆情事件的时空分布与演化规律分析［J］. 韶关学院学报，2014（4）：114.

染”、开发舆情跟踪系统等结论。① 学者们的研究发现了不少的旅游舆情演变规律，虽观点不同，但有一个趋势就是在舆情应对方面由传统的“黄金 24 小时”演化为“黄金 4 小时”，甚至有学者提出“黄金 1 小时”，结论很简单就是对于网络舆情越早关注越好应对，同时，学者们也基本认同这样一个事实，那就是旅游网络舆情如果不能得到有效的应对，很可能恶化，甚至形成一系列的严重后果。

1. 旅游网络舆情恶化

关于旅游网络舆情恶化的概念，目前学界并没有形成一般性认识，通俗地理解是指旅游网络舆情的演变过程中，由于舆情没有得到及时回应或回应不得当、次生舆情爆发、旅游热点事件出现新状态、其他组织或个人蓄意煽动等原因，网络舆情迅速升温，并给正常的网络社会秩序和现实世界带来冲击的状态。那么伴随着旅游网络舆情的恶化，大众对旅游产业和旅游活动的感知和行为意向就会受到影响，甚至政府等相关主体的威信会受到损坏，从而呈现一种危机态势，此时旅游网络舆情危机就形成了，从其形成原因和过程来看，其是旅游网络舆情和公共危机共同作用之下的产物，因此其具有二者的共同特征。

2. 旅游网络舆情危机的特征

结合旅游网络舆情和公共危机的一般性以及旅游网络舆情本身的独特性，旅游网络舆情危机具有以下几方面特征：

第一，危机演化的难测性。旅游网络舆情危机由于旅游事件的演化、网络舆情的发展以及危机本身的压力使得其演化方向很难推测，如果其中一个环节或因素发生了变化，很可能使整个危机系统发生转向，并进入另一个演化方向，也就是说旅游网络舆情危机在演化过程中是多指向性的。例如“云南导游辱骂游客事件”的网络视频传到网上之后，网友迅速关注，舆论一致谴责导游陈××“素质低”、旅行社“管理不规范”等问题，鉴于舆论形成的压力国家旅游局立即责成云南省旅游委对事件进行调查，云南省旅委组织执法机构对涉事昆明风华旅行社有限公司做出“责令停业整顿，并对直接负责人处以 2 万元罚款，

① 沈阳，夏日．基于 SOM 神经网络的旅游突发事件网络舆情的传播态势［J］．宜春学院学报，2015（4）：92.

对导游陈××吊销导游证，记入《诚信档案》”的处罚。网友本以为取得了完胜，但随着事件的进一步发酵，网友曝光了视频上传者郭××等人所参的团为“以每人1元的价格报团参加的昆明－大理－丽江－西双版纳双飞旅游购物团”，因部分游客不愿意旅行合同，与导游发生口角，为此导游在车上“大发雷霆”，才发生了后来的事情。这一消息爆出以后，网友认为导游也是“弱势群体”，又一致谴责郭××等人的违约行为，甚至对其进行了“人肉”。通过这个案例可以发现，随着事件的进展，舆情也会发生反转，回过头来看云南旅委的处罚就值得商榷了。

第二，危机影响的深远性。旅游网络舆情危机影响的深远性体现在三个方面：一是由于旅游景点本身对形象、口碑的依赖性较强，一旦发生针对某一领域景点的舆情危机时，不管事件内容如何、事件如何发展以及结果如何都会影响游客对旅游目的地的认知，基于此山东多年经营的“好客”形象也就很容易地毁于一只大虾了；二是由于网络舆情的形成大多存在于网络空间，不论是上传的视频、发表的评论还是开设的微薄话题，都作为网络信息内容长期保留下来，而这些内容只能随着网友的记忆逐渐淡忘，却不会凭空消失，所以还会继续发挥其影响作用；三是由于“塔西佗”陷阱现象的存在，不论旅游网络舆情危机事件最后如何化解，总是难以令所有人满意，所以会形成“不信任”，长期保持这种状态的话不利于社会资本的积累。

第三，危机压力主体的多样性。当旅游网络舆情危机形成时，不同于传统的危机形态，其压力主体是多方面的。例如“云南导游辱骂游客事件”当中，当视频上传后引发舆情时，由于视频出现在五一假期，国家旅游局率先感受到了压力，便立即现成相关部门处理。同样，云南旅委既承受了舆论的压力，同时也受到上级主管部门的施压，所以行动也很迅速。执法机构在主管部门的配合下进行执法，也承受了各方面的压力，而事件当事人陈××、涉事旅行社和视频上传者郭××同样没能逃离压力。以此可见，在旅游网络舆情危机进行当中压力主体是多样性的，甚至在事件发生反转前谴责陈××的那些网友后来也承受着来自道德和内心的拷问。

第四，危机应对的二重性。旅游网络舆情危机在应对上的二重性主要表现在两个维度，一是指在应对时既讲究艺术性，同时也要求具有技术性。艺术性是指在危机应对时应当随机应变，顺应网友的诉求。如在2012年发生的“三亚宰客事件”中，三亚市政府新闻办政务微博回应“没有接到一个投诉、举报电话”，结果使舆情危机进一步升级，遭到网友强烈质疑。后来又有官员称“将对蓄意攻击三亚的人追究法律责任”，导致舆情再次升级，不得以海南省副省长亲自出面道歉，舆情危机才有所缓解，但之后三亚工商局负责人“只要明码标价又有消费者签字，就不算宰客”的言论又使政府陷入被动。可见，缺乏回应的艺术性反而可以使危机进一步恶化。刘冬梅认为在应对网络舆情时存在“否认错误，缺乏担当；家奴心态，愚忠回应；信口开河，藏头藏尾”等问题，她指出政府在应对时要有开放的心态、平等的理念和包容的气度。① 技术性是指在旅游网络舆情危机应对中还有些专业性的技术手段和技巧，例如我国1998年启动的公安信息化工程“金盾工程”，可以实现对特定网络信息的封锁，过滤部分IP地址、网页，近年来逐渐发展成熟的大数据和云计算技术，使得海量数据监测与预警成为可能，而专业性的网络安全部队是化解网络危机的坚实后盾。二是指旅游网络舆情危机应对应坚持线上疏导和线下治理同步进行的工作思路，即在面对旅游网络舆情危机时不仅仅停留于在网络空间回应舆论，而且要在现实世界中采取切实措施，如召开记者见面会、新闻发布会、通气会等，而同时于微博、微信等平台同步发布，如果仅仅停留在网络层面会给网民不太重视、流于形式等感觉，导致回应不力。此外，现实调查也要及时开展，并将每一步进展及时公开避免网络谣言的生成，同时能够紧紧抓住网友的注意力，从而引领网络舆情，这样就有利于危机形势的化解。

（五）旅游网络舆情危机的消除及善后

旅游网络舆情危机形成之后，会对各相关主体形成压力，能否及早地感知到危机的存在，并积极恰当地进行应对，是能否有效消除危机的关键，同时，危机化解之后能否尽可能地使造成的消极影响“恢复原状”，并总结此次危机应对中的经验教训，形成有价值的档案材料，对于此后预警或应对同类危机有积极意义。此外，旅游网络舆情危机的影响不论是在时间维度还是空间维度上都是极其深远的，危机结束后的后危机时代治理也意义非凡，至关重要。

---

① 刘冬梅．微博时代政府应对网络舆情的技巧研究［J］．编辑学刊，2015（4）：95－96.

1. 危机感知与应对

全媒体时代互联网已经成为社会系统的重要组成因素，其发生变化的同时也会迅速将这种变化传导到其他部分，这种信息输入输出的动态互动会使相关主体及时感知危机态势的形成，当然也有一些主体尚不能够对网络舆情形成合理的认识，从而延误恰当的应对时机，造成严重的后果。这种感知强调两个层面的内容，一是主体的主观感受，一些涉事主体具有较高的媒介素养和敏感的舆情嗅觉，当危机态势形成时就能够感受到事态的严重性，并积极应对；二是技术层面的感知，信息社会各部门逐步都建立起了专业的信息机构，就个人来讲其微信、微博本来就是个人信息管理的平台，因此可以通过这些平台或专业化信息系统来预警危机的到来。这方面的研究已经有不少成果，如张一文基于贝叶斯网络建模的非常规危机事件网络舆情预警研究，丁菊玲定量网络舆情危机预警模型构建，付业勤旅游危机事件网络舆情的监测预警指标体系研究，董坚峰旅游突发事件中的网络舆情预警研究和李萍从群体极化视角谈网络舆情危机的预警之策等，学者们从不同的视角研究、构建了网络舆情危机的预警体系及指标，虽然尚未达成共识，但足以表明通过预警机制及时感知危机的存在才是危机成功应对的关键。

旅游网络舆情危机被相关主体感知之后，就进入了应对阶段，而旅游网络舆情危机的应对又具有其特殊性，一般来说，在应对过程中应当以游客为中心，原因有二：一对于旅游市场来讲，游客是消费者，而“顾客是上帝”是市场经济坚守的原则；二对于政府来讲，游客是公民，而休闲旅游也是随着我国经济社会发展水平进步，逐渐由产品走向公共产品或服务的政府公共服务内容，而一切从人民利益出发也是政府工作的基本思路。具体来讲，首先要规范相关的法律制度规范体系，如美国参议院于1995年6月通过了《传播净化法案》，新加坡政府则规定，新加坡的3家ISP和拥有网址的政党、宗教团体和个人都必须在新加坡广播局注册并接受其管理。我国2000年12月28日第九届全国人民代表大会常务委员会第十九次会议通过了《全国人民代表大会常务委员会关于维护互联网安全的决定》，另外还有《信息网络传播权保护条例》《互联网上网服务营业场所管理条例》《中华人民共和国电信条例》《互联网信息服务管理办法》等行政法规，以及《关于加强国际通信网络架构保护的若干规定》《通信网络安全防护管理办法》《互联网新闻信息服务管理规定》《互联网站从事登载新闻业务管理暂行规定》等部门规章。另外，还形成了一系列行业自律公约，如《中国互联网协会抵制网络谣言倡议书》《中国互联网行业自律公约》《中国互联网协会关于抵制非法网络公关行为的自律公约》《文明博客倡议书》《文明上网自律公约》等。其次，要形成完善的旅游网络舆情危机协同机制，当危机事件发生时多部门要联合行动，协同应对，避免出现“一袋子土豆”的无序状态，要成立危机领导机制，在跨部门协作时仍然能够做到统一领导、统一指挥，最大可能地发展各部门的协同优势。再次，要建立良好的外部沟通机制，及时地将危机有关信息向外部公开，建立健全网络新闻发言人制度或网络信息发布制度，在第一时间取得与公众的沟通与联系，争取相互之间取得宽容与谅解。成立专门的网络工作队伍，时刻了解和掌握网民的舆情诉求，针对特定动向，在民众舆论出现偏差时及时进行解释、引导，主动充当网民的“泄洪阀”。再有就是要充分完善技术支撑，在旅游网络舆情危机领域实现专门技术的开发和创新，依靠技术实现实时监测、及时发现、适时应对，保证将危机化解于未形成破坏之前。

2. 危机善后管理

旅游网络舆情危机的压力态势消除之后，整个旅游网络舆情危机的生命周期还未完结，受危机影响而造成的破坏、损失以及其他消极后果应当尽最大可能予以恢复，尤其是旅游目的地的形象复原工作。具体来说在善后阶段要做好以下几方面工作：一是要修复与媒体之间的关系，有可能在危机的发展过程中相关涉事主体尤其是与媒体之间发生相互的冲突与博弈，导致相互之间出现对立的情况和存在对立的情绪，危机结束后这关系要及时进行修复；二是要恢复信任，不论是旅游主管部门、司法机构，还是旅游公司在事件发生后，公众对其信任度势必会受到影响，如果旅游景区的信任无法重拾，就会流失大批游客，而如果政府部门的信任无法重建，就会失去广大民心；三是要减少损失、完善救济，对于在危机事件中形成损失的主体应当通过社会保障、民政救济、社会互助等多种途径进行救济、互助，最大可能地减少危机给各方带来的损失；四是要做好危机的整理归档工作，整个危机过程中时刻注意信息管理的重要性，在危机结束后对全过程的资料进行整理、归档，并对整个应对过程中的相关措施和效果进行分析，找出经验和不足，保存起来形成先例，为以后同类危机事件的治理做参考。

三、旅游网络舆情危机的传播模式

（一）旅游网络舆情危机传播的概述

1. 概念的界定

关于旅游网络舆情危机传播已形成一些认识，如认为是信息传播在社会和组织处于危机的异化情境下的特殊传播形态①；旅游网络舆情危机传播的本质是与旅游危机事件相关的各种信息的编码、传输和解码过程，包括事实性信息和意见性信息两部分内容②。结合已有认知可以把旅游网络舆情危机界定为旅游网络舆情恶化后形成危机态势，而此态势通过各种媒介进行扩散的信息传输过程。旅游网络舆情危机的传播意味着其影响范围的扩大和危机态势的进一步发展，随着传播的进行其内容也会逐渐进行衍化，因此其与危机的影响程度、发展水平等有很大关联，其存在的内在规律具有重要的研究价值和现实意义。

2. 旅游网络舆情危机传播的特点

（1）传播内容的多重性

旅游网络舆情传播的内容从整体上来讲是有关旅游热点事件的相关内容，但是具体来说包括多方面。如关于热点事件事实的进一步曝料，由于一般来讲旅游网络舆情危机来势较快，通常在相关部门尚未对事件获取完全信息时危机已经来临，这样就在应对的同时案情逐渐浮出水面，所以关于旅游热点事件的细节案情仍然是传播的重要内容之一；关于相关主体应对措施的信息，危机发生后各相关主体通常会做出回应，而这些回应的信息同时汇入原舆情信息流，成为传播的内容；再者，就是网民、意见领袖、网络大V等网络意见表达主体对危机事件的意见、看法，构成传播的又一股洪流；当然还有一些次生信息如网络谣言，一些个人或组织浑水摸鱼，或是基于利益的需要，或是基于意识形

① 胡百精．危机传播管理［M］．北京：中国人民大学出版社，2009.

② 付业勤．网络新媒体时代的旅游网络舆情危机传播研究［J］．社科纵横，2014（3）：103.

态攻击，刻意制造谣言、传播谣言，给危机的治理带来不少障碍。可见，旅游网络舆情危机传播内容是具有多重性的特点的。

（2）传播媒介的多样性

旅游网络舆情危机传播的媒介多种多样，可以说遍布传统媒体和新兴媒体，甚至是公众之间的口口相传也占相当大的比重。在传统媒体当中首当其冲的是以旅游为主题的电视、广播、杂志，其虽然在传统的速度上远不如新兴媒体，但其也具有受众稳定、权威性强等一些优势；在新兴媒体方面形式多样，既包括以旅游为主题的媒介如旅游专题网站、旅游 APP、旅游公众号、旅游微博、旅游论坛、旅游贴吧等，同时也包括一些一般性的载体，如凤凰网、人民网、新浪网等全国性新闻网站，强国论坛、天涯社区、百度贴吧等拥有庞大用户的网络社区，腾讯微博、新浪微博等拥有大量权威意见领袖的微博平台以及形式新颖、影响力大的微信公众号、订阅号等。

（3）传播路径的多向性

旅游网络舆情危机的传播路径不同于一般危机，其路径是不具有指向性的，或者说是多指向性的，它不同于一般危机的线性传播或网状传播，它是基于多个方向、多个层面、多个主体交叉互动之下整体向前推进的，关于其具体的特性后面会有详细论述。

（4）传播趋势的跳跃性

旅游网络舆情危机不同于传统危机传播的另一个特点就是其传播的跳跃性。所谓跳跃性是指在传播速度和内容上不是呈现线性增长的方式，通常呈现驼峰的形式，就是在某几个小时之内传播速度和数量会急剧攀升，之后会下降，当有新情况出现时又会出现另一个峰值，而驼峰的数量和危机的应对效果是有关系的，如果应对得当舆情就会逐渐消退，也就只出现一个驼峰，而如果应对不当会多次出现峰值，整体来看呈现跳跃的趋势。

（二）旅游网络舆情危机传播媒介

旅游网络舆情危机传播的媒介也就是载体，并不仅仅指网络媒体，还包括传统媒体，在危机产生后其相关信息会通过各种渠道进行扩散，而不是仅仅停留在网络层面，具体主要有以下类型：

1. 传播媒体类型

论坛。一些旅游类论坛或一般论坛的旅游版块成为旅游爱好者的聚集地，自然也就成了旅游舆情的重要来源，在百度以“旅游论坛”为关键字进行检索可以返回11100000条结果，随机点开“旅游网论坛”（http：//bbs. 8264. com），根据站内数据显示共发表了73731631个帖子，注册了8108445位会员，可见论坛的聚集能力是很强的。

微博。微博以其短小精悍的信息传递模式获得了很广阔的生存空间，而且博主与粉丝之间互动的便利性使其成为一些名人的不二选择。微博可以是个人微博、政务微博和其他机构或组织的官方微博，一些大型媒体通常开设专门的旅游微博，以“新浪旅游”为例，每天推送旅游信息和景点信息，共有粉丝2052518个，其影响力也略见一斑。不仅仅是这些专题微博，即便是一般性微博只要其拥有大量的粉丝，在旅游网络舆情危机信息的传播中也可能发挥巨大影响力，以明星微博为例，其往往是网络舆情的弄潮儿，只要明星参与了消息转发，一定会引起舆论的波澜。原因很简单，复旦大学新闻学院张志安博士曾说到，当你的粉丝超过100，你就好比一本内刊；超过1000，你就是布告栏；超过1万，你就是一本杂志；超过10万，你就是一份都市报；超过100万，你就是一份全国性报纸；超过1000万，你就是电视台。当然，这样的数据并无法从现实去考证，但是这样的比较也足以说明微博的强大影响力。

微信。微信是近年来迅速兴起的沟通软件，之所以将其单独分析是因为其目前在我国公众中形成极大影响力，最新数据显示微信注册用户已超过9. 27亿，其已经成为中国人的生活方式。微信在传播中独具特色，因微信朋友圈建立在熟人关系之上，其不同于微博粉丝可能存在“僵粉”，朋友之间的信任度高，所以信息转发的概率和频率也随之提升，再加上微信相册的病毒式传播方式，使得微信已经成为信息传播最快的媒介。也正是因为这些特性，微信反而成为谣言、诈骗的滋生地。因此，微信既是旅游网络舆情传播的重要渠道，也是预防和治理的重要平台。

APP。APP是Application的缩写，它是智能手机普及以后开发、安装使用的扩展手机功能的应用软件，由于安卓系统的兼容性和拓展能力使得各种APP也应运而生。旅游类APP不仅可以方便出行，实现网上订票，还可以对旅游产品、酒店进行在线点评，交流沟通，形成一个完整的舆论圈。另外，随着传统媒体和新兴媒体的进一步融合，各大报刊、新闻网站都开发了自己的 APP 产品，同时视频 APP 也越来越火，依靠视频 APP 起家的网红已不在少数，其自由的表现形式和开放的互动交流平台使其具备了天然的传播优势。

主题网站。网络当中出现了多种类型以旅游为主题的网站，包括旅游新闻网站、旅游局网站、旅游企业网站等。旅游新闻网站主要将最新的旅游动态、旅游事件等通过网络公开，国家互联网信息办公室和国家新闻出版广电总局于 2014 年 10 月 29 日联合下发《关于在新闻网站核发新闻记者证的通知》，要求在全国新闻网站正式推行新闻记者证制度，至此网站结束了没有采编权的限制，全国范围内的新闻网站采编人员由此正式纳入统一管理，此通知的目的一方面是满足了网络媒体新闻采编的需求，适应人民大众对文化传播的需要，另一方面是为了使新闻网站主办或主管部门须认真履行审核职责，严格审核新闻网站提交的申报材料，指导新闻网站按时完成新闻记者证核发工作，并不断加强对新闻网站新闻记者的监督管理。因此可见，正规的旅游新闻网站和旅游局官网成为旅游信息传播的重要、可靠来源。而伴随着网络通信技术的发展和大众旅游消费需求的增长，一些独具特色的旅游 IT 企业创立，并得到飞速发展，如以提供旅游信息、旅游线路为主的旅游信息类网站，如凤凰旅游网、2345 旅游、搜狐旅游频道、环球旅讯等；以提供旅游服务为主的旅游行社网站，如中旅星旅网、山西旅游国旅、西安国旅等；以提供旅游便捷服务为主的网上预订类网站，如途牛旅游、携程旅游、乐途旅游网、去哪儿网等等。这些网站聚集了大量的用户，而且随着 Web 2.0 时代的到来，网站都实现了访客的自由多向沟通功能，所以也就成了旅游舆情生成和危机传播的重要空间。

传统媒体。在新兴媒体蓬勃发展的今天，公众把更多的焦点置于网络媒体，尤其是自媒体平台，对于传统媒体在传播中的作用很难形成一个准确的定位。曾润喜研究员对互联网环境下媒介议程与政策议程设置的相关性进行了实证研究，结果发现传统媒介与网络媒介对于政策方程的设置都呈现强相关，但网络媒体的斯皮尔曼等级相关系数为0.777，而传统媒体为0.838，相差0.061①，即传统媒体的政策议程设置影响力要比网络媒体更显著。这一结论虽然与公众的一般认识有出入，但也不难得出，传统媒体管理规范，发声一致，往往其传播的信息准确度高，能够获得大众更多的信任，而网络媒体由于众口不一、发声随意、谣言四起等，导致其信息可靠性较差，因此其对政策的影响力目前来说尚未超越传统媒体。对于旅游网络舆情危机的传统来讲，更多网络媒体的消息来源是转载媒体的新闻，因此同样顺应这一规律，一般来讲危机舆情经历两次峰值，一次是传统媒体引爆，另一次为网络媒体引爆，出现的前后次序不定，但二者的影响力是同样不可磨灭的。再者，随着各种媒体的快速发展，传统媒体也在积极寻求转型，一些大的新闻企业通过开主设网站、微博、微信公众号、APP等各种方式，将传统的报纸、杂志、电视、广播与之整合，形成了传统媒体与新兴媒体高度融合的新局面，使得传统媒体也进入Web 2.0时代，其传播影响力也进一步得到扩张。

2. 起点媒介分析

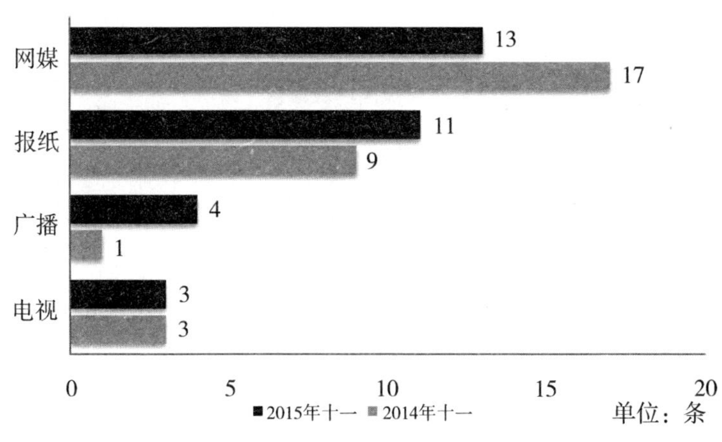

图4-3　舆情起点媒体分布

起点媒体也就是旅游网络舆情危机传播的起点媒介，分析起点媒介有利于

① 曾润喜，杜换霞．互联网环境下媒介议程与政策议程设置相关性实证研究［J］．情报杂志，2015（11）：115.

摸清危机传播的倾向性，从而进一步使治理主体明确防治的重点。红麦舆情研究院对2015年十一旅游舆情事件进行了统计，分析了危机舆情在网媒、报纸、广播、电视的传播属性，发现约四成负面舆情事件由网媒曝光，达到13条，占比41.94%；报纸曝光达11条，占比35.48%；广播报道4条，占比12.90%；电视（以央视为主）与2014年一样均为3条。大多数舆情事件通过微博传播之后再经过媒体二次传播形成一定的影响力。① 可见，从数量上来讲网络已经成为旅游舆情热点事件爆发的主要平台，报纸次之，而广播和电视相对较少，网络已经成为旅游舆情的重要场所和旅游网络舆情危机治理的关键空间。

3. 媒体承载量分析

各种类型的网媒对于网络舆情的生成、传播以及危机的演化都起着关键性作用，那么不同类型的网媒之间是否存在差异，表现如何？媒体舆情承载量是一个重要的量化指标。红麦舆情研究院在研究媒体传播热度的数据正好可以为研究承载量所用，具体承载量见下表。通过对表中数据进行梳理，对新闻、论坛、博客、微博、微信在30个事件中承载量排名第一的频次进行统计，得出如下结果：

表4－1　不同媒体承载量第一频次

频次	新闻	微信	论坛	微博	博客
第一	20	5	4	1	0

可见，新闻作为重要的信息源，其往往承载着大量的舆情信息，远远高于其他几种类型媒体，而微信作为一种全新的自媒体和兼容性很强的接入平台，其承载量也不可小觑，或许是因为微信传播的私密性，使其统计工作不太容易进行，但由于微信信息直接依赖于主体个人的主观意愿而存在，其往往对于信息受众的影响是比较大的。紧随其后的是论坛，论坛作为长时间存在的网络互动社区，其互动性、大众性、开放性和聚焦性使其必然长期成为重要的舆情信

① 袁星，张志凡，齐祺.2015年十一国内旅游舆情分析报告［EB/OL］.http://www.soften.cn/research-92.html，2015-10-26.

息承载媒介之一。相比之下微博客和博客的信息承载量较少，这主要是因为博客类型网站的特点和形式决定的，博客信息的传播必须以粉丝关注为基础，而对于大众博主来讲，并不会存在太多的粉丝，因此总体上来讲其影响力是有限的，但需要关注的是那些拥有大量粉丝的博客，其影响力大得惊人，这一点上文已有论述，不再赘述。

（三）旅游网络舆情危机传播路径

旅游网络舆情危机传播路径研究是传播学、公共管理学的学者以及旅游主管部门积极研究探索的热点问题，但是研究这一问题需要先弄清楚这一危机形态和一般危机形态所处环境之不同。传统危机的传播基本上是围绕危机事件的发展进行的，在此过程中媒体主要起到一个信息传播的作用，但旅游网络舆情危机不同，它不仅仅与现实生活中的旅游热点事件进展息息相关，同时一旦舆情危机形成后其变身成了另一个危机形态，这一危机是处于网络空间，具有其独立的生命力的危机形式，这就是为什么一些现实事件已经解决但网络危机依然未除，甚至愈演愈烈的原因。

旅游网络舆情危机所处的最大环境是互联网，但又不仅仅是互联网，还包括社会环境，其中的危机参与主体都是立足于社会实际当中的，那么这个环境是如何架构的呢，有必要引入系统论加以解释。系统论是 20 世纪 30 年代前后形成的，从生物机体论演化而来的一般理论，1924 到 1928 年奥地利 L. von 贝塔朗菲发表一系列论文表达系统论的思想，认为必须把有机体当作一个整体或系统来研究，才能发现不同层次上的组织原理，在后来的研讨会、论文和著作中不断完善系统论，但直到六七十年代才受到人们的重视。贝塔朗菲强调，任何系统都是一个有机的整体，它不是各个部分的机械组合或简单相加，系统的整体功能是各要素在孤立状态下所没有的新质。基于此种认识，旅游网络舆情危机的传播本身就形成一个复杂的系统，而这个系统当中包括网站、微信、微博、论坛、APP、传统媒体、当事人、政府、网民以及危机信息等各要素，这些要素的相互作用之下共同形成旅游网络舆情危机的传播系统，如图 4 -4 所示。在这一系统中旅游危机信息是传播的主要内容和核心，同时以此为中心形成两个信息流圈（子系统），一个是由网站、微信、微博、论坛、APP 和传统网站构成的媒介信息流圈，即危机信息产生以后不论是由哪种媒介开始其在以上各种形式之间互相流动，形成一个不断运转的信息流圈。第二个信息流圈同样以危机信息为中心，是以危机事件当事人、政府、网民为结点的信息流圈，这三方是信息的产生者、传递者，同时也是危机形态结束的关键主体。而这两大信息流圈之间也是存在着大量信息交流的，这一交流也就将现实世界与网络空间打通，可见，旅游网络舆情危机的传播系统本身就是一个完整的生态系统。这个系统具有以下几方面特点：

第一，层次性。传播系统由从里到外的媒介信息流圈、参与主体信息流圈和危机信息本身三个层次构成，越往内层发挥越为基础的作用，如危机信息流是整个系统的枢纽，没有危机信息就无所谓危机信息系统，没有各主体参与的信息流圈也就没有了危机的出现以及发展，没有媒体信息流圈也就没有了危机的演化和扩大。可见，整个危机传播形态是各层次共同作用的结果。

第二，动态性。信息一旦产生就处于不断运动变化当中，而各主体只要在社会实践的大环境中也将处于不断的运动当中，各类型的媒介获得信息后，其信息也可以在其空间内不断发展变化，而三个信息层次之间的互动交流始终处于动态变化当中。这种各要素、各层次之间分别表现出来的动态性构成了系统整体的动态状态，而这种状态最后表现出来的就是旅游网络舆情危机的传播路径或方向。

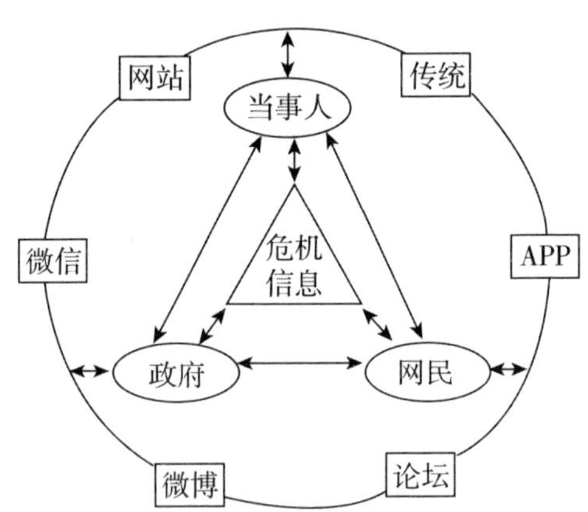

图 4－4　旅游网络舆情危机传播路径

第三，系统性。黑格尔讲“割下来的手就不再是人手”，这句话强调的是系统当中整体与部分的关系，旅游网络舆情危机传播系统当中的各要素都与系统的整体表现形态息息相关，但又绝不能由部分要素代替整体。因此在分析其传播路径时仅仅以某一种媒介或以一方面为切入点，其认识是不全面的，但是要充分认识到部分对整体的重要意义。这就回答了为什么以个案进行研究时，不同的案例呈现出不同的传播路径或模式这个问题，因为每个个案中包括的要素不同，其要素之间的关系不同，要素所处的时间、空间环境不同，最终导致的传播表现形态也不同，而个案研究也就只能对个别或某一类传播规律有所认识，要想对旅游网络舆情危机的整个传播模式形成合理的认识，还必须从系统性这一关键视角出发。

第四，不稳定性。通常长期存在的系统都是稳定或趋于稳定的系统，但旅游网络舆情危机并非常态系统，而是处于发展演变过程中的动态系统，其生命周期通常较为短暂，但由于其不稳定性较强，往往需要相关主体警惕，以免造成损失。那么所谓旅游网络舆情危机的治理，其目的就是要消除或降低这种损失的可能性，也就是消除危机传播系统的不稳定性，这一特征一旦消除，旅游网络舆情危机传播系统就不再存在，或已经进入下一种形态的平衡，即旅游网络舆情传播系统。可见，不稳定性是这一系统的必要特征。

第五章

五台山旅游网络舆情危机治理概述

一、五台山旅游网络舆情危机治理概况

五台山位于山西省五台县东北部，居中国佛教四大名山之首，是首批国家级风景名胜区、国家森林公园、国家地质公园、国家5A级旅游景区，还是世界文化景观遗产，景区总规划面积599平方公里。2015年五台山接待中外游客475.7万人次，旅游总收入50.8亿元，占忻州市旅游收入283亿元的近20%，可见五台山风景区在整个忻州市的经济转型中起着举足轻重的作用。

（一）五台山旅游网络舆情危机的现状

经过30多年的改革开放，我国的经济发展取得了巨大的成就，公众生活水平也得到了很大的提高，民众的休闲旅游需求日益旺盛，随之我国迎来了大众旅游时代，我国各大旅游景点的游客接待量逐年上升。五台山位列中国佛教四大名山之首，也是山西省十佳旅游景点之首。近些年来，五台山以其独特的旅游资源优势吸引了大量的海内外游客前来游览。

而近几年，伴随着网络的迅速普及以及各种新媒体平台的应用，有关五台山的网络舆情也在逐渐增多，以“五台山”为关键词在百度进行检索，可以返回2790万条结果，而以“五台山景区”为关键词依然会返回293万条结果，可见五台山不仅仅是现实生活中的四大佛教名山之首和风景名胜地，而且在网络当中已经占有一席之地。网民和游客在网络空间表达不满与诉求已经成为现代网络社会的常态，但由于五台山旅游管理部门未能及时意识到这一点，并相应提升治理能力，曾引发一系列旅游网络舆情危机事件，并进一步引发了大量游客和网民在网上批评吐槽以表达心中的不满和愤怒，给五台山风景区的可持续

发展带来不小负面影响。

2009 年 1 月 29 日，网友“摸着肚皮晒太阳”发贴“山西五台山假庙假和尚众多，提醒广大网友”被点击 4462 次；2012 年 9 月山西省旅游局公布的山西旅游质量公报，通报 7 月至 9 月山西发生的旅游投诉情况，特别点名五台山宗教旅游景区存在“烧高香”问题；2013 年 2 月，中央电视台曝光了五台山景区内非宗教场所“财神庙”“佛国中心”非法开展宗教活动诈骗游客问题；2013 年 8 月 2 日，网友在人民网“地方领导留言板”爆料“山西五台山僧人手拿棒槌群殴湖北游客被曝光”，新华网等网站转载，引起网友热议；2014 年 10 月 1 日，央视财经《经济半小时》记者一行在五台山旅游体验时，被要求支付 50 元一张的环保车票，坐与不坐都要购买，之后于网络进行曝光；2014 年 10 月 2 日，有媒体报道称，山西五台山景区特色菜“台蘑炖山鸡”在当地酒店要卖 300 多元至 400 多元不等，引发“定价太高”的质疑，引发了“天价台蘑”危机事件；2014 年 4 月 1 日央视新闻网刊发“五台山新规引发新乱象”，指出五台山景区对进入的各类车辆实行分区分类管控，要求自驾车游客的车辆停放在入山停车场，游客换乘观光车游览，然而，新的车辆管控规定实施后，却引来了新的问题；2015 年 4 月 3 日五台山景区因景区秩序混乱、服务质量差等方面问题，在接到游客举报后，旅游主管部门派出暗访组对五台山景区的旅游服务以及旅游环境等问题进行了暗访复核后对其提出警告，使五台山景区陷入危机态势；2015 年 9 月 11 日，多家网站曝光“五台山景区管理局被指官方勾结成香霸”，单个新浪博客评论数达到 4011 条；2015 年 9 月 14 日，中央电视台《焦点访谈》对五台山景区省道过境服务问题公开报道，各大网站纷纷转载。通过列举法根本无法将网络中发生的五台山网络舆情事件列尽，通过百度以“五台山 + 骗”为关键词进行检索，可以返回 833000 个结果，以“五台山 + 乱”为关键词可以返回 468000 个结果，如果将每条结果的阅读量、评论数加起来这个数字会更加庞大，而自媒体、APP 等相关舆情信息还不包含在内，可见五台山景区所处的网络舆情局势是比较严峻的。

归纳多次五台山旅游网络舆情危机事件，可以分为以下几类：一是旅游环境类，如五台山旅游中出现的香火钱、高门票、添加特色菜等现象使“高门票将中低收入者拒之门外”“公共资源沦为收费工具”等网络文章频出，引发大量网民吐槽。二是旅游服务类，如“黑导游”拉客、宰客，假和尚骗人，餐饮等服务单位损害游客权益的网络投诉事件时常发生，其典型案例是经媒体曝光的“台蘑炖山鸡”事件，引发了各类媒体和大量网民质疑。三是管理类，如本地居民诱导游客进山而收取进山费，僧人群殴女游客事件等管理乱象，引发媒体和网民频频曝光和网络热议。由于多次的旅游网络舆情危机事件没有得到正确的对待和处理，致使五台山旅游资源的吸引力受到了严重削弱，其接待游客量和旅游收入也受到很大的影响。

（二）五台山旅游网络舆情危机事件的特点

五台山是驰名中外的佛教圣地，居于佛教四大名山之首。随着改革开放经济的发展前来游览参观的游客络绎不绝，游客数量的增加也从客观上为旅游网络舆情危机事件的出现提供了可能，但同时，由于五台山景区既是旅游风景区也是佛教朝拜圣地，其危机事件也有其自身特点：

第一，由线下到线上的发展方式。五台山作为国家5A级景区，知名度很高，吸引了大量的游客，由于在旅游过程中并没有达到游客理想的满意程度，使得有些游客会把这种不满的情绪释放到网络上，并使某一旅游事件得到急剧升温，最终引起了旅游网络舆情危机事件。

第二，旅游网络舆情事件发展迅速。旅游网络舆情的形成是非常迅速的，因为旅游网络舆情的内容大部分都是与广大公民的日常生活很贴近的，人们对生活中热点事件的关注度很高，再加上在网络平台上发表意见的渠道有很多，又很快捷方便，所以一个热点事件迅速就可以得到人们的广泛关注，引起剧烈的反响，从而形成重大的旅游网络舆情事件。

第三，服务类事件高发。2015年4月，五台山景区因“旅游环境杂乱、服务管理缺失”被国家旅游局警告处分；同年9月，再次因为公路设卡乱收费、“醉酒僧人”拦路要功德钱等事件被网友热议。五台山风景区管理中存在的这些问题让这一世界级的旅游胜地品牌质量大打折扣。同时五台山景区的基础设施建设比较落后，经济收入主要依赖门票的现象尤为突出，运营机制不够灵活，经济收入渠道不够宽阔，阻碍了五台山风景区旅游产业的进一步发展。

第四，涉事主体多元化。随着五台山各项旅游事业的发展，1988年11月30日，成立了五台山风景名胜区人民政府，隶属五台县人民政府领导，负责管理五台山景区的各项工作，行使县级政府的若干权力。在2016年1月21日，撤销了五台山风景区人民政府，并依法成立了五台山风景名胜区管理委员会。因此，五台山风景区在由五台县和忻州市两级政府管理28年后，由忻州市政府直接管理。随着五台山景区旅游事业的发展，其范围内存在的主体也呈现多元化的趋向，在旅游网络舆情发生时往往要涉及多个主体，形成较为复杂的态势。

二、五台山旅游网络舆情危机产生的原因

近年来，随着经济的发展，在解决温饱问题之余，人们满足于物质需求的同时更加倾向于精神需求，因此第三产业迅速兴起，五台山旅游也迎来快速发展时期。但由于五台山景区正在建设之中，各方面还存在诸多不完善之处，再加上游客的激增，使危机事件呈现频发态势，从而将五台山景区推向了网络舆情的风口浪尖。总体来说，五台山旅游网络舆情危机的产生，有以下几方面原因：

第一，五台山景区旅游市场监管不强。相关治理主体在旅游市场管理方面做得还不够到位，尤其是缺乏必要的监管措施，如在五台山风景区发生的菜品定价高事件，因为推出的特色菜价格高而引起了人们的关注，从而引发网络舆情。说明景区物价方面并没有统一规制，同样，随着舆情的不断升级，相关主体并未做出合理解释来回应和平息这场舆论风波，反而因为不当发声强化了舆论扩散的趋势。

第二，缺乏有效的网络舆情危机防范措施。面对突如其来的旅游网络舆情危机事件，景区治理主体缺乏系统的防范措施，如在五台山高价“台蘑炖山鸡”事件中，某物价局发微博回应称“明码标价，嫌贵就不要买”的失当言论，进一步引发了网友的热烈讨论，随后便匆匆删除了该条微博，这种草率而缺乏专业性的回应手法让网民很难满意，并造成舆情的第二次高潮。

第三，缺乏对旅游舆情的引导意识和能力。旅游网络舆情在扩大的同时，网络上各种观点也在相互碰撞，网民观点也会受到“从众心理”的影响，因此舆论具有很强的可引导性。通过对多次五台山旅游网络舆情危机事件进行分析发现，相当一部分事件演化为危机态势的主要原因是在事件发生之初缺乏有效的介入和引导。因此，在网络时代，相关治理主体积极的网络舆情引导意识和

专业的引导能力是有效避免旅游网络舆情出现的有效前提。

第四，网络信息技术的快速发展。随着网络信息技术的不断发展和提高，电子通信设备快速普及，上网方式不再拘泥于电脑，上网条件也变得越来越便利，越来越多的人开始接触网络，网民的数量也逐年上升，并不断地在网络上发表自己的观点和见解，逐渐参与其中并扮演了越来越重要的角色。可以说网络技术的发展使网络平台多元化，也使网络表达大众化，网络舆情也就实现了常态化。

第五，网民的网络素养整体偏低。随着网络信息技术的不断发展，越来越多的人开始接触网络，网民的数量也在逐年上升，特别是各种社交软件的出现，以及网民对于负面信息，特别是公共部门方面信息的关注，使得旅游网络舆情事件被曝光后，网民纷纷参与其中进行评论和批判。数据显示，我国网民中低龄网民和低学历网民所占比例较高，说明相当部分网民的网络素养还不够高，却在网络中形成了较大的影响，这种不稳定的素质结构使网络舆情的不稳定性增加。

三、五台山旅游网络舆情危机治理的经验与不足

（一）五台山旅游网络舆情危机治理已取得经验

2014 年 7 月 18 日，网上爆出一段视频，有一位五台山导游在旅游大巴上出口脏话，用来表达对旅游者不消费的不满。该视频被上传到互联网引起了网民广泛的关注，导致了严重的旅游网络舆情危机事件。五台山管委会召开专题会议研究相关工作，并对外表示对一切损害五台山形象的行为采取“零”容忍的态度，严厉打击和查处不法行为，同时欢迎游客对五台山的旅游市场进行批评监督，共同促进五台山旅游市场的健康发展。当地政府负责任的态度成功化解了一场即将发生的网络舆情危机，同时当地政府利用这次舆情危机的处理为五台山的旅游市场做了一次推广宣传。近年来，五台山管委会成功处理过多起旅游危机事件，在应对方面有一定的经验。

1. 当地政府舆情信息搜集及时，回应迅速。

该视频在网上一经发布，当地政府和旅游局就及时获知，立刻开展事件调查，对调查初步情况及时通报。中间只隔一天就查清了事实真相，并对相关涉

事单位和责任人进行了处罚。整个事件只用了两天时间，及时的处理使当地政府掌握了处理舆情危机的主动权。

2. 当地政府应对过程中注意信息的透明、处理过程的公开公正。

在整个事件中，当地部门及时通过通告公布事件真相，不回避、不隐瞒，经过调查及时公布处理结果，满足了网民了解真相的愿望、关注事件发展的需求，同时也树立了公正透明的政府形象。

3. 对事件的认真调查，依据事实做出处罚决定。

当地政府最开始简单通报调查情况，然后经过认真仔细的调查，弄清事实真相，并做出合理的处罚决定并将之公布于众，整个过程的处理谨慎、有序、合理、合法。

4. 当地政府善于利用媒体，化被动为主动。

事件合理解决后，五台山管委会还专门召开专题会议，研究讨论，吸取教训，总结经验。同时借助媒体的关注，对当地的旅游资源和旅游市场成功地做了宣传推介，使一次危机转变成了一次机遇，充分展示了当地政府的执政智慧。事实证明，应对网络舆情危机并不是一件难事，关键在于政府要坦诚地面对，敢于面对，同时要认真分析，合理处置，采取有效的对策，妥善扭转舆论方向，这样才能掌握舆论的主动权。

（二）五台山旅游网络舆情危机治理中的不足

随着旅游网络舆情危机事件的频繁发生，五台山管委会等相关治理主体也针对危机事件采取了一系列的相关措施来进行管理，取得了一定的成绩，但同时尚存在一些不足。

1. 旅游网络舆情预警意识淡薄

虽然相关治理主体在旅游网络舆情危机治理方面已经取得一些经验，但是五台山景区危机事件频发也从侧面说明相关治理主体并未能将事件化解于萌芽时期，即缺乏有效的预警意识和措施。网络时代，信息瞬息万变，只有提前预防才可以有效地感知危机，有力地化解危机，而从现实来看尚缺乏防患于未然的措施。

2. 旅游网络舆情危机治理缺乏相应法规支撑

面对“台蘑炖山鸡”事件引起热议，过高的景区物价引起了游客的不满，此种情景之下相关部门却作出“嫌贵别点”的回应，这深刻反映了在面对网络危机时治理部门缺乏规范的应对程序和应对话语体系。显然，相关部门人员已经意识到回应的重要性，但是其面临双重压力，即如果不及时回应将造成更加消极的影响，而如果回应就会因缺乏既定的规范表达方式和话语体系，有可能使自己在网络公众面前“失语”。因此，相关治理主体应当拟定部门的网络发言人制度，就应对和回应旅游网络舆情危机的程序、话语、责任等事项进行明确规定，既使治理主体及其人员做到有法可依，同时也保证了其及时地按章办事。

3. 旅游网络舆论引导机制不健全

旅游网络舆情危机事件多是游客不满而进行相应的曝光，从而引起公众的关注要求相关部门进行处理而引起的。而游客曝光事件也仅仅是游客单方面做出的行为，并不一定代表事件的真相，这就要求治理部门及时对危机事件的真实信息进行公开。对其中的误解及时进行解释，对歪曲信息及时澄清，通过权威话语来引导公众进行客观正确的舆论。经过调查发现，五台山风景区相关治理主体对新媒体的利用水平有限，而在旅游舆情事件发生时，很难有效发挥网络主阵地的引导功能，从而使网民诉求与治理主体之间沟通不畅通，引导机制不健全，引导能力有限。

4. 缺乏舆论危机监督和相应的责任追究机制

舆情危机事件从产生到扩散是需要一定时间的，而网络背景下由于网络信息传播的快捷性使传播时间极大地缩短。因此，要有相关的监督、预警机制以便及时发现危机事件，将其在萌芽阶段就进行处理，避免危机事件的进一步扩散。而就目前来看并未有明确的舆情监控部门，不能做到防患于未然；同时，关于旅游网络舆情危机的责任认定、倒追等相关规定也不明确，从而造成责任空置的现象。

（三）五台山旅游网络舆情危机治理不足的影响

五台山旅游网络舆情危机事件的爆发一方面引起了相关治理主体的重视，促使其完善相应的管理机制，但另一方面事件的频繁爆发也给五台山景区和当地居民以及地方政府带来了严重的不良后果。

1. 损害了五台山国际旅游城市的形象，影响了当地政府的公信力

每一次网络舆情的发生都会产生极大的不良后果，一方面会损害五台山风

景区在人们心中塑造的美好形象，甚至在互联网无处不在的今天影响到五台山的国际旅游地位。同时，治理不当、管理混乱的负面信息和形象也会对当地政府的公信力和公共形象造成破坏，影响地方政府的对外交往和社会资本的积累。

2. 影响当地甚至整个山西的旅游业发展

当今社会第三产业日益成为经济收入的重要来源，五台山旅游产业既为当地政府的经济发展做出了重大贡献，同时其也是山西旅游业的标杆，但旅游业的脆弱性使每一次舆情危机的出现都会给当地带来致命的打击。游客负面体验的广泛传播会对五台山旅游市场形成不可估计的影响，而以五台山旅游为中心的地方经济链条也将受到不可回避的影响。由此可见，是否能够对旅游网络舆情危机事件进行有效治理直接关系到五台山旅游业的发展。

3. 妨碍了佛教文化的传播，削弱了佛教文化的影响力

五台山拥有一千多年的佛教文化历史，佛教文化已经融入当地民俗文化当中，成为引导群众构建社会主义和谐社会的重要组成部分，但是随着“假和尚事件”的频频出现，佛教圣地的形象在游客和信众的心目中大打折扣，而那些混淆视听的虚假舆情更是直接给五台山抹黑，使佛教文化的积极影响力受限。

4. 当地社会受到冲击，增加了不稳定因素

网络言论的自由化和网民的情绪化会进一步加剧旅游网络舆情的扩大，容易产生一些负面的影响。网络的传播速度快，只要有与人们生活相关的事件发生，经过有关媒体的报道，使该事件逐渐发展到不可控制的局面，言论越来越朝着负面方向发展，大量的网民对此事件的争议也就会越来越大，如若这时候没有得到有效治理，这种负面情绪可能就会增加各主体之间的矛盾，破坏既有的和谐社会图景。

四、五台山旅游网络舆情危机治理的完善策略

针对当前五台山旅游网络舆情危机现状及治理中存在的问题，需要切实从以下几个方面加以完善：

1. 建立舆情信息发布平台，提高政府对网络舆情危机的舆论引导能力

首先，相关治理主体要及时地公开舆情危机事件信息，利用网络和传统媒体从内容和形式上设立各种各样的信息公开机制，以权威信息杜绝谣言的产生。

其次要从网络上建立官方微博、开展新闻发布会和记者会等形式，公开公正地回复旅游舆情危机事件，并客观地就该件事件进行评论及回应，避免因次生言论而给人们带来恐慌，及时疏导公众的不满情绪。同时通过网络等平台或其他宣传方式，加强与公众的交流，将舆论的焦点往积极的方向引导，维护社会秩序的同时，也拉近了五台山各主体之间的距离。

2. 完善旅游相关法规，弥补网络立法空白

五台山旅游发生的舆情危机事件有很多是相似的，如频繁发生的“假和尚”、“黑和尚”的事件，造成相似事件的频繁发生不仅是管理措施不到位，更是由于相关安全法规的缺乏，致使缺少相应的规范和惩治依据。因此要进一步完善旅游安全法规，通过学习和借鉴国内外已有的成功经验，全面查漏补缺。同时，还应进一步加大对旅游网络立法的研究和探索，针对旅游网络行为和言论进行立法实践，从法律层面规范网民行为，使其利益得到保障的同时行为走向正轨。

3. 开辟网络舆情主流信息平台，加强公众与公共部门的联系

一是要充分利用各种社会条件，通过使用政府部门的权利和优势对网络舆情进行正确的引导，加强主流思想的影响力。二是要取长补短，赢得各种网络媒体的支持和信任，并积极引导网络舆论的发展方向。三是要加强政府公信力，努力建设高效的政府网站门户，利用各种优势打造政府主流网站，使其成为引导网络舆论的中心媒体。

4. 利用新媒体传播规律，提高危机治理效率

旅游网络舆情牵涉到多个方面，情况复杂多变，如果不及时了解和掌握网络舆情新技术和发展趋势，不掌握网络媒体的新形势和传播规律，就会影响到网络舆情的管理工作。提高对新媒体传播规律的学习能力，就需要做到善识新媒体、善用新媒体，要不断学习和了解网络新媒体的传播路径和方法，学会主动选择和思考，才能在海量的信息中筛选出对工作有价值的信息，不断地提升对网络舆情的解析和感知能力，并及时发现和关心网络上的各种热点社会问题和矛盾，做到提前发现、正确判断、积极应对。其次是要认真学习和了解网络新媒体，政府利用网络新媒体的独特传播规律主动积极应对，及时发布一些相关信息，变被动为主动。

5. 培养公众旅游网络素养，促使网民正确行使权力参与管理

网民应该学会运用自己的各种权利，通过积极地与其他网民交流或与五台山管委会的互动来帮助地方政府去管理和完善旅游舆论治理问题，同时充分发扬主人翁意识对景区治理主体进行合理的监督。公众自身要加深对网络舆情的认知水平。在面对旅游网络舆情时持客观态度，在面对舆论时，绝不人云亦云，客观对待网络舆情。随着五台山旅游产业的发展，五台山管委会等主体越来越重视旅游网络舆情事件，也取得了显著的成效，政府的治理能力和水平越来越高。但是随着网络的发展和时代的变化，五台山旅游危机事件的治理水平还需与时俱进，不断创新，为创设良好的旅游环境努力。

第六章

五台山旅游网络舆情危机的系统治理

旅游网络舆情表现出碎片化的存在形态，对旅游网络舆情的治理势必要系统化，本章基于危机管理的一般过程构建五台山旅游网络舆情危机的治理系统，其具体包括监测、预警、应对和善后四个子系统。

一、五台山旅游网络舆情危机的监测

《孙子兵法》有云："不战而屈人之兵，善之善者也。"面对旅游网络舆情危机时如同作战一般，稍有不慎就会造成损失，那么如何能够达到"不战而屈人之兵"呢？那就是"知己知彼，百战不殆"，在开战之前就对自己和敌人有充分的了解，那么就战无不胜了。五台山旅游网络舆情危机治理也是如此，只要将危机治理常态化，及时地进行有效监测，将危机化解于萌芽之中，就可以有效地避免危机造成过多的损失。

（一）五台山旅游网络舆情源分析

有效的监测建立在对网络舆情信息源精确的识别和持续的追踪上，五台山风景区虽然远离大城市，但其游客数量也相当可观，2015 年春节黄金周共接待游客 8.85 万人次，平均每天 1.2 万人次以上，而国庆黄金周这一数字又得到提升，达 121903 人，平均每天 1.7 万人次以上，随着休闲时代的到来和人们对于旅游观光需求的增长，五台山的客流量会长期保持增长态势。由于五台山是国家 5A 级景区和世界文化遗产，同时也是宗教圣地文殊菩萨道场，因此其客源成分也相当复杂，既有国内外前来观光的游客，也有四面八方而来朝拜的教徒，同时还有不少研究人员前往调研。此外，除了客源以外，本地人员组成也极为复杂，五台山管委会的管理人员、旅游公司及工作人员、旅游企业及其职工、外来打工人员以及本地村民共同构成了五台山景区人口结构。不同的人群有不同的目的和利益诉求，不同的诉求之下就会产生不同的意见，从而发表不同的声音和看法。所以五台山网络舆情治理并非是脱离现实的，而是必须联系实际将重点放在实际工作中利益的平衡和满足上。

五台山风景区的各组成人员构成了最根本的五台山旅游网络舆情来源，也就是说不管什么内容的网络舆情信息，来自于什么渠道，从根本上讲是这些组成人员之间的利益矛盾导致的。我们可以选取已经发生的10起事件进行分析，梳理五台山旅游网络舆情事件当中主要的信息来源，这一来源既包括形式上的信息载体，也包括舆情信息的根本来源人，也可以进一步对诉求人的身份进行明确，具体见下表：

表6－1　五台山旅游网络舆情源统计

序号	事件	信息源	发起人
1	假庙假和尚事件	天涯论坛	游客
2	旅游质量公报	旅游质量公报（受投诉）	游客、山西旅游局
3	央视曝光事件	电视	记者
4	僧人殴打游客事件	人民网“地方领导留言板”	游客
5	环保车票事件	网络报道	记者
6	天价台蘑事件	网络媒体	记者
7	新规乱象事件	央视新闻	记者
8	旅游局警告事件	主管部分媒体	国家旅游局
9	香霸事件	中华网	经营户投诉
10	“和尚”船震门	各视频网站	非法服务

从表中可见，10起旅游网络舆情危机事件当中，从信息源载体来看7起源自网络媒体、2起来自旅游局通报、1起来自于电视曝光。需要强调的是由于传统媒体和新媒体的日渐融合以及部分新媒体获得了新闻的采编权，一些旅游舆情信息的起源也变得相互掺杂，所以一个事件的信息起源可以是多渠道、多媒体的。但从以上统计结果可以看出网络媒体是五台山网络舆情危机信息源的主要来源，而其中又包括网络新闻媒体、网络互动社区（论坛）和网络视频网站

等三种主要形式，占到了70%的比例，可见，网络媒体已经成为人们选择发声的第一舆论场。2起事件源于旅游局通报，虽然其所占比例偏低，但由于旅游局是旅游风景区的上级主管单位，其通报往往带有政策性的意见或更为甚者会给出行政处分，所以其给景区带来的影响是十分重大的，可见合理地进行部门上下级沟通也是有效避免消极影响产生的重要工作。1起源于电视曝光，所占比例也不大，但是电视作为受众极广的传统媒体，其影响力也是十分巨大的，尤其是众多网络媒体会将电视报道作为自己的信息源，从而将信息进行扩散，电视报道的实效性和准确性也是与其他媒体相比较存在的一个优势，尤其是统计事件中被央视曝光，其影响就更为重大。可见，五台山旅游网络舆情危机信息主要起源于网络媒体爆料、旅游局通报和传统媒体报道三个渠道。

从信息的发起人员来看4起来自于记者采访或体验，2起来自游客，2起来自旅游局通报，1起来自经营户投诉，1起系网络公司非法运营引起，需要说明的是旅游局通报大多也是在游客举报的基础上产生的。从数量上来看，记者曝光占40%，根据2014年发布的《中国新闻事业发展报告》显示，中国大陆新闻单位的采编、广告、发行、经营、新媒体及行政服务等人员总数约有100万名，新闻从业人员中，符合领取新闻记者证条件的采编人员共有25.8万余人，其中报纸出版单位记者10万余人，期刊出版单位记者7000余人，通讯社记者3000余人，广播电台及电视台记者14.5万人，新闻电影制片厂记者近400人，中央重点新闻网站记者700余人。可见，记者已经成为从事新闻采编的专业化队伍，同时意味着新闻媒体“第四权力”的兴起，而应对媒体记者也是舆情治理中重要的一项工作。2起来自于游客举报或投诉，但实际不仅仅是两起，因为很多记者也是在自主旅游时发现问题进行报道，与其说是记者采编，不如说其是作为普通游客而出现不满，游客是旅游过程中最直接的消费者和体验的感知者，其言行是最值得关注的。还有2起来自于旅游局，旅游局作为旅游业主管部门，其承担着多项相关行政权力，其政策指向和相关动态是重要的信息来源，应当密切关注或提前进行相关沟通，避免政策带来的负外部性。另外还有1起来自经营户的投诉，旅游目的地经营户是旅游经济当中的重要组成部分，是旅游产品的供应者和服务的提供者，是景区复杂利益共同体中的一员，尤其是许多网络舆情危机事件起源于游客与经营者之间的冲突，使得治理主体不得不将更多目光投于经营户身上。最后1起是来自于互联网的炒作，互联网公司使用非法有偿增删贴服务炮制热点事件，其本意是为了捧红某位艺术家，结果给五台山僧人形象带来不好的影响，这一事件虽然后来得以反转，相关涉事人员也得到法律的制裁，但形象易毁不易构，五台山相关部门应当在事件发生之初就积极出面澄清。总之，媒体工作者、游客、旅游主管部门、经营户以及网络公司是应当重点关注的信息主体。

（二）五台山旅游网络舆情危机监测指标体系

五台山旅游网络舆情危机监测不但需要依靠相关治理主体的危机意识和媒介敏感度，同时需要构建用以监测危机的指标体系。所谓旅游网络舆情危机监测指标体系是指专门用于测量旅游领域网络舆情危机态势的、经过分解的、尽可能量化的指标系统。目前，一些学者已经在网络舆情危机监测和预警体系构建方面做了大量的研究，见下表：

表6-2　现有网络舆情指标体系

指标体系	提出者	一级指标名	指标特点
网络舆情安全评估	戴媛	传播扩散、内容关注、传播敏感	基于传播主题，从安全角度进行分析
“十度”指标体系	谢海光	非分级指标	基于内容，将舆情核心元素分类
舆情预警等级指标	吴绍忠等	舆情、舆情传播、舆情受众	分析舆情传播关键因素
微博舆情热点监测	王长宁等	微博信息、微博发布者、微博受众	以3个一级指标为维度，构建三维空间
微博舆情监测	高承实等	微博要素、微博受众、微博舆情	分析微博舆情三维空间
移动社交舆情预警	聂峰英	舆情热度、舆情发布者、舆情接收者	根据舆情传播的过程和舆情程度
网络舆情危机预警	孙玲芳	网络舆情主题属性、媒体影响力、网民作用力、政府应对力	网络舆情危机自身属性及不同主体角度
网络舆情监测预警	王青	舆情热度、舆情强度、舆情倾度和舆情生长度	基于对传播的要素、规律及特点的归纳

续表

指标体系	提出者	一级指标名	指标特点
突发网络舆情安全	兰月新	网民反应、信息特性、事态扩散	以网民反映、信息特性、事态扩散为主体
网络舆情监测评价	谈国新	舆情发布者、舆情要素、舆情受众、舆情传播、区域和谐度	通过 I - space 网络舆情要素构成分析
旅游危机事件网络舆情监测预警	付业勤	舆情主体、舆情客体、舆情本体	提取 84 项指标，通过德尔菲法确定
旅游舆情指标体系	雷春	舆情热度、舆情强度、舆情传播度、舆情受众	根据旅游网络舆情事件发生的特点、强度、事件参与者、舆情传播途径与速度等几个要素，结合层次分析法构建网络舆情监测指标体系

学者们在构建指标体系时因出发点不同和考察的内容差异，而在构建出的指标体系上各有不同，有的关注舆情的传播过程，有的关注舆情参与的各主体反应，还有的注重对舆情各要素的评价等等。五台山旅游网络舆情指标的构建要结合五台山的特殊性以及旅游网络舆情的一般性特征展开。首先要关注舆情主题，看其是否属于旅游领域，进一步确认其属于领域中的什么类型的危机事件；其次，要关注舆情影响力，评估已发舆情的生命力、热度、强度以及生长度；再次，要关注危机本体，确认危机的生长度、预估危机的评级、损失等；最后，评估治理主体的治理能力，任何危机都是相对的，当其面对具有较强回应能力的治理主体时，危机治理也就是常态化管理，而相对治理能力较弱主体时危机可能是灭顶之灾，所以要通过治理主体的治理能力与之相匹配判断危机的威胁程度等。因此，在上述专家学者已有研究成果的基础之上，构建如下监测体系：

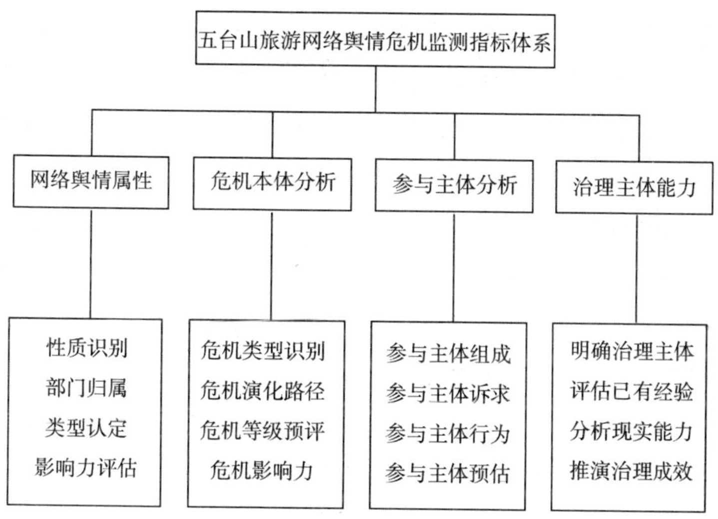

图 6－1　五台山旅游网络舆情危机监测指标体系

如图 6－1 所示，五台山旅游网络舆情危机监测指标体系包括 4 个一级指标和 16 个二级指标，该指标体系的构建主要从系统论的观点出发，认为旅游网络舆情危机其本身也是一个存在的系统，而这个系统又由网络舆情、危机本体、参与主体以及治理主体四个主要的子系统构成，而子系统之间的相互关系和互动决定了危机的发展走势，因此要想准确进行预测，必须对各个子系统的状况以及各子系统之间的相互关系有个清晰的认识才可以。其中网络舆情属性，主要是指对网络舆情本身的情况进行甄别，如判断该网络舆情是否属于旅游领域，其应当归属于哪个部门所属领域，属于何种类型的网络舆情，其后续发展的趋势及会造成何种影响力等；而危机本体分析是从危机管理的视角对舆情危机进行认定，包括属于何种危机类型，该次事件的演化路径是怎样的，以及初步评估危机的等级以及影响力；参与主体分析是为了进一步了解该舆情危机的各方参与情况包括参与主体分析，由哪些人群组成，年龄情况、身份情况、职业情况甚至性别组成等，参与主体诉求，第一时间了解诉求是化解危机的关键步骤，只要诉求得到满足，就不会出现不满意的状况，分析参与主体的行为，明确其施加影响的路径，是诉诸媒体还是向主管部门投诉，抑或投向司法程序，或非法途径。参与主体预估是指基于之前的分析初步估计参与主体在舆情演化中的作用，以及其将来的行动方向；第四个指标是治理主体的能力分析，首先要明确谁是治理的责任主体，明确职责，之后对其处理类似事件的经验进行了解，并对之前的处理效果进行评价，在此之上准确评估现有的治理能力和措施，并进一步模拟推演，预估治理成效，找出治理短板。

（三）五台山旅游网络舆情危机的“一案三制”

“凡事预则立，不预则废”，2003 年“非典”事件发生之前由于我国在改革开放后取得经济快速增长的良好成效，社会等各方面建设也是蒸蒸日上，各方面矛盾及灾害也相对较少，因此尚未形成危机管理的理念和方法体系。2003 年“非典”爆发后给我国经济、社会带来了巨大的损失，尤其是给人民的生命财产安全造成沉重的打击，于是在 2003 年 7 月中央召开的防治“非典”工作会议上，胡锦涛总书记就明确提出，要加快建立健全各种突发事件应急机制，提高政府应对公共危机的能力；2005 年 7 月，国务院召开全国应急管理工作会议，标志着中国应急管理纳入了经常化、制度化、法制化的进程，而应急预案、应急法制、应急体制及机制建设成为我国应急管理建设的基本框架，简称“一案三制”体系①。

目前，我国已经建立从国家到地方的各级总体预案体系和部门预案，同时还有众多的专项应急预案包括《国家自然灾害救助应急预案》《国家防汛抗旱应急预案》《国家地震应急预案》《国家突发地质灾害应急预案》《国家森林火灾应急预案》《国家安全生产事故灾难应急预案》《国家处置铁路行车事故应急预案》《国家处置民用航空器飞行事故应急预案》《国家海上搜救应急预案》《国家处置城市地铁事故灾难应急预案》《国家处置电网大面积停电事件应急预案》《国家核应急预案》《国家突发环境事件应急预案》《国家通信保障应急预案》《国家突发公共卫生事件应急预案》《国家突发公共事件医疗卫生救援应急预案》《国家突发重大动物疫情应急预案》《国家食品安全事故应急预案》等。在应急法制建设方面也成效显著，主要建立自然灾害类立法，如《中华人民共和国突发事件应急法》《水法》《防汛条例》《防震减灾法》；事故灾难类立法，如

① 刘霞，严晓．我国应急管理“三案一制”建设：挑战与重构［J］．政治学研究，2011（1）：94.

《生产安全事故报告和调查处理条例》《放射性同位素与射线装置安全和防护条例》《建筑法》《消防法》《矿山安全法实施条例》《国务院关于预防煤矿生产安全事故的特别规定》和《煤矿安全监察条例》等；公共卫生事件类立法如《重大动物疫情应急条例》《传染病防治法》《传染病防治法实施办法》《突发公共卫生事件应急条例》《食品卫生法》《进出境动植物检疫法》等；社会安全事件类立法如《民族区域自治法》《戒严法》《人民警察法》《监狱法》等，共四大类立法。在体制机制建设上也明确了各级应急部门的领导体制、办理机构和工作机构等，至今已经取得长远成果。

由于网络在我国发展较为迅速，尤其是网络舆情事件、网络公共事件、网络危机事件等由网络引发的应急状态是于近几年才逐渐频繁，而且其呈现一个分散状、碎片化的状态，所以至目前为止还没有专门的网络应急预案，但十八大以来国家领导人非常重视国家安全问题，并一再提出“没有网络安全就没有国家安全”的重要论断，网络安全已经成为政府重点关注和建设领域。网络立法也在逐渐跟上，目前，我国《网络安全法》草案已经于2016年6月提交十二届全国人大常委会第二十一次会议进行二审，并经过了第二次公开征求意见，呈呼之欲出的大好形势。在机制体制建设上，网络舆情安全方面的主管部门主要设置在公安部门及各级政府信息中心，还处于一般性的安全信息监控层面，并未建立专门的领域监控。可见，专门的旅游网络舆情危机监测体制建设还任重而道远。

五台山管委会是五台山风景区的第一责任主体，虽然当前宏观层面尚未建立该领域的“一案三制”，但五台山可以采用部门先行的路径，一方面有效提升五台山旅游网络舆情治理能力和水平，另一方面为其他部门及上级相关部门形成相关制度提供初步经验和可供参考的方案。

二、五台山旅游网络舆情危机的预警

旅游网络舆情危机的预警是建立在危机监测基础之上，通过对监测指标收集的信息进行研判、分级预警并启动相应级别的应对方案的关键环节，主要包括旅游网络舆情危机信息收集系统、旅游网络舆情危机指标监测系统、旅游网络舆情危机预警系统、旅游网络舆情危机响应系统和智库平台。

（一）旅游网络舆情危机信息收集系统

信息的收集是进行信息研判的第一步，同时也是旅游网络舆情危机治理的基础，在“互联网+”的大背景下，各行各业的专业化信息系统都在逐步建立，各部门、行业都在一定程度上占有信息资源。随着“互联网+”的进一步推进以及国家对大数据建设的重视和开发，相关信息及平台会进一步地互联共享，其中有关五台山旅游网络舆情的信息就可以充分利用。但同时，更为重要的是建立专业的旅游网络舆情危机信息收集系统，该系统主要实现以下功能：

第一，对五台山各旅游舆情信息源进行监控，实时动态地将新生信息通过电子渠道报回系统中心的功能。可以设置多个层面的信息采集点，如实地采集、网络采集、媒体采集、部门采集等，最大可能地收集与五台山旅游相关的信息，做到准确、全面、及时。

第二，面向五台山游客及相关主体主动收集信息的功能。被动收集信息不如主动索取信息，因此对于五台山风景区的相关体验应当主动获取游客的评价，如通过平台建立星级评分制度、投诉建议渠道以及在线服务平台等。通过该功能一方面能够尽可能全面、直接地获取游客对于旅游体验的客观评价以及不满，另一方面可以提供相关的有效服务，从而直接消减不满情绪和行为的产生，起到“泄洪”的作用。

第三，五台山相关主体的互联互通功能。基于这一信息平台，五台山管理委员会、忻州市旅游局、工商局、公安局等相关治理主体进行平台整合，将各部门掌握的信息进行充分共享，同时也可以通过此平台进行实时互通、互动，有利于危机发生时的并联行动。

（二）旅游网络舆情危机监测系统

旅游网络舆情危机监测系统是对信息收集系统获得的信息进一步加工处理，使其转变为旅游舆情危机信息的过程。由于前端获取的信息是杂乱无章、没有明显指向性的，并且真伪难辨的，这些信息是不能直接使用的，需要进一步加工处理形成直观化、量表化的有用信息或情报。故旅游网络舆情危机监测系统要实现以下功能：

第一，对信息进行分类整理，去粗取精，去伪存真的加工功能。对获取的信息利用内容分析法或文本分析法进行重新梳理，去掉模糊无法使用的信息和虚假信息，将有用信息依据旅游网络舆情指标体系重新归类，分别存贮于逻辑上独立的信息数据库当中。

第二，对重要舆情点的实时监控功能。可以将重要景点的监控系统与该系统进行互联，当事件发生时或发生后都可以通过调取监控视频进行真实情况还原，从而有利于危机的解决。当前旅游网络舆情危机事件当中有相当一部分都在危机后期发生反转，而其主要原因就是对真相始终不了解，随着真相的出现舆情也相应发生巨大变化。

第三，对生成的指标性信息进行图表化、量表化显示的功能。信息是海量的数据，而人脑在处理海量数据时是力不从心的，尤其是当某种规律是隐藏在海量数据背后时，人们直接面对数据时就会手足无措，但是计算机技术成功解决了这一问题，许多信息系统已经被开发应用，可以实现数据的视图化显示，从而使决策者能够直观地了解其中的趋势和规律。旅游网络舆情危机监测系统就可以实现这一过程，让决策者可以直观地看到相关旅游事件的舆情趋势，从而对整个领域进行有效掌控。

（三）旅游网络舆情危机预警系统

旅游网络舆情危机预警系统是在前端系统信息收集、监测的基础之上，对可能发生或已经发生的旅游网络舆情危机事件进行识别、分级、报警的系统，因此其主要应该包括以下几方面功能：

第一，实现旅游网络舆情危机的自动识别功能。由于旅游网络舆情是以海量的数据形式体现出来的，虽然前端平台可以实现数据和信息的可视化显示，但是实现人工实时对着屏幕也是不现实的，因此系统设计时应当结合实际情况和治理主体的治理能力水平将各个指标的数据设置标准值，当其中某一个或多个指标的值超出正常范围时系统会自动研判并发出警示音，提醒工作人员进行关注。

第二，实现旅游网络舆情危机自动分级。当危机事件发生时，系统可以根据所掌握的信息数据，并结合网络舆情演化的客观规律以及当前现实环境情况进行趋势预测，并以此综合判定旅游网络舆情的破坏力、影响力、危害程度等，并进一步明确其危机等级。

第三，实现旅游网络舆情危机自动报警。当危机发生的风险较大或已经发生时，系统可以实现在分级的基础之上进行报警，这一报警应当与五台山旅游网络舆情危机应急管理体系相一致，不同级别的警报启动不同的应急预案，系统根据预案自动向有关治理机构发出报警信息，从而使危机出现的第一时间各部门能够同时启动、并联协同。

（四）智库系统

智库系统也就是专家系统，其主要有两部分组成，一是网络舆情危机知识库，主要是将海量的网络舆情相关知识收集其中，在系统进行信息分析并可以自动提取相关知识进行使用，其是实现该危机系统智能化的关键部分。二是网络舆情危机专家库，即将该领域内理论研究和实际方面的学者、专家、官员等具有深厚理论积淀或丰富实践经验的人员收录其中，当面对复杂危机时其治理要求更加专业化，而可以根据危机的基本情况选择其中一些专家充当危机应对的顾问，从而在专业指导之下做出更加科学、准确的决策。专家系统是信息化时代人工智能的必要补充，也是当前社会专业化分工的现实生活中必不可少的职能环节，危机治理主体和人员不可能同时具备多个领域的专业化素养，因此要重视智库建设。

三、五台山旅游网络舆情危机的应对

五台山旅游网络舆情危机的应对是指在确认危机发生后根据实际情况相关治理主体采取相应措施，消减危机损失，化解各方面矛盾的过程，其是真正考验相关治理主体治理能力的重要环节，在这一过程中治理主体要有明确的治理目标的理论，通过科学的危机决策指挥调动相关部门、人员、物资，进行综合治理、协同治理的复杂过程。

（一）目标与理念

从危机治理的角度分析，危机治理的目标很明确即消除危机，而网络舆情危机具有舆情和危机的双重属性和特点，因此在治理过程中其目标也是双重的，一方面要消除危机，即解决危机事件当中的矛盾和纠纷；另一方面的目标是要平息舆论，即使网络和传统媒体对该事件的舆情恢复常态。这两方面的目标既是统一的，又有其各自的特性，解决危机事件当中的矛盾和纠纷是平息舆论的必要条件，但并非充分条件，也就是说当矛盾已经化解，但舆论并不一定平息，甚至还会愈演愈烈引发新一轮的危机。反过来讲，能够做到平息舆论也并不意味着化解了其中的矛盾关系。因此，对于网络舆情危机的应对还要对其目标有一个明确的认识。

再者就是危机治理的理念，马克斯·韦伯官僚制下的组织结构已经不适应当前的网络形势，传统时期当政府或官僚制组织面临问题时，首先要做的是向上汇报请示，上级部门开会讨论决定方案后才可以做出进一步动作。而网络舆情危机不同于一般危机事件，其发展速度十分迅猛，其有效应对的时间也已经从传统的“黄金72小时”发展到“黄金1小时”，甚至是即时处置了。因此，在应对旅游网络舆情危机时充分要求治理主体的应急处置能力，在传统官僚组织的基础之上生成极具弹性的活动性组织，当危机报警出现时组织马上成立，甚至为了应对危机可以启用一些较高层次的授权，此其一；其二，在应对旅游网络舆情危机时要本着发现问题、解决问题的思路展开应对，切不可以“鸵鸟效应”装不知道或惊慌失措，抑或盲目自大。只有切实本着解决问题的态度出发，才可以有利于危机的化解，而其他不当理念之下只能使危机得到进一步恶化，从而错失应对时机；其三，治理主体要有治理理念而非管理思维。当然在整个危机应对过程当中很可能会面临多方主体、多个部门、多方物资，因此有效的管理是非常有必要的，但管理决不能代替治理。面对旅游网络舆情危机时政府等权威主体并非危机的管理主体，即不能用管的思维去干扰危机的运行过程，甚至用权与法限制相关主体的活动，这些只能使政府的公信力进一步受到影响。而是要将自身置于众多治理主体之一，即政府等权威部门是旅游网络舆情危机多个治理主体当中的主导者、服务者，应当与媒体、网民等其他主体一道解决危机问题，满足舆情诉求，这样才能使危机态势得到有效控制，并有效整合社会其他治理主体的力量，同时将治理责任进行分担，有利于危机治理惯例的形成和有效治理的实现。

（二）旅游网络舆情危机的决策

旅游网络舆情危机的决策主要是指五台山治理主体在面对危机时进行的决策，这一过程可以是正式的也可以是临时性的，根据危机态势而定。从决策专业化角度分析，可以将决策这种分职能整合到系统治理当中去，即建立现代的决策支持系统（Decision Support System，简称DSS）是在传统的管理信息系统理论基础上发展起来的一门适用于不同领域的、概念和技术都是全新的信息系统发展分支，也是目前发展最为迅速的一个分支。1970 年美国麻省理工学院 Mascot Morton 教授首先提出 DSS 的概念，DSS 由此应运而生。而旅游网络舆情危机治理决策支持系统是指信息化条件下决策支持系统在旅游网络舆情危机治理当中的应用，是指在危机治理当中通过决策支持系统寻求更合理的危机治理方法、措施。其应当由网络舆情危机信息管理系统、人机对话系统、问题构建系统等组成。

网络舆情危机信息管理系统主要是建立在信息收集系统的基础之上，其功能是对收集到的信息进行处理、存贮和传递。充分掌握信息是一切管理决策的前提，也是公共危机决策机制正常运行的媒介和纽带，是协调、指挥危机决策部门正确进行危机治理的重要手段，因此通过计算机和信息技术构建危机决策信息系统，是有效危机治理决策实现的第一步。

网络舆情人机对话系统。人机对话系统是实现人与计算机进行交流对话的一个通道，要想有效实现计算机辅助决策，就要通过计算机的输入输出设备及一些人机对话的“语言”来实现。决策支持系统所面临的最大难题就是其对问题的不确定性，所以系统必须研发出一个可供用户表达和描述决策问题的程式，通过这些程式，决策者能够尽可能直观地表达自己的主观意志和想法，并有效地转化为计算机可以有效执行的指令、参数，从而能够干扰和影响问题的求解过程，能够更加符合实际地进行预期、模拟、分析和评价等。

问题构建系统处于决策支持系统的核心位置，其通过人机对话，厘清所需要解决的问题，然后根据问题构建基本模型，并对来自信息管理系统的相关数据进行处理，依据所需要的知识进行推理，建立一个解决实际决策问题的模型。

（三）旅游网络舆情危机应对的指挥调度

旅游网络舆情危机是伴随旅游和网络同步高速发展的产物，其现实和网络的影响同步扩散，具有涉及主体部门覆盖广、演变方向不明确等特点，因此，为了适应该种类型危机应对的需要，必须建立一个灵活调度、统一指挥、多方协调的指挥体系。

旅游网络舆情危机的指挥系统是指危机发生时能够通过信息平台迅速地与各相关治理主体进行互联互通，从而做到有效协同，同时自觉启动相关预案，成立领导体系，实现信息、资源共享、统一领导、科学指挥的目标。信息化条件下已不同于传统时期的领导体系，做到及时通信、精准指挥已经成为现实，从而使网络舆情危机治理的领导指挥更为直接、快捷，既可以避免传统信息传递中的噪音，也可以使领导在准确了解现场情况的情况下，远程进行领导指挥，而且可以保证领导的统一性和危机处理的联动性，大大提高了治理效能。

旅游网络舆情危机联合调度系统，是指在危机状态之下决策支持系统做出决策之后，通过信息系统发出指令并调度各相关治理主体人力、物力的系统，其主要功能是为了实现跨部门指挥、协同与联动。该系统结合预警阶段的分析将治理主体中具有治理责任和能力的部门、组织和个人，如公安、武警、消防、急救、交警、财政、电力、水利、市政管理、民防、气象等部门及红十字会等非政府组织及相关资源如专业救治队伍、车辆、物资、人员等纳入到一个统一的调度平台中去，实现统一调度。例如在2008年的抗震救灾中，我国军队在短短几天之内就调动了十几万大军投入到救灾一线当中去，同时还有医疗队、志愿者、工程队、救灾物资等多方物资和人员的调动，这些都是关系到灾区人民生命财产安全等切身利益的动作，因此通过何种途径来完成这项工程就显得尤为关键。

旅游网络舆情危机专业处理系统。专业化分工是现代社会的必然趋势也是最基本的特点，因此在应对旅游网络舆情危机事件时也应当从专业的视角出发，构建专业化的处理系统也尤为重要。如日本的一些专业地震搜救队有着精良的搜救装备、丰富的搜救经验，在地震发生后可以尽最大可能地救出灾民，日本在同等级地震下所造成的损失远远低于其他一些国家。同样根据旅游网络舆情危机事件的所属类型分别建立专门的专业处理系统，当危机出现时积极进行响应，从而做出有效回应，为化解危机争取时机。如当前形势之下，网络发言人、政府形象代言人、新媒体专家、舆情分析机构等都应该纳入到危机专业处理系统当中。

四、五台山旅游网络舆情危机的善后

当旅游网络舆情危机消除后，即进入了后危机阶段，这一阶段意味着危机的主要威胁已经消除，网络舆情也恢复常态，但危机发生过程中造成的影响还

持续存在，甚至如果处置不当还会引发新的次生危机，因此将网络舆情危机的善后纳入旅游网络舆情危机治理的全过程是十分有必要的，归纳起来危机的善后主要进行消除影响、提供支持、积极救济和资料归档等活动。

（一）积极发声，消除影响

由于网络信息的存在方式是碎片化的，而且一般而言是长期存在于网络服务器上的，如果网民不是跟踪整个事件的发生过程，而只是对其中一部分信息进行了解，那么其很可能断章取义，对事件的认识产生误解，并以此对相关治理主体产生看法或意见。同时，对危机过后的结果要及时地、多次地、大范围地进行通报，从而使其尽可能产生更大的影响，甚至在多媒体时代相关治理主体有效地构建自己的发声渠道，抢占网络话语权也变得很重要。以“五台山和尚船震事件”为例，当相关帖子出现在网络空间时相关媒体进行了大量的转载，网民此时对“五台山和尚”无不形成消极看法，五台山的形象也遭受一定打击，但在后来事件反转后，证明事件当事人并非和尚，而整个事件是媒体公司对艺人的炒作时，转载的媒体相对较少。正所谓“狗咬人不是新闻，人咬狗才是新闻”，新媒体为了“吸睛”而不是追求真相刊发报道，造成网络空间中前面的报道多，后面的报道少，故“五台山和尚船震”的影响其实还会长期持续下去。此时，只要五台山相关部门站出来，澄清一下事实，再次表明事情的原委可能更加有利于影响的消除。

（二）提供支持，积极救济

在事件发生过程中必然会有相关主体受到事件的冲击，或因为其本身是事件的相关主体，或因为不幸“躺枪”，总之危机总会导致损失，因此相关治理主体尤其是政府应当对在旅游网络舆情危机过程中的受灾组织或个人进行积极支持，严重的还要启动救济程序。其主要原因有三：一是因为政府在整个社会治理当中承担着主体责任，政府应当对危机事件导致的损失承担应有的责任；二是因为不管政府是否参与到危机的治理当中来，二次分配中的转移支付也有必要将旅游网络舆情的灾后救助纳入到国家的救助体系当中去；三是通过兜底的做法可以使民众清晰地看到政府为人民服务的本质，从而大大增强政府的权威性和合法性，更有利于此类危机的解决。

（三）资料归档，总结经验

每一次的危机应对都是一次演练和挑战，而每一次的应对都会有千变万化的情况，而在应对过程收集到的信息、做出的决策、实施的措施等都是宝贵的经验。因此在后危机阶段应当对整个危机的预警应对善后过程进行重新审视，发现其中不尽如人意的地方，讨论是否有更优方案，通过反复揣摩研讨将经验的价值最大化。同时优良的案例规范化成惯例，存贮到危机治理系统当中，当作以后类似危机事件的指南或参考。

可见，五台山旅游网络舆情危机的治理也是一个完整的系统，而其有效治理同样需要系统思维，只有联合多个主体的协同共进，才能有效实现五台山旅游网络舆情治理的常态化。

第七章

五台山典型个案及其治理成效分析

一、“天价蘑菇”事件

（一）事件概况

2014 年 10 月 2 日，澎湃新闻报道称，山西五台山景区特色菜“台蘑炖山鸡”在当地酒店要卖 300 多元至 400 多元不等，引发网名“定价太高”的质疑。10 月 4 日，五台山风景区官方微博“@五台山”发布对此回应称：“市场经济时代，市场调节。只要是明码标价，你愿意买，他愿意卖，即可成交，同一只鸡，所处地域不同，它的售价不一定相同。您有体会吗。”10 月 5 日，媒体报道五台山新闻中心办公室工作人员称“@五台山”发布的回应是他误操作发布的，怕影响不好所以删除了，该工作人员还表示，他与五台山风景区物价局工作人员经过实地调查发现“台蘑炖山鸡”价格的确不高，一直都是三四百元，并没有因为黄金周而上涨，一些野生台蘑市场价已达六七百元一斤，但产量低、需求大。10 月 5 日，山西省物价局价格举报中心接受新闻采访时表示，餐饮业的定价已经放开十几年，物价局不再管控，由市场自主定价。菜品明码标价，嫌贵就不要点，但不准强买、宰客。10 月 6 日，“天价台蘑”的帖子大量产生，扬子晚报、中新网、人民网、天涯论坛、腾讯新闻、搜狐新闻、凤凰资讯等媒体大量报道，引发网民再次热评。

（二）“天价蘑菇”事件中的舆情传播

1. 假日经济的缘起

旅游消费引发的网络舆情事件在旅游网络舆情事件集合中占有较大比重，传统媒体时期游客发声的渠道十分有限，新媒体的出现使媒体话语走向平民化，因此每年的旅游旺季也就是旅游网络舆情的高发期。改革开放以来，随着国民生活水平的提高，物质文化和精神需求层次也逐步提升，这一点从我国《全国年节及纪念日放假办法》的变迁过程可以看出。1949 年新中国成立初期我国处于“一穷二白”的境地，为了摆脱落后局面尽快实现工业化，国家和人民千方百计地发展生产力，此时国内基本矛盾更多体现为落后的生产力和人民物质需求之间，因此假日也极为有限，根据 1949 年 12 月 23 日政务院发布的《全国年节及纪念日放假办法》，全民放假节日有 4 个，即新年、春节、劳动节和国庆节，新年放假 1 天，春节放假 3 天，劳动节放假 1 天，国庆节 2 天，部分公民假日也有 4 个即妇女节、青年节、儿童节和建军节，每节相应人群放半天，其他节日、纪念日不放假，这样看来全年除去正常双休，全民假日 7 天。改革开放以后，我国经济连续保持调整增长，人民的物质需求得到很大程度的满足，精神需求迅速增长，而我国生产力的提升，使有闲状态开始出现，为了进一步满足国民的休闲需求和发展假日经济适应社会的需要，1999 年 9 月 18 日国务院对《全国年节及纪念日放假办法》进行了修订，将劳动节和国庆节假日分别由 1 天和 2 天都延长到 3 天，部分公民节日中的儿童节由半天延长为 1 天，全民假日延长为 10 天，与 1949 年相比延长了 3 天。如果仅仅是通过简单的延长日来看，这次 50 年后的修订并未发生多大变化，但 1999 年国庆节放假开启了“前接后连”的方式将 2 个双休日进行调整与国庆一起进行，这样“黄金周”就产生了。零散的双休与短暂的假日很难满足人们外出旅行的需求，因此三个黄金周的出现使这一需求得到释放。在 1999 年国庆第一个“黄金周”到来时，席卷全国的假日旅游热潮令各界人士始料不及。据有关统计，全国出游人数 7 天内达到 2800 万人次，旅游综合收入实现 141 亿元。2000 年春节 7 天假期，国内旅游人数超过 2000 万人次，比上年同期增长一成；全国旅游花费约 163 亿元，比上年同期增长六分之一；2000 年“五一”黄金周，全国国内旅游人数达 4600 万人次，旅游收入 181 亿元；“十一”黄金周期间，旅游人数达 5980 万人次，实现旅游收入 230 亿元。第五个“黄金周”是 2001 年春节，在这 7 天中全国共接待游客 4496 万人次，实现旅游收入 198 亿元，人均花费支出为 441 元。① 修改后的办

① 李向红．“黄金周”的由来［N］．陕西日报，2001－10－07（002）．

法实施10年，2007年12月7日国务院第198次常务会议对其进行了第二次修订，并自2008年1月1日起施行，第二次修订后的法定假日将更多的传统节日纳入全民放假体系，由原先的4个扩展为新年、春节、清明节、劳动节、中秋节和国庆节7个，同时也对放假天数进行重新规定，除春节和国庆节两个节日为3天，其他节日均放假1天，全民假日共11天，此次调整总假日天数增加1天，但黄金周减少一个。2013年12月11日国务院进行了第三次修订，将春节放假时间由除夕、初一、初二调整为初一、初二、初三，其他无大的变化。不得不提的是，虽然1999年后法定假日天数并未发生大的变化，但是由于我国道路交通运输体系的逐步完善和信息化水平的逐步提升为游客出行和安排提供了极大便利，再结合"中国式放假"，通过调休延长假日，使得国民获得多个"小长假"，有效满足了人民日益增长的旅游休闲需求。同时，我国旅游市场也迅速崛起，旅游业成为我国第三产业中的支柱。

2. 天价台蘑中的舆情传播

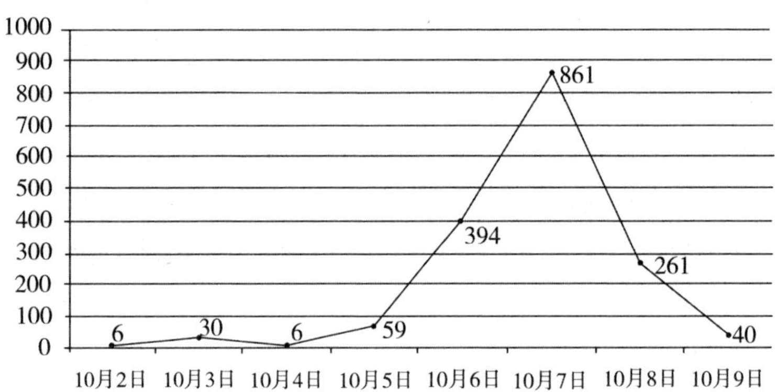

图7-1　山西五台山特色菜定价高事件媒体关注度走势（单位：篇）①

2000年以后，我国信息网络建设突飞猛进，经过十年的发展2010年左右我国网民人数已经超过4亿，总数达到大国水平，同时伴随Web 2.0的发展，网络社区、网络社会初步形成。网络舆情作为网络时代最基本的现象开始出现，

① 人民网朱明刚：《山西五台山特色菜定价高事件舆情分析》http://yuqing.people.com.cn/n/2014/1015/c210114-25841493（访问时间2014年10月15日）。

并集中爆发一些网络群体性事件，笔者曾于2010主持《网络群体性事件》研究项目，研究中对59起群体性事件进行了调研，从2007年到2010年上半年，数量分别是2007年前6起，2008年12起，2009年28起，2010年上半年13起，从网络群体性事件的增长趋势可以看出网络舆情的快速发展势头。旅游市场的火热、网络社会的形成与节假日游客的密集出行共同使得每年国庆黄金周成为旅游网络舆情呈现高发态势，2014年10月2日发生于五台山的天价台蘑事件便是在如此环境下发生的。下面将从舆情演变的视角对该事件进行分析，以观察其是如何由一件旅游消费事件演绎成旅游网络舆情事件的。

（1）媒体报道形成关注。2014年10月2日，澎湃新闻报道“五台山台蘑炖山鸡一盘卖400元，服务员：我们用优质台蘑”，对五台山和九寨沟风景区的餐饮市场进行了报道和评论，引发评论60条，当天的新闻转载量6篇，并未引发大规模舆论关注。当天传播量不大的原因有三：一是旅游景区餐饮定价过高的问题早已成为我国旅游市场不成熟的表现之一，媒体记者亲历而发的新闻报道缺乏传播主体的共鸣。二是由于该网站发布新闻该则新闻的时间是晚上20：11分，网民更乐于在早上关注新闻并进行参与，从而影响关注度。三是澎湃新闻定位于“专注时事与思想”的开放平台，其受众中愿意为旅游发声的网民不多，导致其传播首日影响相对有限。

（2）大型媒体转发，引起网民关注。10月3日网易新闻以“五台山台蘑炖山鸡1盘卖400元，服务员：优质台蘑”为题对澎湃新闻的报道进行转发，报道页面显示有99人跟帖，1467人参与事件讨论，使得事件的热度开始有所上升。[①] 从评论中看，此时网友并未形成主流意见，“江左闲人啊”说“痛宰之下有勇夫啊，看到那人山人海的，大家就都理解了吧!!”“听说名字不能乱取”认为“市场经济，你觉得贵可以换一家或者自备干粮。景区的房租很贵，只能在游客上想办法了。可以理解他们”。“luxiuyuan12345678”较为理性地分析道“山西好不容易有个五台山，出现过和尚吃肉，现在又400元一盘鸡，作为山西人，实在觉得五台山应该对经书什么的钻研，而不是每天敲诈游客”。而广东网

① 网易新闻．五台山台蘑炖山鸡1盘卖400元服务员：优质台蘑［EB/OL］．http：//news.163.com/14/1002/20/A7J0RP7B00014SEH.html，2014－10－02.

友则称“是旅游地的都宰客的，根本也没人管，国家也不管”。可见，此时的网民仅仅是针对报道中的事件从自身角度进行评论，并未形成指向性观点。

（3）官微回应不规范，触发舆情焦点。10 月 4 日五台山风景区新浪官方微博“五台山发布”回应称：“市场经济时代，市场调节。只要是明码标价，你愿意买，他愿意卖，即可成交。”但随后删除，在接受记者采访时回应是“误操作发布的，怕影响不好，所以删除了”。10 月 5 日澎湃新闻继续跟进事件报道，五台山新闻中心认为台蘑采摘难度大“定价 400 元，确实不贵”，山西省物价局工作人员表示“明码标价，嫌贵就不要点，但不准强买、宰客”。澎湃网将事件的全过程和后续跟进的访谈信息及五台山风景名胜区政府官方微博对此事的回应整合后再次发布，并突出“嫌贵别点”字眼。之后，该报道被网易新闻等网络媒体大量转发，更是将“嫌贵别点”上升到标题的醒目位置，所以很快便得到网友及网媒的关注，仅网易新闻就有超过 2 万网友跟帖，11 万网友参与事件讨论，事件迅速升温。可见，在旅游网络舆情的形成过程中，旅游事件的发生是基本前提，网络媒体在形势的发展中始终发挥着引领作用，但是引爆网络舆论的最终还在于相关主体的回应。

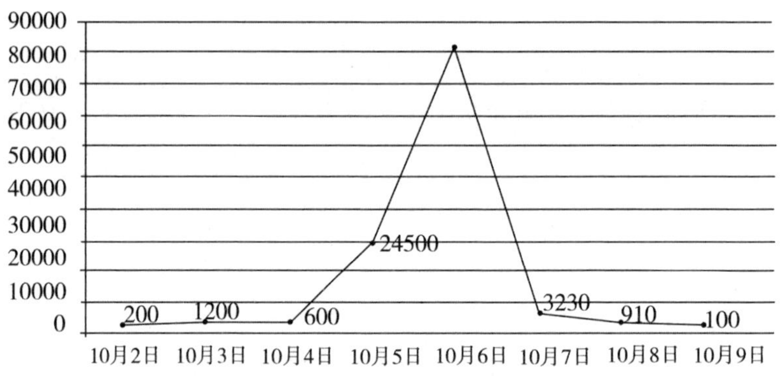

图 7－2　山西五台山特色菜定价高事件微博关注度走势（单位：条）

（4）网络舆论井喷，危机态势形成。10 月 6 日大量评论文章涌现，网友的回应也大多指向明确，对官方回应感到不满，舆论压力态势形成。北京网友称“既然如此，市场经济时代也就没有物价局存在的必要了。建议撤销物价局这个机构!”“MUHB 老头”评论“五台山黑得很，多年了，希望大家以后不去，烧香拜佛可选择的地方很多”；Laughing 说“要你们物价局干吗，吃干饭”。可见，官方回应应当充分考虑受众的感受，如果缺乏规范性而过于随意，则容易招致网民对公共部门的拷问，以及对旅游消费价格问题不满的宣泄。

（三）天价台蘑事件中的治理成效

天价台蘑事件是发生在五台山风景区的一次典型旅游网络舆情危机事件，事件整个过程中网民、媒体和相关治理部门都有参与，但在整个事件中官方的回应非但没有将舆情化解，反而触发了舆情焦点，形成危机态势。因此对此事件治理中的不足进行分析可以对以后的旅游网络舆情危机治理形成有益启示。

首先，事件初起的回应不及时使一般报道变身舆情热点。此事件原本只是发生在国庆黄金周的一则普通新闻，自我国实行社会主义市场经济以来，国家对物价的干预逐步减少，而随着旅游市场的火爆，景区消费的价格也水涨船高，尤其是类似台蘑这样采摘难、供给有限的地域性特产，由于需求和供给的严重不对称其价格持续增长，各地的天价事件也层出不穷，如“哈尔滨天价鱼”“天价虾”“天价炕”等。因此，天价台蘑事件其实是游客对旅游市场消费价格问题不满的一次集中体现。澎湃新闻的报道也仅仅是针对新闻卖点的一次实践，事件本身并不具备引爆网络的能量，10 月 2 日的报道影响力极为有限。如果此时五台山风景区及相关部门发现报道并与媒体主动进行沟通的情况下，进行实地调研，积极主动地查明问题，并以官方的名义审慎地拟定回应方案，可以有效避免舆情的进一步扩散。但事实是当不利舆情发生时，一些相关主体会采取鸵鸟政策，抱着侥幸心理坐等“新闻变旧闻”，往往错失了回应良机。另外，相关治理主体应当建立专门的对外部门，努力提高与媒体的对话沟通能力和提升自身的公共关系水平，建立通过互动化解问题的渠道。

其次，事件发生中的回应不当使网络舆情形成危机并指向明确。事件中 10 月 2 日媒体初次报道的热度原本可以自然消退，但 4 日五台山风景区官微的回应及后来的删除再次引起了媒体的注意，并进行后续采访和报道，从而使事件的生命周期一再延长，而省物价局中肯但有失妥当的回应更让舆论从 5 日至 7 日之间猛增，并有相当一部分网友指责景区管理混乱。不论物价问题是否真实存在，作为官方人员面对媒体时发出“嫌贵别点”的言论实为不妥，从而使舆论迅速反弹，五台山风景区和省物价局成为网络诉求的指向对象。可见，网络社会中的网络话语应当符合一定的规范，尤其是官方微博及官方人员的发言需要慎之再慎。

再次，事件发生后的回应缺位使官方形象和信任度受损。舆情焦点形成以后，大量的媒体转发和评价使五台山景区和省物价局处于风口浪尖，此时官方治理主体虽处于被动地位，但也正好是力挽狂澜之时，合理有效的应对可以使自身形象得到修补，甚至重新立威。但是直到事件冷却，依然没有相关人员出来回应，危机虽然没有造成具体明确的损失，但其影响是深远的，原因有三：一是事件过程中造成的官方负面形象会一直深入人心，影响民众对政府部门的信任度；二是事件过程中网络空间产生的大量有关五台山景区的不利言论将会长期存在于网络中，并影响后续游客的出行取向，并对五台山风景区的发展形成不利影响；三是事件不了了之给网友留下的刻板印象会使网民不断地进行负面情绪积累，增加五台山风景区舆情危机爆发的可能性。

总之，天价台蘑事件是对五台山风景区旅游网络舆情危机应对能力的一次检验，也突显了相关治理主体在此方面应对能力还有很大的提升空间，为以后的治理提供了一些经验。

二、五台山被通报事件

（一）事件概况

国家旅游局2014年派出10个暗访工作组，对游客投诉集中、群众反映集中的问题进行了暗访，暗访结果显示，5A级景区在旅游安全管理、环境卫生、市场秩序、服务质量等方面还有不足。2015年4月2日，国家旅游局通报了五台山景区等10家5A级旅游景区并分别给予警告、严重警告处分。国家旅游局在接到游客对五台山景区的举报后，派出暗访组对五台山景区的旅游服务以及旅游环境等问题进行了暗访复核，确定对其提出警告。要求被通报景区在3个月到6个月完成整改，整改后国家旅游局再次复核，如果仍不合格将采取更加严厉的处罚措施，甚至摘牌。通报消息扩散后，引起社会各界广泛关注，网络各媒体纷纷转载热议，网络中关于五台山景区等地乱象的讨论也逐渐火爆，网媒对于国家旅游局的重拳出击表示极为赞赏。此时，不论是在景区评级上还是在旅游发展的前景上，五台山景区和所在地各级政府都面临巨大压力。

（二）通报事件舆情危机的形成及应对

该事件不同于“天价台蘑事件”的舆情逐渐升温，而是从国家旅游局通报当天危机态势即刻形成，危机的突发性和整改的紧迫性使五台山景区主管部门不得不做出有效的回应。

1. 通报一出，危机立现

国家旅游局通报五台山等景区后，危机态势立刻形成，其不同于一般旅游网络舆情危机有一个发酵的过程，原因有三：一是国家旅游局作为旅游主管部门的最高层次专门召开新闻发布会进行通报，可见其规格之高，表示对此次整治极为重视。受通报单位所在主管部门和地方政府当即感受到上级部门的压力；二是国家旅游部门的发布会内容经过传统媒体和网络媒体的共同发声进行传播，短时间之内就会形成媒体共鸣的效应，从而使网络舆情迅速聚集，发布的权威性、传播的及时性和受众的广泛性使被通报单位马上陷入舆论的漩涡，并且对景区的发展形成不良预后；三是此次危机的出现并非传统意义上的打击，而是限期整改，因此对于被通报单位而言还有翻身的机会，即通过有效的整改重新获取过去的荣誉，通过解决存在的问题重拾公众的信任，再次获得良好的发展前景。因此，被通报当天各景区及主管部门、甚至政府单位都会感觉到巨大的压力，尤其对于山西而言，五台山景区作为世界文化遗产是山西旅游业的标杆，其被通报也就意味着山西旅游形象的受损，因此各级政府尤为重视。

2. 高层重视，积极响应

接到通报以后，山西省政府及主管部门纷纷响应，就景区治理问题表态。

首先是省委省政府做出重要指示。4 月 3 日，山西省省委书记王儒林批示：“对五台山旅游开发存在的问题，我们要高度重视，逐项研究，抓紧解决。对严重损害山西形象，恶意坑害游客的，要依法处理，并追究相关责任人的责任，确保不再发生此类问题。要举一反三，立足长远，立足根本，统筹谋划，综合施策，切实保护好五台山我们山西这个最宝贵的旅游和文化资源，为山西文化旅游产业发展发挥应有的作用。”同日，山西省省长李小鹏批示：“要高度重视，立即整改，加强督办。要举一反三、汲取教训，整改我省其他景区的问题。五台山不仅是旅游风景区，更重要的是文化遗产、佛教圣地，我们有责任保护好。对景区存在的其他突出问题应一并提出意见建议。”4 月 4 日，王一新副省长批示："请忻州市、省旅游局高度重视儒林书记、小鹏省长就五台山问题做出的重要批示。请忻州市针对五台山景区近年来连续多次损害山西旅游形象的情况，深入查找根源，问题导向，拿出综合性治本之策，争取通过一个时期的努力，使五台山景区从规划建设到管理运营水平有明显提高；请省旅游局认真督查，加强指导和服务，并举一反三，加强全省景区质量管理。忻州的综合治理报告，省旅游发展领导组将听取汇报并审议。"

随即山西旅游主管部门山西省旅游局根据指示采取措施。3 日称山西省旅游局对此高度重视，责令五台山风景区对照这次通报的突出问题，按照国家旅游局有关市场秩序工作整治方案，明确整改目标，细化整改方案，强化整改责任，限期完成整改任务。并将联合省住建、公安、工商、物价、宗教、文物、质监等部门和当地政府组成调查组，围绕突出问题，开展专项整改工作，进行现场督办，治理五台山风景区乱象。此外，山西省旅游局向全省 A 级旅游景区通报了相关情况，将全面启动全省 A 级景区环境秩序、服务管理等方面的检查、复核工作，实施 A 级景区动态管理和退出机制，对问题突出且整改不力的将做出警告、严重警告和摘牌处理。

五台山风景区被通报当时即表示，五台山景区诚恳地接受国家旅游局的处罚决定，也向国内外的游客表达歉意。国家旅游局暗访发现的问题主要出现在景区秩序以及服务上，"可能是我们还有一些服务和硬件的配备标准上不达标"。他们说，在接到警告处罚后，景区立即组织整改，初步计划在五一黄金周到来前，彻底整治完成。

3. 深入调研，负重整改

4 月 7 日，市委副书记、市长郑连生来到五台山风景区，调研督查景区整改工作情况。他强调，五台山风景区要自觉接受批评，认真进行整改，开展"当主人、树形象"活动，共同努力重树五台山 5A 级景区的良好形象。郑连生深入调研听取五台山风景区整改工作情况，提出七条整改意见：一是要充分认识到五台山的特殊地位；二是要自觉接受各方面的批评和监督；三是要正确评价近年来的工作；四是要切实把思想统一到整改工作上来；五是要真正把责任落实到具体人；六是要努力形成重树五台山风景区良好形象的强大合力；七是要主动接受督查和调查。要求五台山风景区政府和五台山管理局班子要按照"担当、明责、严谨、诚信、坚守”的原则，解决问题，搞好整改，推动五台山风景区各项工作迈上一个新的台阶。

4 月 10 日上午，五台山风景区召开旅游环境专项整治动员大会，市委副书记、市长郑连生，省旅游局局长冯建平，市委常委、副市长王士桦，市政府秘书长郭宝厚等出席会议。郑连生再次强调，要解决游客、部门、群众提出的问题，促进五台山旅游事业不断发展，必须坚持“六认”，躬身力行，进一步动员一切力量投入到五台山的专项整治活动中，尽快扭转被动局面，挽回损失，重塑形象。一是要认理，认清五台山和干部群众之间的相互依赖关系；二是要认账，对国家旅游局指出的问题和游客、群众反映的问题，要从自己身上找原因，通过自己的努力解决问题，赢得社会、媒体、游客、群众、僧众的好评；三是要认责，要主动承担起扭转被动局面，重塑五台山景区形象的责任；四是要认罚，自觉接受社会和媒体的批评和监督，把批评监督转化成做好工作的动力和行动；五是要认改，坚持问题导向，责任到人，层层落实；六是要认干，依法办事，建设法制景区，规范景区治理。之后，五台山风景区展开紧锣密鼓的整改行动。

期间，忻州市委市政府分别两次召开专题会议和市委常委会，集中研究并全面部署五台山景区旅游环境综合整治工作，郑连生等市领导先后 8 次率部深入景区进行现场督导。五台山风景区领导班子对 58 名责任单位的主要负责人进行了约谈，责成 22 名工作人员做出检查，下达整改建议书 60 份，就 260 多个问题督促责任单位限期整改。同时，面向全区发出了旅游环境全面整治的倡议书，各单位主要负责人在五台山电视台承诺表态，在五台山景区干部群众中发起了“当主人、树形象”活动。在为期三个月的整改期间，规范了旅游交通秩序，切实改善了景区环境卫生，通过明码标价等形式规范景区宾馆餐饮消费，打击违法违规行为，通过报纸、电视和新媒体平台加大对外宣传力度和发布景区信息，由被通报时的门票“滑坡”，实现了 7 月份进山门票同比 88.36% 的增长，成功扭转景区被动局面。①

---

① 中新网. 山西五台山遭警告游客减少多措施整改“拨云见日”［EB/OL］. http://www.chinanews.com/df/2015/08-05/7450035.shtml, 2015-08-05.

2015年10月9日，国家旅游局召开新闻发布会，通报近期5A级景区核查情况。经整改验收，撤销五台山风景区在内的4月被通报的9家5A级景区的警告处分，而因整改不力丽江、十三陵等6家5A景区被严重警告，山海关被取消5A资质。五台山风景区成功化解了通报事件带来的危机，同时利用整改契机，有效清除积弊，成功逆袭。

（三）应对成效分析

此次通报事件与“天价台蘑”事件仅相隔半年，其二者之间是否存在关联不得而知，但正是类似“天价台蘑”事件中的效能低下的回应才使景区问题日积月累致使通报事件的发生。相隔时间短，但危机治理成效差距甚大，此次应对与前者相比进步不小，成效显著。

首先，及时回应，高度重视。在受到通报后山西省地方政府及主管部门迅速高度重视，不论是山西省委省政府、旅游主管部门，还是风景区领导班子都高度重视，明确表示三个态度：一是认领处罚，二是认识错误，三是认真整改。并且从省委省政府做出指示，到省旅游局做出安排，再到地方政府深入调研拿出方案，整个过程环环相扣，措施贯彻落实到位，反应迅速，行动及时。诚恳的态度和务实的作风使公众看到了整改的决心，舆情的聚集也便很快过去，但这并不意味着危机已经化解，因为真正的整改成效才是交给公众和国家的最终答卷。

其次，细处着手，狠抓落实。当相关主体面临危机时最常见的做法无非两种，一种是回避，即没有相关部门出来主动回应，另一种与其说是回应不如说是无罪辩护，即千方百计找理由推脱责任。五台山风景区相关治理主体此次应对当中能够重视回应的同时，主动承担责任，并将存在的问题层层细化、责任明确，逐一整改，以实际行动来通过国家旅游局的复核来回应舆情诉求。以景区环境卫生整治为例，景区维修改造了五爷庙标准水厕，启用星级厕所和蓝洁士移动厕所45座，全天对外开放；新购置安装垃圾箱和垃圾桶650个，翻新垃圾箱180个；清理农村建筑材料44处、垃圾死角60余处；拆除违章建筑110平方米、临时建筑153处；清运生活垃圾12.5万方、建筑垃圾20万方；补植草坪14500多平方米，安装草坪护栏4000米，将措施落实到位。正是这样的狠抓落实，才使风景区能够通过国庆黄金周和国家旅游局的大考。

最后，开设渠道，开放沟通。国家旅游局对五台山风景区的暗访起因于游客的举报，由此可见之前的五台山风景区缺乏游客投诉渠道建设，通报事件后，风景区治理主体积极吸取教训，于2015年4月26日专门开设景区旅游咨询热线：400－0350236和投诉热线：400－0350226，积极听取游客和市民的意见和建议，另外还在官网中逐步开设了“政民互动”板块，设置部门信箱、投诉举报和建言献策栏目，网民可以随时参与到景区的治理当中。开放平台使游客和网民的诉求有了倾诉空间，从而使问题在萌发早期便得到解决，也使危机发生的风险从一开始就有效降低。

通报事件中的应对过程是近年来多起旅游网络舆情事件中的楷模，也说明五台山风景区治理主体在网络舆情应对方面的能力逐渐提升。

下篇 02

治理与创新

第八章

旅游网络舆情危机治理的政府责任

一、由危机管理到危机治理的理论变迁

（一）危机管理理论的发展历程

危机管理理论是企业管理发展过程中形成的基本理论，而公共危机是伴随政府管理实践的推进过程中，不断面临各种社会风险、自然风险而出现的新型管理领域。关于公共危机管理的界定也是仁者见仁，智者见智。中国人民大学危机管理研究中心的张成福教授认为，公共危机管理是一种有组织、有计划持续动态的管理过程，是政府针对潜在的或者当前的危机，在危机发展的不同阶段采取一系列的控制行动，以期有效地预防处理和消弭危机的过程。①

2003 年非典事件在我国发生后，才给我国公共危机管理领域敲响了警钟，推进了我国公共管理理论的研究和实践的探索。在公共危机管理过程中，政府往往充当管理主体角色，在面临严重的自然灾害、社会事件等导致社会偏离正常轨道等危机事件面前，没有哪个人或机构是可以单独应对的，关系到公共利益、社会稳定，同时其巨大的破坏力可以对政府的公信力造成巨大的冲击，政府往往会出面化解，也只有政府才能凭借自身的能力和所掌握的社会资源来应对公共危机。但是，当今公共危机处理的经验表明，当社会面临突发危机时，应对公共危机的主体却不可能仅仅是政府，社会个体、社会组织等社会中的其他主体也都是责无旁贷。从 2008 年的汶川大地震救援中可以看出，社会各界的

---

① 张成福．公共危机管理：全面整合的模式与中国的战略选择［J］．中国行政管理，2003（7）：7－9.

踊跃捐款捐物、自发组织的志愿者救护队伍给危机救援注入了新鲜的力量，才保证了灾区群众的损失降至最低点。由此可知，公共危机管理的主体应当是政府主导、公众参与的。

1. 公共危机管理阶段论

如何制定出完善的公共危机应对措施，必须先对公共危机及其管理有一个清楚的认识，不同的学者根据危机在不同时间段中所表现出来的特点，以及危机管理主体所采取的措施或者对策不同，而将公共危机管理划分为不同的阶段：

二阶段论。斯尼德和戴生（Snyderand Diesing）创建的“危机发展阶段理论”是研究危机的典范。他们将危机分为两个阶段：前危机阶段和危机阶段。

三阶段论。美国的努纳梅克（J. F. Nunamaker）1989 提出危机管理动态模式，将危机发展分为爆发前、爆发时及爆发后三个阶段，然后分别规划各阶段所需要的管理活动，并分别论述政府组织之作为。

四阶段论。将危机管理的全过程分为四个阶段，是比较流行、也是最为大众接受的分类方法。但是不同的研究人员根据各自的标准，提出了不同的四阶段论。罗伯特·希斯提出了危机管理的 4R 模型：减少（Reduction）、预备（Readiness）、反应（Response）、恢复（Recovery）。Coombs 也指出危机管理涉及的四个基本因素为：预防（Prevention）、准备（Preparation）、绩效（Preformance）、学习（Learn）。查尔斯和金（Charles and Kim）认为危机管理是一个四阶段的循环过程，这四个阶段分别是：事情爆发之前的疏缓阶段、事情爆发前的准备阶段、事情爆发中的回应阶段和事情爆发后的恢复阶段。芬克（Fink）也认为危机存在四种不同的发展阶段，分别是征兆期（Prodromal crisis stage）、爆发期（Acute crisis stage）、延续期（Chronic crisis stage）和解决期（Crisis resolution stage）。四阶段论主要是从组织或管理者的行为取向角度进行分析，阐述了组织行为分析框架，有利于最大限度地限制和避免公共危机的破坏和危害。

五阶段论。危机管理专家米特洛夫（Mitroff）从管理角度将危机分为五个阶段：信号侦测，侦测新的危机发生的警示信号并采取相应措施；探测和预防，组织成员搜寻已知的危机风险因素并尽力减少潜在的损害；控制损害，危机发生阶段，组织成员努力使其不影响组织运作的其他部分或外部环境；恢复阶段，尽可能快地让组织、社会从危机中恢复过来，修复正常的社会秩序和价值取向；学习阶段，组织成员回顾和审视危机管理措施，并整理归档建立档案库或数据库，并分析危机管理中的过失，使之成为今后动作的基础。

六阶段论。Turner 针对英国 1966 年至 1967 年间所发生的 Aberfan 煤矿废土倒塌事件，1968 年 Hixon 火车交通事故及 1974 年所发生的 Summerland 度假旅馆火灾事故等三大灾难的个案分析，将危机过程分为六个发展阶段：由概念上的错误开始，危机的潜伏期，事件的突发，开始蔓延，寻求救援及救助，整个文化的完全调适等六个阶段。细化危机的萌芽、产生、发展、消失、恢复等各个阶段，有利于决策过程中更加翔实、具体地部署工作，做好危机全过程管理。

（二）治理理论的出现

治理理论作为一个新的理论，虽然兴起时间不长，但受到了来自全球各个国际组织和学术机构的广泛关注，在政治学、管理学、行政学等学科领域中有大量著作涌现。

关于治理理论，外国学者和研究机构对它做了各种解释和定义，其中最具代表性和权威性的是全球治理委员会的。该委员会在 1995 年发表的一份题为《我们的全球伙伴关系》的研究报告中对治理做出了如下的界定：“治理是各种公共的或私人的个人和机构管理其共同事务的诸多方式的总和。它是使相互冲突的或不同的利益得以调和并且采取联合行动的持续过程。这既包括有权迫使人们服从的正式制度和规则，也包括各种人们同意或以为符合其利益的非正式的制度安排。”①

国内学者俞可平认为：“治理是指官方的或民间的公共管理组织在一个既定的范围内运用公共权威维持秩序，满足公众的需要。其目的是在各种不同的制度关系中运用权力去引导、控制和规范公民的各种活动，以最大限度地增进公共利益。所以，治理是一种公共管理活动和公共管理过程，它包括必要的公共权威、管理规则、治理机制和治理方式。”②

此处，综合各家的观点，对治理的概念做如下理解，即治理是指公共管理

---

① 全球治理委员会．我们的全球伙伴关系［M］．牛津大学出版社，1995：23.

② 俞可平．全球治理引论［J］．马克思主义与现实，2002（1）：22.

组织在法定权限范围内，运用自己的权威和公众赋予的权利，引导控制和规范公民个人或组织的行为活动，以最大限度地满足公众需要，增进公共利益，维护社会公平与稳定。

（三）由危机管理转向危机治理

1. 理念转变与契机

公共危机管理一般认为属于公共管理领域，是政府部门的一项职能，但是随着公共危机事件涉及领域的蔓延、发生频次的增高、造成损失的增大，越来越多的国家、组织、团体、企业和个人都参与到公共危机的应对当中来。公共危机应对主体的变化将公共危机的应对以管理为重心转向了以治理为中心，如何有效地应对危机、尽可能地将公共危机带来的损失降到最低不仅仅是各国政府或公共部门的职能，也成为与之利益相关的各国家、组织、团体及个人的共同诉求，于是公共危机治理时代到来了。

为了应对温室效应，减少二氧化碳的排放，世界各国联合签署了《京都议定书》，为了防止核武器扩散给人类带来灭顶灾难，一些大国率先签订了《不扩散核武器条约》，此外，大量由官方或民间组织如“绿色环保组织”“世界卫生组织”等为了共同应对公共危机而成立的组织共同承担起了维护人类安全的责任，这些意味着一些重大公共危机事件的应对已经走向了全球治理，而越来越多主体的参与，必将给公共危机治理增加不少胜算，而同时也给各国政府一臂之力。

我国公共危机管理理念真正转向治理还要从十八届三中全会开始，全会于2013年11月9日至12日在北京举行，“全会指出，全面深化改革的总目标是完善和发展中国特色社会主义制度，推进国家治理体系和治理能力现代化”，“创新社会治理体制，加快生态文明制度建设，深化国防和军队改革，加强和改善党对全面深化改革的领导”①。从十八大的“社会管理”到十八届三中全会的“社会治理”，俞可平认为社会管理的主体是公共权力部门，而社会治理既包含政府管理，也纳入了社会自治，“治理的主体是多元的，除了政府外，还包括企

① 新华社．中国共产党第十八届中央委员会第三次全体会议公报［EB/OL］．新华网，http：//news. xinhuanet. com/politics/2013 - 11/12/c_ 118113455. htm，2013 - 11 - 12.

业组织、社会组织和居民自治组织等。性质上治理可以是强制的，但更多是协商的，来源上除了法律外，还包括各种非国家强制的契约，而在权力运行的向度上，治理的权力可以是自上而下的，但更多是平行的”。

2. 公共危机管理向公共危机治理转变的意义

进入21世纪以来，世界范围内出现了一系列重大危机事件，无论是自然灾害、事故灾害、公共卫生事件还是社会安全事件都有发生。例如印度洋海啸事件、重大火车相撞事故、我国的SARS事件及美国911事件等。危机的频频出现，使得危机管理研究活动也如火如荼地展开，公共危机治理的重要性也越来越突现，其主要表现在以下几个方面。

第一，公共危机治理是全球化发展的必然要求。首先，全球化使得国家或组织不再局限在特定的环境中，而是全球范围内，危机产生的诱因必将增多，危机产生的可能性必将增大。随着经济一体化的发展及科技的进步，世界各地人员、组织、政府及物资在全球范围内流动，政治格局错综复杂，文化差异面临新的考验，这些都必然使危机产生的可能性增大。对于一个国家来说，必须面临日益增多的突发性危机事件所带来的挑战，才能使其适应新的全球化生存环境，才能立于不败之地。因而能否及时、有效地处理这些危机事件也直接关系到政府的公信力，影响到一国政治经济的稳定和发展，进而关系到国家政权的生死存亡。其次，全球化条件下，尤其是受到现代信息网络的冲击，危机的传播速度空前迅速。在全球化的大背景下，随着所面临的不确定因素增多，一些社会性的突发事件都带有泛化的特点。国际社会的某些突发性事件也会迅速波及和影响到国内社会。再次，全球化条件下，危机往往不再是单单影响到某一个国家或地区，其波及的范围必将更加广泛，从而导致危机治理过程也不单单是一个国家或地区的单独行动，而往往是受到影响的地区共同协调，一起推出应对措施才可以达到消除危机的效果。最后，全球化使得危机事件的影响力迅速扩大。可能本来是一个地区内的危机事件，却由于全球化政治、经济、文化环环相扣的特点，迅速发展成为一个全球的热点话题，那么危机的处理上也就更加棘手。

第二，公共危机治理是经济、行政改革的先行条件。随着经济全球化的发展，竞争不再局限在地区范围内，而是存在于整个世界范围内，不能融入世界将必然被世界所淘汰，而要想参与世界性竞争就必须进行经济改革。经济改革是一场坎坷漫长的旅途，其中充满了风险，同时经济基础决定的上层建筑也要进行一系列的跟进，只有行政改革与经济改革并行才能保证走在世界前列，但是这些改革必将给社会带来一定的风险和压力。由此可见，只有在保证公共危机治理活动可以顺利开展的前提下，才可以应对经济改革过程中出现的公共危机事件，也才可以保证社会秩序的井然有序。再者，加强公共危机治理是政府进一步转变其职能、提高政府效能的必然选择。政府职能理论认为，政府对危机事件进行治理，以保护公民的人身权与财产权，保卫国家安全，是政府义不容辞的责任，属于政府的基本职能。同时，在政府自身改革过程中，不论其内部还是外部都会出现一些或轻或重的危机事件，具备危机处理能力首先是政府机构自身改革的必备条件。另外，危机治理能力是政府职能的一个重要组成部分，随着政府改革的进行，政府危机治理职能的完善也是政府改革的一项重要任务，现代政府必须经得起随时可以出现的危机的考验，设置专门的危机处理机构，完善危机处理职能，全面提高危机应对能力，才可以保护公民的人身权与财产权，才可以保卫国家安全，才可以承担起应负的责任。

第三，公共危机治理是维持现代社会正常秩序的必要保障。现代社会可以影响到正常社会秩序的公共危机除了我们重点研究的旅游网络舆情危机外，根据公共危机的分类理论，还主要包括自然灾害、事故灾害、公共卫生事件、社会安全事件四大类。自然灾害主要包括水旱灾害、气象灾害、地震灾害、地质灾害、海洋灾害、生物灾害和森林火灾等。重大自然灾害是我国常见的危机类型，由于我国地域跨度比较大，而且各类气候相杂，灾害平均每年造成 1 万多人的死亡，2000 多亿元的经济损失。国家统计局最新发布的数据表明，2008 年各类自然灾害造成直接经济损失 11752 亿元，比上年增加 4 倍。其中，四川汶川地震造成直接经济损失 8451 亿元；事故灾难主要包括矿山类安全事故、交通运输事故、公共设施安全、环境污染等事故。由于一些人的不法谋利行为以及我国相关法律的不健全，一些煤矿安全事故频频发生，从而造成一些人员伤亡。例如 2007 年冬季雪灾造成火车停运，一些火车站出现拥塞现象，甚至一些地方还造成人员伤亡事故，由于中央和地方政府的高度介入和协调才使危机得以解除。公共卫生事件主要包括传染病疫情、食品安全和动物传染病等。这类危机的出现往往会造成很大范围的影响和损害。例如我国2003年的SRAS危机事件、2004年的禽流感事件以及2008年的手足口疫情，其中重者震撼全球，威胁到所有人类的生命安全，轻者也会造成一些生命和财产的损失。此类重大危机除了政府承担起主要的责任，其他任何个人和组织是起不到决定作用的，可见公共卫生危机治理也是很重要的。社会安全事件主要包括重大刑事案件、涉外突发事件、恐怖袭击事件、经济安全事件以及规模较大的群体性事件。这些类型的危机会严重威胁到社会的稳定和人民的生命财产安全，必须由政府出面处理。尽管我国经济正在逐渐转好，人民生活水平也不断提高，但是影响到国家安全和社会稳定的因素也是存在的，例如发生在2008年的上海袭警事件等。同时，国际上的恐怖活动也是有增无减，自从美国911事件以后，各国恐怖事件突现，国际安全已经成为联合国关注的重大问题。由此，无论是从国内还是从国际上说，政府提升自身社会安全事件危机的处理能力是十分必要的。

综上所述，自然灾害、事故灾害、公共卫生事件以及社会安全事件所带来的公共危机是一直存在的，而且受到现代化技术的影响，城市的各类危机往往具有辐射效应，人口集中、建筑物集中、生产经营集中的城市存在集中的危机，往往一个领域危机的发生会诱发其他领域新危机的出现。此外，网络的快速发展也使网络危机成为可能，由此公共危机处理能力的不断提高已是迫在眉睫。

二、旅游网络舆情危机治理中的政府角色变迁

（一）政府角色概念

在社会学中，社会角色指的是与人们的某种社会地位、身份相一致的一整套权利、义务的规范与行为模式，它是人们对具有特定身份的人的行为期望，它构成社会群体或组织的基础。政府在社会当中是一个具有法人资格的责任主体，所谓政府角色是指在社会系统当中，政府基于自身职能而形成的一整套权利、义务的规范与行为模式，虽然政府不属于自然人，但其同样具有自然人所拥有的人格化特征，即在社会中充当各种各样的角色。政府角色不同于行政学概念中的政府职能，但其角色基本是由政府的职能决定的。

（二）守夜人

西方的政府角色也是从对政府的职能进行定位的过程中得出的，自由主义

资本主义时期资本主义为了尽快发展壮大，尤其是要摆脱封建王权的干扰，主张政府不得干预社会，更不应该插手经济事务，这种理论认为市场自有的资源配置效率是最高的，政府应当充当“守夜人”的角色，限制政府权力是当时学者们的一致看法。

（三）全能政府

20 世纪 20 年代末到 30 年代初，西方资本主义矛盾已经非常突出，出现了大规模的经济危机，这一现实给了自由主义当头一击，市场失灵的出现使亚当·斯密那只“看不见的手”更无法找寻，经济出现大萧条，大规模的人口失业造成了巨大的社会问题。此时政府消极的“守夜人”不得不变“守”为“攻”，凯恩斯主义者趁势而起，他们认为政府是公共产品的提供者，就有必要对市场进行干预，尤其是当市场失灵时政府必须代替市场对经济体系中的一些关键要素进行调控，以促使市场恢复正常，同时保持经济的正常增长。罗斯福是凯恩斯主义的践行者，1933 年罗斯福当选美国总统后，推出了救济（Relief）、复兴（Recovery）和改革（Reform）的“3R”新政，制定了《紧急银行法令》《国家工业复兴法》《农业调整法》《社会保障法案》等法案，直接强化对市场和社会的干预，同时形成了美国的《社会保障法》，使社会底线人员得到最基本的保障，使美国迅速摆脱经济危机，进入新的增长周期。同时，各国也纷纷效仿美国，政府机构迅速膨胀，职能无限扩张，可以说政府的权力进入了全盛时期，此时的政府成为自认为无所不能的“全能政府”。

（四）有限政府

20 世纪 70 年代至 80 年代美国出现了高失业率和高通货膨胀率的滞胀现象，理论家们在分析原因时认为政府的过度干预，以及不合理的政策是形成滞胀的重要原因之一，因此就给了新自由主义兴起的机会，该流派不同于古典自由主义，不完全排斥政府的干预，但要求限制政府干预的同时尽量让市场机制充分发挥其作用，里根总统和撒切尔夫人在实践中是这一理论的掀起者，他们推行了一系列的“私有化运动”，以精简政府机构、提高政府效率、减少政府负担，特别是将企业的经验推行到政府领域，充分发挥社会部门在公共产品和服务方面的职能，将政府从乱无头绪的事务中解放出来，此时的政府角色也发生了变化。戴维·奥斯本、特德·盖布勒在其著作《改革政府》中提出了政府的十个定位，“起催化作用的政府——掌舵而不是划桨；社区拥有的政府——授权而不是服务；竞争性政府——把竞争机制注入到提供服务中去；有使命感的政府——改变照章办事的组织；讲究效果的政府——按效果而不是按投入拨款；受顾客驱使的政府——满足顾客的需要，不是官僚政治的需要；有事业心的政府——有收益而不浪费；有预见的政府——预防而不是治疗；分权的政府——从等级制到参与和协作；以市场为导向的政府——通过市场力量进行变革”①，可见此时的政府角色已定位为“有限型政府”。

（五）新公共服务政府

随着经济和社会的发展，出现了众多的社会问题，学者们关于政府的角色定位又有了新的思考，珍妮 V. 登哈特（Janet V. Denhardt）、罗伯特 B. 登哈特（Robert B. Denhardt）承认新公共管理在当代实践中发挥了重要的价值，但同时他们也发现了企业家政府理论在公共服务和公共产品提供中固有的不足和缺陷，他们共同写作了《新公共服务：服务，而不是掌舵》这本专著，提出鲜明的观点对新公共管理进行批判，主要内容为（1）服务于公民，而不是服务于顾客；（2）追求公共利益；（3）重视公民权胜过重视企业家精神；（4）思考要具有战略性，行动要具有民主性；（5）承认责任并不简单；（6）服务，而不是掌舵；（7）重视人，而不只是重视生产率。② 那么基于登哈特的理论定位的政府应当是“新公共服务政府”。

（六）服务型政府

社会主义改造完成之后到改革开放前，计划经济体制之下社会各部门都属于政府的附属机构，“一穷二白”的现实条件以及共产主义的伟大理想共同作用之下要求我国必须以高度的集体化和中央集权来迅速构建工业化基础，当然这一目标也得以实现，却同时带来了许多其他衍生物。改革开放后，尤其是社会主义市场经济体制建立后政府开始了职能的逐步转型，从一个全能型政府逐渐向下分权，向社会放权。服务型政府理论的提出标志着我国政府职能转变和角

① ［美］戴维·奥斯本，特德·盖布勒．改革政府［M］．上海：上海译文出版社，2006.

② ［美］Janet V. Denhardt，Robert B. Denhardt. 新公共服务：服务，而不是掌舵［M］．丁煌译，北京：中国人民大学出版社，2004.

色定位进入了一个崭新的阶段，而十八大之后法治型政府建设目标的确立使这一角色更加清晰，即依法行政的“服务型政府”。

那么，从“守夜人”到“服务型政府”，政府角色在不同时期因时因地进行角色转换，当今网络社会已逐步形成，在面对日益多发的网络危机时政府又会呈现出一些具体的角色，当然社会学中讲到社会主体的角色并非单一的，那么分析清政府在旅游网络舆情危机治理中的角色定位，更有利于我们认清其承担的各项责任，有利于危机治理的实施。

三、旅游网络舆情危机治理中的政府角色及责任定位

依据旅游网络舆情危机中的政府行为、政府责任以及权利、义务关系，结合我国服务型政府的基本价值定位，政府在旅游网络舆情危机中应当具备危机诉求回应者、危机治理主导者、危机影响承载者、危机秩序重构者和危机后果消除者多个角色，具体如下：

（一）危机诉求回应者

旅游网络舆情危机起于旅游热点事件舆情，而一旦舆情生成其必然包含着网友或其他社会主体的诉求，甚至是相当一部分人都关注的公共诉求。公共诉求是社会当中一部分人的需求，如果需求不能得到满足就很有可能演化为公共问题，而当公共诉求变为公共问题时政府就必须将其提上政策议程，专门出台相关政策制度加以解决。如果公共诉求在传播过程中得到良好的回应并加以解决，那么，就不会演化为公共问题，也无需政府花费过多的时间和精力去解决，同时，危机诉求的回应本身就是危机治理的第一步，因此政府首先应当充任危机诉求回应者的角色。

（二）危机治理主导者

通过前文所知旅游网络舆情危机过程中会出现多个参与主体，而危机的治理也主张多方参与，但这并不代表这种参与是自发、无序或乱序的，政府也不应当是一个单纯的参与者，而是治理的主导者，即为各方主体参与治理提供良好的环境、条件、物资等支持，积极主动地承担起多方治理主体中的核心角色。从宏观职能来讲，政府本身就是公共服务和公共产品的提供者，其有责任也有义务为其他主体提供相关的服务和设施。从微观职能来看，政府又是市场中的

主体之一，其本身也参与到市场活动当中来，而且就我国目前的情况来看政府在市场中占有的比重还比较大，因此，不管旅游网络舆情危机中政府是否直接涉及，其有为社会构建一个安全、稳定环境的责任和义务，不同于企业和其他组织的志愿性，其治理主导者的角色是不可或缺的。

（三）危机影响承载者

旅游网络舆情危机多种多样，有涉及政府部门的，也有不涉及的，但通常来讲任何一次危机都与政府脱不了关系。首先抛开危机冲击网络秩序和社会稳定不说，仅从网民对政府解决问题的诉求来讲，政府作为公共服务的提供者就必须主动承担起相关责任。多个案例表明，当危机形成时网民就将舆论的矛头直指政府，在网民的认知当中，不管是旅游市场监管不到位、旅游环境不好，还是旅游治安不稳定，最终都归于政府责任履行不到位。以“青岛大虾事件”为例，一个私营店铺的不规范收费最后上升到“好客山东”形象的毁灭，当地经营多年的旅游形象毁于一旦，从而使政府成为消极影响的承载者。认清这点，也就给政府部门积极应对旅游网络舆情危机提供了依据和动力。

（四）危机秩序重构者

旅游网络舆情危机的发生意味着秩序的错乱，秩序既包括网络秩序也包括社会秩序，秩序错乱意味着不稳定状态的出现，这一问题不是私人关注的问题，也不可能成为其他组织关注的对象，只有政府应当承担起维持公共秩序这一责任。网络社会秩序是社会秩序的重要组成部分，而社会稳定需要网络稳定做补充，已经有学者对网络引起的社会群体性事件做过许多研究，网络与现实联动已经成为群体性事件的重要特征。在此基础之上，如何对秩序进行重构成为政府职能中的重要内容，政府应对旅游网络舆情的能力也将成为其施政考核的一部分。

（五）危机后果消除者

任何一次危机发生后都不会有受益者，而危机又是社会各主体无意识行为推动之下形成的，是诸多因素共同作用的结果，因此其产生的消极后果不是能通过处罚某一个人或组织而弥补的。危机后果的消除是危机治理的重要组成部分，也是消除后续影响的关键，而政府是能够承担这一责任的唯一可能、合法、合理的主体，因此旅游网络舆情危机治理当中政府应当承当起危机后果消除者的角色。

第九章

旅游网络舆情危机治理的政府回应力

据中国互联网信息中心发布的第37次《中国互联网络发展状况统计报告》显示，中国网民规模达6.88亿，互联网普及率为50.3%，其中手机网民规模就达6.2亿。手机的普及，网络媒介的多样化，使得传统的信息传播方式如报纸、书刊等受到新兴信息传播方式的猛烈冲击。新媒体如微博、微信、论坛、博客的出现成为个体表达自身利益诉求的主要渠道，它将授予普通民众更多的话语权。民众将自己自身的经历发布到微博、微信等社交网络中引起网友注意或共鸣，经过广泛的讨论之后，这一经历便很可能成为热点事件从而得到更多人的关注。

但是因为相关网络社交平台本身的虚拟性造成的信息真实度较低，在同样作为新兴产业的旅游业市场中，一旦旅游网络舆情发生，依靠传统媒介传播的政府工作人员难以及时掌握舆情发生的动态、获得事件演变发展的相关信息。对旅游网络舆情危机的处理迟缓，政府工作人员在应对时由于缺乏相关网络舆情危机处理意识或担心因此承担责任而出现集体噤声，这样就在普通大众心中留下了政府不作为的形象，给当地的旅游业造成了不良影响。在人人都是主角的自媒体时代背景下，政府要做的是掌握自媒体时代网络媒介的传播过程、特点和规律，总结政府应对网络舆情的技巧，及时消除民众心中的误解，维护地区旅游形象。

一、旅游网络舆情危机中政府回应力的重要性

从公共管理的角度上来说，学者陈杰认为政府回应是指政府在公共管理中，对社会公众提出的各种需求和问题做出及时反应和回复的过程。政府回应是政

府与普通民众之间沟通必不可少的部分。在与民众沟通的过程中，政府的回应力直接体现在政府对民众所提出的诉求做出及时反馈的能力，其是政府责任担当的体现，也是政府化解旅游网络舆情危机的关键。在旅游网络舆情危机的处理过程中，政府回应力的主要目的为通过网络创建与公众互动的交流平台，满足民众利益诉求，解决旅游地区问题，以达到社会的和谐和地区形象的美化。

第一，提高政府回应力体现了政府“以人为本”的本质要求，有利于实现政府与公众的良性互动，维护地区旅游形象。以人为本的本质要求政府的职能向服务型政府方向转变，托克维尔在《论美国的民主》中曾指出：“美国人民之所以服从法律，不仅因为法律是他们自己制定的，而且因为当法律偶尔损害他们时他们也可以修订。”① 从政治学的角度上来讲，这就体现了一个国家以人为本的理念。对政府而言，能否坚持以人为本的服务型政府理念，不断提升政府回应力，将在很大程度上决定着当地旅游地区政府打造的城市形象的前途和命运。只有坚持以人为本的服务型政府理念，通过规范旅游市场秩序，使市场提供优质的产品、服务，才能使游客感受到当地的城市魅力，从而打造地区城市名片，促进当地旅游产业的长远发展。

第二，提高政府回应力有利于政府面对复杂的网络环境时加强其应变能力。在旅游网络舆情危机发生后，面对声势浩大的媒体和普通民众的质疑，个别公共部门更多的表现是以各种理由推诿责任或拒绝回应。根据沉默的螺旋定律②，一方的失语会壮大另一方的声势。如果政府不提高自己的回应力，及时澄清相关事件，解答公众质疑，就错过了控制旅游网络舆情危机最佳的时机。

第三，提高政府回应力有利于避免民众被特殊利益集团掌控和利用。当前我国的网民数量虽多，但网民的素质却良莠不齐。在自媒体时代，他们广泛参与各种论坛、微博、微信等社交平台讨论热点事件，但他们鉴别信息真伪的能力有所欠缺，在汹涌而来的信息面前缺乏冷静的思考和判断，便很容易受到网络媒体的舆论误导。这些网络媒体或者是为了博取点击量，或者为少数利益集

① ［美］托克维尔．论美国的民主［M］．北京：商务印书馆，1988：57－59.

② 沉默的螺旋定律：由伊丽莎白·诺尔－诺依曼在《沉默的螺旋：舆论——我们的社会皮肤》一书中提出，大致意思为意见一方的沉默造成另一方意见的增势，如此循环往复，便形成一方的声音越来越强大，另一方越来越沉默下去的螺旋发展过程。

团服务，通过散布虚假信息和非理性观点引导民众舆论，使政府部门面临压力，以片面的观点维护少数利益集团的利益，从而损害了最广大人民的公共利益。

二、典型案例中的政府回应力分析

（一）分析方案设计

主要采用案例分析的方法，以青岛大虾事件为例，通过相关新闻材料还原青岛大虾事件引起的舆论形势进展情况，并就这一旅游网络舆情事件在新浪微博热点话题评论数中变化最为明显的五天内网友对该事件评论的评论数，分析青岛大虾事件中政府应对旅游网络舆情危机的回应力问题，同时根据这一事件的演变和发展，找出政府在应对旅游网络舆情危机回应时存在的相关问题，并为政府在应对旅游网络舆情危机回应时应采取的办法和对策提出相关可行性的建议。

（二）青岛大虾事件中的政府回应力

1. 事件概述

2015 年 10 月 4 日，四川的肖先生在青岛旅游后去青岛市乐陵路一家饭店消费期间点了活虾、贝壳、螃蟹，还有烧饼、豆腐和一扎啤酒。结账时发现自己消费了 1338 元，其中一只大虾竟然消费了 38 元。肖先生报警后辖区民警称此事属价格纠纷，归物价局管，随即物价局又表示当时为放假期间，建议肖先生找警察协调解决。10 月 5 日此事经新浪微博披露引起了网友广泛的关注。10 月 6 日青岛市物价局通报称对涉事店家做出了 9 万元罚款的行政处罚决定。10 月 7 日，涉事店主跑路。青岛市市北区市场监督管理局、市北区物价局、市北区旅游局联合发布《关于“善德成烧烤店宰客”处理情况的通报》，声明对在市场监管方面监管不足进行道歉。10 月 8 日，事件变成了对“好客山东”的调侃，并在国内外引起了网民的广泛关注。

2. 旅游网络舆情危机中政府回应力情况

从图 9 - 1 看“青岛大虾”话题微博评论数表中可以大致将此次青岛大虾事件这一旅游网络舆情危机分为四个阶段：

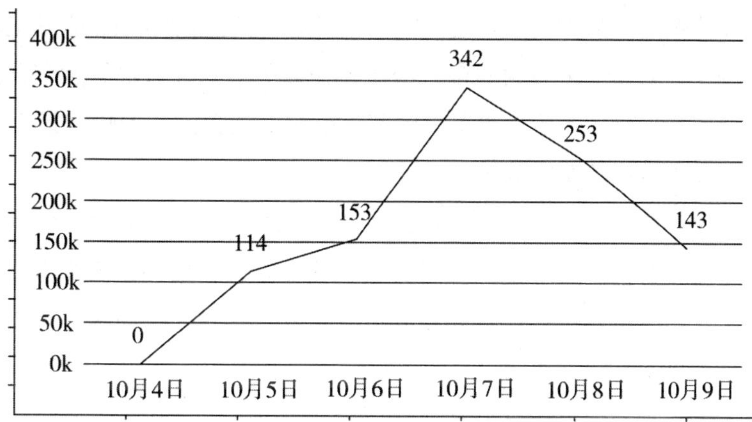

图9－1 青岛大虾事件新浪微博评论数趋势

第一阶段：旅游网络舆情的酝酿阶段。自2015年10月5日肖先生将自己吃的38元大虾经历发布到微博上时，此次话题的微博评论数升至11.4万人，话题经过数小时的发酵，迅速引起了网民的广泛关注。此时政府各部门正值节假日期间，对舆情的高涨并没有察觉，回应相当有限。

第二阶段：旅游网络舆情的发酵阶段。10月6日，网友评论数上升到15.3万，较5日增加了近4万评论，而此时青岛市物价局官方微博通报称该烧烤店涉嫌误导消费者消费，并对涉事商家予以立案处理。此时政府主体在一定程度上对民众做出了回应，但对游客被侵权的问题处理上尚无实质性进展，导致舆情继续演化。这阶段中政府的回应力对舆情的平息并没有取得明显效果。

第三阶段：旅游网络舆情发展到顶峰，演化为旅游网络舆情危机。10月7日，青岛市市场监督管理局、物价局、旅游局联合发布《关于"善德成烧烤店宰客"处理情况的通报》，通报称善德成烧烤店涉嫌价格欺诈，损害了消费者权益，并就市场的监管失位对相关消费者进行道歉。但网传涉事店主已跑路，游客肖先生并没有得到涉事店主的道歉和赔偿。此时网友的评论迅速蹿升至34.2万，网络舆情达到顶峰，各种调侃青岛市的网络段子层出不穷。这个阶段政府部门对主要事件进行了及时处理，但舆情危机态势并未终止，反而呈现反弹趋势，回应效果有限。

第四阶段：舆情走向平淡，淡出公众视野。10月8日和10月9日，新浪微博的网友评论数开始从34.2万降至14.3万，网友纷纷吐槽在山东省其他城市吃海鲜的“被宰”经历，并且由青岛大虾旅游网络舆情危机引发了山东省其他城市次生旅游舆情危机的产生，青岛大虾事件引起的旅游网络舆情危机已上升到对整个山东省旅游形象造成破坏。

总的来说，在整个青岛大虾事件的酝酿、发酵、顶峰阶段青岛市相关治理主体虽然采取了一些实际措施，使现实事件及时得到平息，但有限的回应力尚不能满足公众的舆情诉求，进而采取及时、有效的办法去引导舆情，使事件的负面影响不断扩大。

（三）旅游网络舆情危机中政府回应力不足的原因

在此次青岛大虾旅游网络舆情危机中，虽然当地旅游地区政府通过发布微博主动向消费者道歉并事后要求涉事店主向游客肖先生给予相关赔偿，但从总体上来说，此次青岛大虾事件旅游网络舆情危机中政府回应时间以及回应过程中还存在着诸多有待改进之处，主要原因体现在以下几个方面：

1. 部门职能重叠，回应责任不明确

从青岛大虾事件的叙述中可以看出，游客肖先生在被店家欺骗消费得知一只大虾需要38元时曾选择报警。但因为民警和物价局在行政职能上的重叠使得肖先生作为一名外地游客的消费权益得不到及时保障。行政职能的交叉导致责任的不明确，使得相关主体及其工作人员不能形成有效的回应责任感知，因此部门之间应当设立协调配合机制，保证政府的管理活动协调运转。

2. 民众缺乏表达自身诉求的多样化渠道

在网络出现之前我国民众主要通过以下渠道表达自身利益诉求：一是人民通过选举产生人大代表。人大代表秉着对人民负责的原则通过集中民众意愿来向政府提出质询来表达民众的诉求。二是群众通过上访的形式向有关部门反映相关问题。三是通过举行听证会、新闻发布会、设立首长信箱等形式与民众进行沟通。然而现今这些传统民意表达渠道的效果并不让人满意。相当一部分民意表达渠道因为程序烦琐而流于形式。同时，接待信访群众的办事效率普遍偏低。常规的民意表达渠道出现了种种不畅，从而导致了网络舆情事件的不断出现。以青岛大虾事件为例，正是由于肖先生通过常规的渠道难以维护自身合法的消费者权益，从而通过发布微博的方式讲述自己遭遇，维护自身权益。

3. 旅游治理主体缺乏旅游网络舆情预警意识

从青岛大虾事件中可以看到，自 10 月 5 日青岛大虾事件在微博上曝光后，经过了整整一天的发酵，在微博评论数达到第一个小高峰时，青岛市相关官微才发布信息称对相关涉事商家予以立案处理，缺乏旅游网络舆情危机意识使得相关部门和工作人员不能在旅游网络舆情危机发生初期及时地代表政府做出回应，从而导致舆情危机的进一步恶化。

4. 治理主体回应制度有待完善

从整个青岛大虾事件全过程可以发现，相关部门在应对旅游网络舆情危机时没有较为成熟的回应制度，对旅游网络舆情危机的处理并不是十分及时，在应对网络舆情的过程中，部门之间以及部门与社会媒体之间缺乏有效的合作和互动交流，旅游主管部门只有了解和把握社会媒体的话语特点，了解公众的现实需求，才能够在面对舆情危机时做到有的放矢。

5. 治理主体对自媒体时代的舆情传播规律认识不足

自媒体时代的今天，微博、微信、论坛等社交平台不同于传统媒体，官方为主导的格局受到冲击，在社交平台中每个人都可通过社交工具发表自己对于某一事件的看法，无形之中舆论的力量因公众的参与而变得极其强大。以青岛大虾事件为例，治理主体在回应过程中的反应迟缓，回应内容过于官方、僵硬，其原因在于相关工作人员缺乏对自媒体时代信息传播规律的认识，忽视了网络公众舆论的强大力量和话语特点。而正是由于网络信息传播匿名性的特点，网民的身份难以确定，可以通过微博畅所欲言地表达对热点事件的看法，从而在客观上推动了网络舆情的发展。在青岛大虾事件中，正是因为此次事件中网友的众多评论，才使得微博中青岛大虾话题的访问量达到十多万条之多，从而引起了相关部门的高度重视。

6. 处罚决定落实缺乏后续反馈

从此次青岛大虾事件政府的回应过程中可以看到，在物价局做出 9 万元的处罚决定后，涉事店主已经跑路，而游客肖先生并没有收到来自店家的赔偿和道歉，旅游消费者的权益没有得到及时的保障，这是旅游网络舆情危机达到顶峰的又一原因，也是本次旅游网络舆情危机政府回应力低下的直接表现。

三、旅游网络舆情危机治理中政府回应力的提升策略

（一）加强政府在旅游网络舆情危机产生前的监测

在信息爆炸的情况下，有必要利用技术手段实现对有害信息进行防控和对网民进行有效管理，提高对有关旅游舆情事件关键词的关注度，对与政府相关的旅游热点事件予以重点聚集。同时建立旅游网络舆情的快速响应机制，与社会公众媒体如微博、微信等社交平台合作，将网上反映的热点事件及网民情绪迅速反馈给相关部门，以便决策者对网络旅游舆情予以高度重视，及时采取相应措施，精准回应公众舆论，有效维护地区旅游形象。

（二）旅游网络舆情危机发生时政府的回应策略

1. 提高政府反应速度

政府在旅游网络舆情危机发生后，要做到以下几点：

首先，注重与网民的沟通。政府部门可以通过政务微博、公众微信号等平台及时关注舆情动态和热点，及时发布和更新与民众切身权益相关的信息，遏制舆情危机的发展势头，增加政府信息公开的透明度。同时选取网民代表与政府相关职能部门人员定期沟通，对涉及的游客相关消费权益的问题耐心解释并尽力解决。

其次，建立政府和社会网络公众媒体平台的沟通渠道。一方面网络媒体发挥了对政府进行舆论监督的功能，另一方面，网络媒体又可以帮助政府了解舆情的高涨程度，当旅游网络舆情发生时，政府可以通过网络媒体向公众透露相关事件发展的细节，针对网民的质疑予以答复，及时引导公众情绪，从而有效化解旅游网络舆情危机。

第三，加强对网络信息用户的管理。自媒体时代人人都有发言权，但并非人人所述的都是事实。面对代表少数利益集团的网络谣言，主管部门要依法管网、治网，积极倡导实名制，着力改善网络舆情环境，净化网络空间。

2. 重视网民对政府回应后的反馈

政府对网民反馈的重视并不是一句空话，而是要落到实处。就政府如何处理因当地旅游市场中店家的消费欺诈行为引起的旅游网络舆情危机而言，政府可以借鉴电子商务在反馈评价体系建设中的相关经验，建立当地旅游市场店铺

网络评价反馈体系。建立店铺网络评价体系有利于营造公平、公正的旅游市场消费环境，有利于提振游客的消费信心，从而最大限度地提高政府面对旅游网络舆情危机的回应力。建立当地旅游市场店铺网络评价体系可以从以下几个步骤展开：一是工商局将当地拥有店铺经营许可证旅游市场店铺详细记录，对没有店铺经营许可证的商家责令其整改；二是建立当地旅游市场店铺网络评价平台，并在平台中显示每个店铺及其相关信息如食品采购来源、相关商品价格等；三是游客或消费者凭借店家出具的发票可以在物价局官网下的店铺评价平台对店铺进行评价。评价可以分为优、良、差三种类型，将店家的差评次数标注在显眼位置，并根据游客对店家的评价累积其信用度；四是如果店铺出现差评，工商局、物价局、旅游网络警察支队可根据游客反映的情况对涉事店家进行相关合法调查取证。若出现侵犯游客权益事件可根据事件的恶劣程度依法对涉事商家予以相关处罚或吊销其营业许可证。

3. 加强政府各部门之间行动的协调程度

在旅游网络舆情危机发生时，政府各部门的协调程度对危机的及时解决具有至关重要的作用。由于旅游网络舆情危机具有突发性的特点，政府部门在面对公众舆情的讨论中如何迅速反应，快速做出决策解决民众反映的实际问题，从而维护自身政府的公信力以及当地旅游市场的信誉十分关键。如果政府各部门之间能够统筹安排，协调行动，就能更为灵活、更好地促进危机的解决。重要旅游地区可以建立一支专门解决当地旅游市场秩序混乱问题的旅游网络警察支队。建立旅游网络警察支队有其客观的依据：

第一，游客在消费的过程中权益受到不法商家侵害后第一反应是找警察，然而很多的情况下派出所的民警却处理不了。以青岛大虾为例，38 元一只大虾明显属于交易欺诈的行为，而交易欺诈的行为从公安办案的角度上来说属经侦部门处理范围，并且经侦部门需要进行调查取证才能决定案件的性质，案件处理的时间较长，而一般游客的游览时间紧，自身权益很难得到及时的维护，最后往往选择不了了之，这就助长了不法商家的侥幸心理。旅游网络警察支队融合刑警、治安部门、经侦部门等多个警种，并设立旅游报警专线电话，在游客权益遭受损害时，旅游警察支队各成员协调合作，及时取证，在最短的时间内解决消费纠纷问题，维护游客权益。

第二，在对网络舆情的回应问题上，相比于物价局的通报，旅游网络警察支队对网络民众的回应更有说服力。在处理游客消费纠纷的问题上，旅游网络警察往往处在事件调查的第一线，能够及时公开消费纠纷事件的具体细节，及时对不法商家进行相应处罚，赔偿游客损失。同时能够避免网民听信未经证实的谣言而质疑政府部门的不作为，从而导致网络舆情危机进一步扩大。

（三）旅游网络舆情危机后期政府提高回应力策略

旅游网络舆情危机后期事件已慢慢淡出公众的视野，政府部门此时面临的舆论压力较小，此时政府提高回应力策略的重心主要集中在政府对旅游网络舆情回应过程中行为的总结以及政府事后对回应制度的反思与完善上来。

1. 总结回应过程中存在的不足

总结在对旅游网络舆情回应过程中存在的不足是改进政府网络管理意识的体现，是建设服务型政府、提高政府公共管理水平的关键一步。政府在对相关回应过程中存在的问题进行分析、存档，并制作成典型案例不仅可以为政府在对网络舆情危机的回应过程中积累宝贵的经验，而且可以为其他旅游城市提供学习的范本。总的来说，应就以下内容进行总结：

第一，是否及时更新政府门户网站相关信息。政府门户网站不仅包括政府的官方网站，而且还包括了政府在公众社交平台的窗口，如官方微博、官方微信等代表政府声音的平台。及时更新政府门户网站信息需要政府招聘互联网技术型人才，加强政府信息相关网站的建设，加强与社交平台的合作，及时监测当地旅游热点事件中网友的评论数，并及时做出回应。

第二，政府工作人员在回应过程中的回应行为是否能让公众满意。在政府回应公众舆情的过程中，不少公务员在回应过程中由于缺少相关培训和危机管理的意识，在回应过程中表现慌乱甚至集体噤声，这样的行为严重地影响了政府的公信力。因此，加强对公务员队伍网络相关知识技能的培训，借鉴企业危机管理的方法，聘请危机管理方面的学者专家作为顾问对政府相关工作人员阐述旅游网络舆情危机的概念、传播规律和传播特点，使工作人员在回应旅游网络舆情的过程中表现得更为沉稳、干练，从而维护政府的公信力以及地区的旅游形象。

2. 反思与完善政府的回应制度

自媒体时代政府回应制度的建立与完善是一个不断循环向上的过程，也是一个反思的过程，这需要将政府的回应制度与部门间的问责机制以及绩效考核机制相挂钩，才能保证制度设计能贯彻到制度的具体运行当中。具体体现为：

第一，政府的回应力是否与其绩效考评制度紧密结合。将政府回应力与政府的绩效考评结果相挂钩，对网络职能部门中的相关工作人员进行绩效考核，借鉴企业平衡计分卡的绩效考评方法，通过创新政府工作服务平台、政府工作人员工作方法，同时优化政府内部的对外回应流程，最终实现政府回应力的全面提升。

第二，行政问责是否落实到位。严格行政问责程序，明确问责主体，对回应缺失、回应迟钝等情况进行问责，同时注重民众的参与，使政府官员改变以往对旅游网络舆情“头痛医头，脚痛医脚”的做法，不再等到旅游网络舆情发展到非回应不可时才仓促做出回应，敷衍了事。

第三，政府各部门对制度的执行能否得到群众的满意。从政府的角度上来说，政府各部门对制度的执行目的在于如何在最短的时间内接收到舆情信息并对网络民众的相关问题进行答复并解决，最终化解旅游网络舆情危机，这就需要政府具备强大的信息数据处理能力。利用云计算的数据库提高政府部门对数据的处理能力，通过提升政府处理信息的效率来提高政府的回应效力，改变以往政府部门处理旅游网络舆情时依靠经验、直觉的做法，从大数据中分析民众的意愿和需求，从而使政府的回应内容更为具体，最终也更好地维护了城市的旅游城市形象。

总的来说，旅游网络舆情危机出现的根源在于当地旅游消费市场的混乱，政府在应对旅游网络舆情危机事件时，不仅要在网上回应公众的质疑，还应做出实际行动解决游客与当地商家的消费纠纷，保障外地游客的权益。

第十章

网络舆情危机中的政府公信力——“塔西佗陷阱”及其治理

一、网络时代“塔西佗陷阱”的概述

（一）“塔西佗陷阱”的由来

普布里乌斯·克奈里乌斯·塔西佗（Publius Cornelius Tacitus）是古罗马时期的政务官同时也是伟大的历史学家，其在《历史》一书中提到“一旦皇帝成了人们憎恨的对象，他做的好事和坏事就同样会引起人们对他的厌恶”①。在当代社会，当政府的权力失去公信力后，政府将陷入一种进退两难、因小失大的信任危机中，从而给社会带来负面影响。这个观点在实践中不断被检验证明其合理性地位，被西方政治学定义为“塔西佗陷阱”。

中国社会科学研究所在2015年12月《社会心态蓝皮书》的发布会上指出只有55%的受访者相信党政机关，不到60%，未达及格线，可见政府在民众心目中的信用出现警报。② 习近平总书记在兰考县委常委扩大会上的讲话中也提到了这一观点，强调共产党和政府要与人民群众保持密切的联系，赢得广大人民群众的支持与信任，避免陷入“塔西佗陷阱”。

（二）“塔西佗陷阱”与政府公信力

对于公信力最早的研究始于西方传播学领域，指的是对于某件事拥有说明、责任和接受公众质询的义务。而将公信力与政府紧密联系到一起的是社会契约

---

① ［古罗马］普布里乌斯·克奈里乌斯·塔西佗．历史［M］．王以铸，崔妙因译．北京：商务印书馆，1981：16.

② 崔岩．社科院发布2016年《社会蓝皮书》［DB/OL］．http：//www. yjbys. com/news/411253. html，2015－12－25.

论者对于政府的起源所做的假设，他们认为政府之所以可以存在是因为民众将自己所拥有的权利交给政府让其管理以保障自己的生活更加便利，所以政府为了巩固自身的地位，做好一个代理人的身份，就必须通过履行契约，强化公共职能，来提升公众对自身的信任。因此，民众对政府的信赖以及政府对民众的信誉一起组成了政府公信力的最根本的内容，信赖和信誉在民众和政府中维持着动态的平衡。通常上讲，政府公信力是民众对政府执行其职责时的一种政治认可，是政府长时间形成的影响力和权威性在民众内心的表达。具体表现为民众对政府行为的信赖度和满意度，而此刻讨论的“塔西佗陷阱”则是相对于政府公信力的一种狭义的定义，即“塔西佗陷阱”只包括民众对政府的信赖程度以及政府活动对民众的信誉程度，而政府公信力所包含的民众对政府活动的满意度则不包含在内。

（三）网络时代“塔西佗陷阱”治理的重要性和必要性

在中国互联网信息中心发布的第37次《中国互联网络发展状况统计报告》中显示，截止到2015年12月，我国的网民达6.88亿，互联网的普及率也达到50.3%，2015年新增了3951万网民，增长率为6.1%，较2014年提升了1.1%。① 这一系列数据表明了我国已成为世界上新媒体用户的第一大国，科技的发展、互联网的进步使得网络成为人们日常生活必不可少的一部分。同时，互联网依靠日益强大的科学技术，使得其领域延伸到人们日常生活的方方面面，无论是国家政策，重大灾情，还是社会救助、公民权益等各方面领域的社会热点和新闻事件都在新媒体上有着不同程度上的反映。时至今日，网络已成为人们了解家国大事、小事的重要载体，其抛去旧媒体单方面输出的弱点，使人们能与媒体进行互动，表达自己的看法，从而加强了信息之间的传播和沟通。如若运用好，将会大大提高政府的效率和质量以及公众对政府的信任，利于促进社会的和谐发展。

受我国两千多年封建专制制度的影响，官本位思想根深蒂固，政府行为不透明，监督机制流于形式的情况仍然存在。互联网出现后，政府行为最大限度

① 中国互联网信息中心．中国互联网络发展状况统计报告［DB/OL］．http：//cnnic.cn/gywm/xwzx/rdxw/2015/201601/t20160122_53283.htm，2016-01-22.

的曝光在公众的视线中，但部分政府机关缺乏危机意识，不能够适应网络环境下的新特点，甚至使用老旧的“封”“堵”“截”模式，使得问题非但无法得到处理，而且有可能进一步激化。因此，网络背景下公众对政府面对一些突发事件时的行为，会产生更多的舆情，如果不能够科学合理地进行引导，长期下去政府有可能会陷入“塔西佗陷阱”，不利于社会的稳定和发展。

二、政府公信力危机：“塔西佗陷阱”的形成及治理成效

（一）网络背景下“塔西佗陷阱”的表现

1. 意见“一边倒”

网络意见的表达不是由多数决定少数而是由少数意见领袖支配多数，易受“群体极化”的影响。所谓“群体极化”是指“在网络和新的传播技术领域里，志同道合的团体会彼此进行沟通讨论，到最后他们的想法和原先一样，只是形式上变得更极端了”。① 网络是由代表不同阶级、不同利益的小团队构成，团队的内部有着较高的认同感，但团队之间的认同感较低甚至会出现互相反对的现象。因此网络上的信息会经过团队之间的筛选，从而使具有不同经验、不同层面的人之间缺乏交流的渠道，造成政府的正面回应与负面舆论在对抗中，人们常常相信负面舆论，所以负面舆论一旦出现，少数意见领袖总能通过一些煽动性的语言将负面舆论推向极端，而对于民众来说，从众心理使其更易受煽动性言论的影响，使得负面舆论从此被定格，出现意见“一边倒”的现象。

2. 惯性归责

当网络曝出某社会问题时，大多数民众不会立即去判断事情的真伪或者前因后果，而是将问题归结为官员在其位不谋其政，贪污受贿，政策问题等，从而掀起公众对政府机关批判的巨大浪潮。例如 2015 年 8 月初的平度李树荣事件，民众仅凭一条微博就将老人的不幸归责为平度官方低保政策不力且要求彻查私卖老人土地一事而不去探究发帖内容的真实性以及造成该事件的前因后果，最终导致初期平度官方遭遇了大量的谴责，形象受损。

---

① ［美］凯斯·桑斯坦．网络共和国：网络社会中的民主问题［M］．上海：上海人民出版社，2003.

3. 印象刻板

印象刻板是指人们对某些人、事、物已在自己的大脑里产生了刻板的固定印象并以此作为评价和判定人、事、物的依据的一种心理现象。① 印象刻板极易造成偏见，忽略人、事、物的差异性，从而把某些具体的人、事、物当作是该类人、事、物的典型代表从而影响人们的理性判断，长期下去就会发展为对该类人、事、物的歧视。在民众心中，官员就是政府的形象大使，民众通过对官员的一言一行来了解政府。因此在人们认识中就形成了一种潜意识即“官员就是政府”。所以，当网络上曝出一系列“表哥”“房叔”“微笑哥”时，民众受“近因效应”的影响，政府的负面形象在一定时期内就会在民众心里简单化、固定化，直接影响民众对政府的理智判断，使得政府的形象受损。

（二）网络背景下“塔西佗陷阱”的形成路径

1. 治理主体信息公开不透明、不及时，易滋生谣言

由于受“官本位”、部门利益、个人利益等因素影响，政府信息公开经过多年自上而下的推动，但依然存在落实不到位的“最后一公里”问题。其具体表现为以下几点：一是工作人员认识不足，虽然我国已于2007年制定并实施了《中华人民共和国政府信息公开条例》，但政府信息的公开的自觉还未形成，主动接受民众监督从而为民众提供更好服务的理念还有待强化，尤其是基层部门相当部分信息都是在上级督察的基础上才予以公开。十八大以后党中央国务院再一次强调了信息公开的重要性，加强对该方面绩效的进一步考核。二是相关法律制度仍不完善，《中华人民共和国政府信息公开条例》属于行政法方面的规范性文件，只涉及行政机关，不能涵盖所有公共部门，而且一些地方部门并没有相应的立法，没有根据当地自身情况进行细化，而是照搬行政法规，无法落实具体部门具体信息的公开机制。三是信息公开权利、范围有待进一步扩大，公共部门拥有信息什么时候公开、公开程度的权力，所以要恰当运用公共权力处理好信息公开与部门利益之间的关系。四是民众获取信息的渠道不畅通。首先，有些政府部门公开的信息不够及时有效和全面，使部门之间存在相互推诿、

① Noelle – Neumann E. The Spiral of Silence：Public Opinion——Our Social Skin ［M］. Chicago：University of Chicago Press，1993.

扯皮的可能。其次，信息更新滞后，缺乏对信息公开责任的有效监督和问责机制。最后，在公众未获得满意信息时，救济渠道不便捷，效率不高，导致公众获取信息的成本较高。

2. 海量信息影响民众对政府的理智判断

随着新媒体的发展与普及，公众可以更方便快速地了解政府信息，但同时由于信息泛滥导致一些网民容易产生不良情绪。“房叔”“表哥”“天价烟”等官员违纪案件的发生，对政府的公众形象造成消极的影响，尤其是部分公务人员滥用公权力，极易引发民众与其之间的矛盾，进而影响民众对政府的信任度。而新媒体的出现一方面使网民参与反腐败斗争成为可能，另一方面也使得民众与政府的关系变得更加敏感和微妙。例如在2015年底有家长质疑江苏某学校所在地受到污染，问题曝光后相关部门回应称该校已做过相应的环评，并未做进一步调查。而直至2016年4月17日央视报道了该校自搬新址后近500名学生身体异常，个别查出淋巴癌、白血病的事实，该公共部门受到公众强烈的舆论抨击，并且给公众留下不良的消极印象。

3. 受沉默的螺旋理论的影响，民众易受“意见领袖”的干扰

沉默的螺旋理论指的是个体为了防止自己的态度或意见被孤立而选择沉默，这就形成了“一方越大声疾呼，而另一方越来越沉默下去的螺旋式过程”①。其实，我国大多数网民虽然关注热点问题但他们却不会轻易发表自己的观点，而热衷于发表观点的往往是那些所谓的专家、评论家等在自己所在领域有较强威信的人。他们的身份光环很容易让网民跟随其观点，但毕竟独立的个体也会受自己的喜恶或利益的驱使而发表非理性和非客观的观点，而这些观点会潜移默化地影响网民对事物的准确判断，使得部分网民开始选择盲从。当这些“意见领袖”的利益与政府发生冲突时，就会使网民受到错误的诱导，将矛头指向政府，甚至质疑、抨击公共机关。

4. 公众参差不齐的政治素养，容易诱发对政府的不信任

近年来，以手机媒体、微博、知乎等为代表的新媒体成为公众发表其利益诉求的舞台，但在这一过程中，却暴露出公众参与素养参差不齐的现实。其原

---

① 张洪英，高丽娟．刻板印象稳定性的理论分析［J］．理论学刊，2005（3）：106－108.

因主要是公众在面对网络上的真假信息时缺乏最基本的辨别能力，如没有获取完全信息前，就倾向于根据自己的先验观点对相关主体进行批判、指责，而缺乏理性去考证信息来源的可信度、可靠度。在这种形势之下，迷失于各种信息和各方观点而又无法形成理性判断的网民就容易滋生对公共权力的不信任感，同样那些理智的声音也会被淹没在海量信息当中。

（三）网络舆情危机中“塔西佗陷阱”的治理——以天津大爆炸为例

1.“天津大爆炸”事件概述

2015 年 8 月 12 日，天津港瑞海国际物流公司发生火灾爆炸事故，事隔半年后，国务院对天津港 812 特别重大火灾爆炸事故调查报告做出了批复。通过国务院调查组调查认定，天津港 812 火灾爆炸事故是一起特别重大生产安全责任事故，该事故共造成 165 人遇难。此次事件发生后，引发了媒体与公众的强烈关注，天津市政府对此次事件先后多次召开新闻发布会，事件的网络传播滋生了大量的舆情并且官方媒介在应对舆情危机时表现乏力，引起事故发生地周围居民的恐慌和众多网络谣言。由于事故的严重性和发生原因的复杂性，相关部门对瑞海国际的审批以及违法行为等问题未能做出及时有效的回应，引发部分网民的网络舆情诉求，一度影响到政府对民众的信誉度和民众对政府的信赖度，使政府陷入“塔西佗陷阱”的困境。经调查发现此次危机应对中，政府是本次事件的主要的治理主体，其治理活动主要围绕 812 事故网络舆情应急管理、天津大爆炸新闻发布会以及政府对瑞海国际相关问题这三个关键环节展开的。下文将对这三个方面的治理及成效进行分析，以期探求政府在网络舆情危机处理中规避“塔西佗陷阱”存在的不足，进而对危机事件处理中政府的治理提出一些对策和建议。

2. 新闻发布会的效果分析

天津大爆炸事故发生后，政府及相关部门多次召开新闻发布会，一定程度上较好地回应了舆情的诉求，但发布会同时也引发公众的一些质疑，滋生了大量的舆情，表 10－1 将前六场发布会政府所做的正面回应与滋生的舆情等进行了归纳。

表 10－1 发布会召开情况

次序	时效	正面回应	滋生舆情	出席发布会人员
第一次	准时	1. 公布安置情况。2. 公布环境监测情况，公布刺激性气味来源。	1. 分管安全副市长和安监部门官员未出席。2. 危险品爆炸物距民区“还蛮远的”。3. 未回应氰化物问题和经济损失。4. 具体起火爆炸原因不清楚。5 到记者提问环节直播中断。	天津市公安消防局局长周天，滨海新区区委副书记、区长张勇，天津市卫计委副主任王建存，天津市环保局局长温武瑞。
第二次	延迟10分钟	1. 通报伤亡情况，一名幸存者获救。2. 首次通报救援中爆炸情况。3. 通报环境情况。	1. 中转仓库，无法给出危化品详细信息。2. 消防具体处置方法目前不清楚。3. 安全评估报告需向交通部门沟通。4. 发布会直播到记者提问环节中断。5. 发布会结束时，现场多名记者大喊：只峰是谁?	天津市委宣传部副部长、市政府新闻办主任龚建生，天津市公安消防局局长周天，卫计委主任王建存，安监局副局长高怀友，南开大学环境科学与工程学院教授冯银厂。
第三次	准时	1. 救援进展，明火扑灭。2. 安置情况通报。3. 伤亡情况通报。	1. 回应中使用“这个情况不了解，需要下来问一下”，“这个情况我需要找同事核实一下”。2. 到记者提问环节直播中断。	天津市委宣传部副部长、市政府新闻办主任龚建生，天津市公安消防局局长周天，滨海新区常务副区长张锐钢，滨海新区民政局局长郭志寅，滨海新区卫生局局长尹占春。
第四次	准时	1. 伤亡通报。2. 初步确认危化品种类及危害。3. 环境监测通报。4. 公开部分安评报告。5. 辟谣只峰谣言。	1. 安评情况系交通部门掌握。2. 记者们要求港口部门发声。3. 到记者提问环节直播中断。4. 消防员家属冲击现场。5. 回应中多次使用“不了解”“不掌握”等词语。	天津市委宣传部副部长、市政府新闻办主任龚建生，安监局副局长高怀友，市环保局总工程师包景岭。

续表

次序	时效	正面回应	滋生舆情	出席发布会人员
第五次	准时	1. 伤亡通报。2. 救援进展，心理干预与卫生防疫工作。3. 青年志愿者参与救援情况。	1. 爆炸是否确定源头不清楚。2. 危险品与小区建设距离问题回应：不是我的职责。3. 编外消防员是谁统计未获回应。4. 伤亡具体数据回答“不掌握”。5. 到记者提问环节直播中断。	天津市委宣传部副部长、市政府新闻办主任龚建生，天津市公安消防局局长周天，市卫计委主任王建存，共青团天津市委书记徐岗，天津蓝天救援队行政队长李怡爽。
第六次	延迟20分钟	1. 伤亡通报。2. 通报救援进展。3. 确认现场存在上百吨氰化物。	1. 发布会延迟。2. 记者提问谁指挥负责救灾回应“尽快了解”。3. 发布会人员：“大家好，很高心和大家在这里见面。”4. 到记者提问环节直播中断。	天津市委宣传部副部长、政府新闻办主任龚建生，北京军区参谋长史鲁泽少将，市环保局总工程师包景岭。

注：滋生舆情，即政府的回应产生的舆情。

由表 10－1 可以看出，发布会后滋生大量舆情的原因有四：其一是在前六场发布会中，媒体记者的提问中有过半问题未得到及时回答，使得信息不够透明、回应不够及时。其二是与事故处理关系较为密切的相关部门缺席发布会，使得同级部门在发布信息时不了解具体情况，使得“不知道”“不清楚”“不掌握”成为回应关键词，使公众的信息诉求无法得到满足。其三是在新闻发布会中，记者环节被直播中断，但网络上却通过各种视频、图片等碎片来拼凑被中断的环节，使得真相不仅没得到澄清，反而增加了一些不明真相的公众对政府的议论与质疑，为谣言和投机分子提供了空间。其四是发布会上官员使用“很高兴见到大家”等不恰当的表达方式和沟通语言使公众对发言人的态度产生误解。812 事故的新闻发布会虽然召开的次数多，但存在对提问环节准备不充分、应对乏力等不足，一定程度上影响了政府的公信力。

3. 瑞海国际物流公司相关问题的治理措施及效果分析

瑞海国际物流公司成立于2011年，是天津海事局指定的危险货物监装场站和天津交委港口危险货物作业许可单位。812事故发生后，网络中充斥着与其相关的大量言论，如："瑞海国际的危化品仓库为何会建在居民区附近？当时是怎样规划的？瑞海国际又是如何通过环评的？"面对这一系列的网络舆情诉求，天津市安监局在第二次新闻发布会上回应："涉事企业瑞海国际物流将物流仓库改为危险品仓库取得审批，安全条件是合格的。"但网民随后指出，根据2001年国家安监局颁布的《危险化学品经营企业开业条件和技术要求》，其中明确规定危险化学品仓库与周边建筑的安全距离为1000米，瑞海国际危险品仓库距离居民区仅为600米。并且在事故发生前就有专家指出，天津港的危险品存储密度过高且距离居民区太近极易发生危险。这一系列的事实证据使得相关部门的回应显得毫无说服力，不仅没有有效化解舆情诉求，还引发了民众对治理主体可信度的置疑，从而再一次给公共部门的信誉度造成影响。

针对瑞海国际经营许可、特殊背景以及存在的违法经营行为等问题，相关治理主体未能在第一时间做出有效回应，8月16日由最高人民检察院与天津市检察机关组成调查组进行调查取证，5个月后公布调查报告，由于前后经历较长时间，而网民对后续进展的关注不能持续，从而形成"刻板效应"和"近因效应"，使网民对相关治理主体的印象停留于事件发生之初的阶段。

4. 812事故网络舆情应急管理措施及效果分析

812事故发生后，治理主体对事故地点的应急管理措施稳步进行，在网络舆情方面不可避免地滋生了负面信息。事故初发的敏感时期，正式渠道信息源的失声，使谣言和虚假信息滋生成为可能，而各种杂乱信息既使危机事件的处理承受更多压力，同时也影响了民众对公共部门执行力、回应力的误判，进而影响政府形象。

由图10－1可见，812事故的网络舆情态势的变化经历了3个高峰。8月12日夜晚发生爆炸至13日网络舆情热度攀至第一个高峰，主要表现为民众对812事故本身的关注。8月17日网上出现一条爆炸区有毒气体泄漏的谣言，随后召开的第八次新闻发布会上相关部门未对此谣言做出相应回应使得舆情热度继续攀至第二个高峰，8月19日下午召开的第十次新闻发布会对此谣言进行辟谣才使得舆情热度下降。随之在8月20日又出现了一条爆炸物使得河里的鱼大片死亡的谣言，而权威部门检测报告的相对迟缓使舆情热度攀至第三个高峰。若在事故发生后，没有谣言的传播或者官方信息能够及时发布占据传播领域主导地位，那么网络舆情热度态势就会沿EH曲线逐渐消退，说明治理主体的舆情应对能力对舆情的治理至关重要，如果处理不慎，公共部门就会逐渐失去话语阵地。

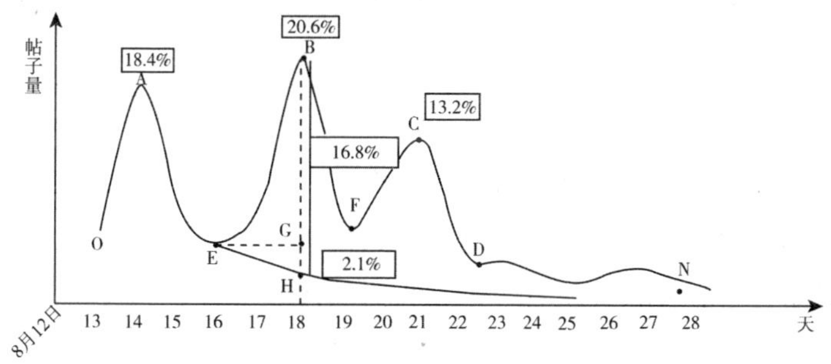

图10－1　8.12事故的网络舆情态势演化图①

5. 天津大爆炸事件网络舆情危机治理的反思

（1）应对网络舆情危机欠及时

在处理突发事故时，回应速度是治理主体应对突发事故能力的主要体现，对公共部门而言及时地做出有效的反应也是处理日常事务时的一种综合素质表现，而新媒体时代，应对速度越快对事故处理的有效性越有利。与其他的传统媒体相比较，新媒体的最显著的特点就在其传播速度上，所以危机治理主体在应对突发事故网络舆情时应及时建立网络舆情的应急体系，以最快的速度掌控信息的发布以及舆论的走向以减少网络舆情的不利影响，避免危机的进一步扩大。在天津大爆炸事故发生后，相关正式信息源采取审慎的态度未能及时发布信息，使谣言和虚假信息得以大范围出现，甚至混淆视听，使天津大爆炸事故的应对更加难上加难，损害了政府的公信力。

---

① 刘怡君，陈思佳，黄远，马宁，王光辉，牛文元．重大生产安全事故的网络舆情传播分析及其政策建议——以“812天津港爆炸事故”为例［J］．管理评论，2016（3）．

（2）网络舆情危机治理的主体性意识有待加强

一些治理主体在应对危机时不能深刻认识自身的主体作用，利用语言陷阱或编造借口来消极应对舆情，以抽象的或含糊不清的方式来回应舆情诉求，从而错失最佳应对时机。消极的、被动的回应往往会引发民众对治理主体更加强烈的抨击和质疑，在天津大爆炸网络舆情危机应对时相关治理主体联合多次召开新闻发布会，体现了政府部门对舆情回应的高度重视，但由于事故调查正在进行中，对部分网络诉求未能给出直接回应，不得不采用“不知道”“不清楚”“不掌握”等词语来应对提问，导致事件网络舆情不能有效地消退，甚至次生舆情进一步扩大，使治理主体陷入巨大压力之中。

（3）天津大爆炸事故的信息发布及时性有待提高

单从天津大爆炸事故召开的新闻发布会的次数和密集程度来说，其在信息发布方面还较及时，但具体到每一场次的关键信息的回应上则延后很多。天津大爆炸事故的新闻发布会在时效方面多次出现延迟召开的情况，给公众留下信息发布不及时和组织内部协调不到位的印象，对于民众想要知道的相关信息发布会上没有及时有效地做出解释，使得民众随意揣测事情的真相，甚至有媒体记者总结，政府先后召开了七场发布会，但民众关心的四大问题仍然没有得到有效的回应，这一行为不仅没达到遏制谣言的功效反而增加了民众对政府的质疑。

（4）信息发布的权威性需要加强

812 事故是由化学品仓库起火而引发的爆炸，天津大爆炸事故新闻发布会在回应民众所关心的“消防员救援的专业性、爆炸事故地点是否会产生有毒气体、爆炸后对民众的伤害有哪些、仓库存储的物品是什么等”专业性问题时，前几次发布会都缺乏相关领域权威专家的出席，发布会参与方虽也做出了较为权威的回答，但这些问题都是民众关心和心存疑惑的敏感性问题，由学者或第三方参与作答更能够让民众信服，后几次发布会中一些专家的参与使舆情危机逐渐消退，可见发布会既是对舆情诉求形式上的回应，同时其回应内容也应重视其权威性，这样才有利于治理主体对民众舆论做出正面有效的引导。

（5）治理主体对外发言需进一步规范

在处理突发事件时，治理主体发言人的一言一行都会受到民众的关注和审视，通过案例中相关部门召开多次发布会中部分人员的言行可以看出，发言人面对媒体时大多采取保守和谨慎态度，对于不属于自己部门掌握的信息大多不予答复。而在对外沟通中多次出现的否定回答很可能导致媒体的猜疑与不信任，同时一些细节问题也有可能成为舆情热点，如新闻发布会人员使用“很高兴见到大家”这一不恰当的措词时，因其与爆炸事故的沉重气氛背道而驰，引起网民新一波的舆情波动，使原本新闻发布会本应达到与民众正面沟通的积极效果大打折扣。可见，治理主体在与公众沟通时既要“胆大”有责任担当，同时也要“心细”讲究语言艺术。

（6）治理部门审批和监管应两手抓、两手硬

对市场进行监督管理是公共部门职能重要的内容，但这项职能在履行的过程中许多还落实不到位，如有些部门只重视企业注册时的静态的审批而忽视了注册后的日常动态监管，使监管过多地依靠审批职能，从而以静态审批来代替动态监管或者以罚款等结果控制来替代日常监管的过程性控制。而一些企业及其他主体在摸清审批部门的办事规律后，就采取各种手段或方式来谋取利益的最大化，从而最终导致突发事故的发生。

（7）职能转变中出现监管职能交叉缺位

瑞海国际当初获得城市规划审批是以普通仓储地为由批准建立的，而后才将普通仓储地用作危险化学品仓储地，我国规定当普通仓储地在取得了城市的规划审批后，其最后所运营的内容不归规划部门监督，在我国颁布的关于危化品的安全管理文件中表明，企业建立危化用品的仓库，必须向该市安监部门和省级经贸管理部门提出书面申请，并由这两个单位请相关专家对企业进行审查后对企业颁发经营许可证。可见，瑞海国际在获得普通仓储地的土地审批后再获得危险品经营许可证就可以绕开规划审批这方面的选址监管，危险品仓库必须建在居民区1000米以外的限制就随之失效。公共部门监管职能的交叉缺位必然导致监管效率的低下，甚至引发社会危机。

三、完善“塔西佗陷阱”治理的策略

在天津大爆炸后，网络舆情一片嘈杂，无疑相关治理主体已经面临“塔西佗陷阱”困境。在处理812事故时一直处于高压状态，在面对网络舆情危机时

应急能力有限，新闻发布会回应力不足，这些因素共同推动天津大爆炸事故在网络上的讨论不断升级，促使网络舆情向失控方向演化。面对这一系列问题，相关治理主体应加快建立网络舆情预判机制，加强对信息的掌控力，加快政府职能转变，以重塑公信力来应对突发事故中的“塔西佗陷阱”。

（一）建立网络舆情预判机制，及时地对事故舆情采取应对措施

建立网络舆情预判机制首先应加强舆情信息收集，舆情信息收集要做到以下几点：一是舆情信息收集的是普通民众的想法而不是新闻报道、调查报告以及事件的本来真相。二是建立和完善舆情信息收集的组织和机构抑或是委托第三方机构。三是不断创新和完善舆情信息收集的方法。四是制定相关的舆情信息收集制度。五是在舆情信息收集过程中应遵循客观性、及时性、有效性、动态性原则。其次是对各新媒体上发布者的影响力、关注度、话题度进行数据分析，识别出敏感和热点话题，找到危险点，并对识别出的敏感和热点话题所表现出的发展走向进行分析，预测出事件的发展趋势，形成一种较为直观的、全面的分析报告，为政府在网络舆情的监控方面提供判断依据。最后是建立舆情应对资源库，做好突发事故的网络舆情预防手段，在面对网络舆情时能快速有效地根据网络舆情分析和监控的结果做出相对应的应急方法，并对扩散的网络舆情信息进行初步干预，起到及时有效引导舆论导向的作用。

（二）强化治理主体对网络舆情监管的认识

强化政府官员对网络舆情监管的认识要做到以下两点：一是政府应重视对网络舆情监督管理的重要性。在新媒体时代，网络体现了人们的一种生活关系以及社会结构，所以政府应把网络问题与社会问题、国家问题同等对待。二是政府需从原来的被动应对转变为主动监管。被动应对具有滞后性，而且也会导致民众对政府处理突发事故能力的质疑，从而引起网络舆情危机的进一步恶化，而主动监管则可以通过预防、引导、教育等积极措施来化解危机。

（三）加强对舆情信息的掌控力，做到及时有效

812 事故发生后由于治理部门对信息的掌控力不强，没有做好相应的回应工作导致事故谣言频发、舆情失序，使得公共部门公信力和公共形象受到影响。在这种情况下，政府部门应以真实信息为前提，做好对外界的回应工作：首先要及时发布已收到的真实信息，其次要对不断确认的信息进行动态发布，再次

对于调查时间较长的信息，要做好处理方案的发布，最后对于无法公布的信息，要对民众做好解释和道歉的工作。在新媒体时代，信息的传递呈爆炸式蔓延，热点、舆论转瞬即逝，负面信息的衰退期也越来越短，反之，不满情绪就会在网民心中集聚，从而影响社会资本的积累，进而破坏公共治理主体的公信力，陷入“塔西佗陷阱”中无法脱身。

（四）提高治理主体信息发布的权威性

在新媒体时代，民众置身于海量的信息中，民众很难分辨信息的真假，而网络舆情危机信息的传播速度又很快，易造成民众的不安感，这种不安感会使得民众的心理压力变大，从而缺乏信任和安全，激化潜在的各种危机，造成社会的混乱。所以应提高行政机关信息公开的权威性，首先，在信息公开的会议中安排相关单位的高级官员来参加而非无实权的基层官员来发布信息，这样可以提高发布信息的可靠度。其次，邀请权威专家、现场救援人员、事故当事人等参加信息的公开会议，从而提高信息的权威性。最后，出席信息公开会议的人要着其工作服来增强其工作的形象和会议的权威性。

（五）加强治理主体及其成员新媒体素养

突发事件发生后，民众通常将问责的对象指向当地的政府和官员，因此突发事故危机处理的好坏直接取决于政府官员的新媒体素养和利用新媒体来回应民众问责的能力。所以政府官员应加强在面对新媒体时所用语言的语调、语态和语言风格，着重强调对事故处理的具体措施以及进展的信息发布，避免出现官话、套话等形式主义。在网络舆情爆发初期，政府发言人的语言风格应比较严肃，但到了事情后续的发展应使用生活化、人性化的语言风格，来缓解民众的恐慌心理，向民众展示政府处理突发事故的能力，加强民众对政府的信任。

（六）提高公共部门的监管意识，改变重审批轻监管的观念

许多地方政府及其官员没有充分认识到市场监管的重要性，仅凭企业的自觉性及审批的准入门槛就想达到监管目的，反而使自身陷入“缺位”状态。所以必须提高公共部门的监管意识，并将监管的责任切实地落实到具体的部门以及个人，加强对企业的日常监督并将监督责任落到实处，改变有权无责的现象，做到权责一致。提高政府部门的监管意识应该做好部门以及个人的思想教育工作，不断开展有关日常监管的专题活动，使官员意识到动态监管的重要性，逐

步改善重审批轻监管的现象。

（七）依法建设权责明确制度，强调政府部门的权责统一

明确的权责制度体系是公共部门履职的基本前提和依据，案例中不乏出现治理主体相互之间权力交叉、责任不明确等问题，因此治理主体应当建立、完善权责明确的规章制度，使得权力行使主体的权利与责任相统一，做到权责对等。所谓权责明确制度就是将国家赋予政府以及个人的权力进行清晰界定，并向民众公开，受民众监督，实现行政机关及其人员的权责统一，避免出现职权交叉、多头管理、责任缺失的问题。

（八）加大对市场的监管力度，做到违法必究

天津大爆炸事故暴露出市场监管不严，监管能力不足的问题。因此，公共治理主体应加大对市场的监管力度，坚决查处涉嫌违法的企业，尽最大努力排查可能出现的安全隐患。十八大前，我国存在一些官商一体的权力寻租现象，极大地危害了民众的切身利益，同样瑞海国际的违规操作也是其酿成天津大爆炸事故的最终根源。因此，应进一步完善相关法律法规，通过建立健全法制来实现对企业的有效监管，从而达到维护市场公平竞争的目的。

互联网时代是一个信息双向互动的时代，信息的传递呈爆炸式漫延。在这种信息传递方式发生变革的情况下，无疑增加了公众对公共部门的了解，如果治理主体不能与时俱进，不注重其在新媒体平台上形象的维护，在应对危机事件时迟缓被动，很容易导致公众信任度的下降，甚至陷入了“塔西陀陷阱”，这对我国社会稳定和可持续发展产生严重影响。因此围绕新媒体时代的“塔西陀陷阱”及其治理进行论述分析，希望可以让更多人关注这一议题的研究，也以此来提升公共治理主体对网络舆情危机的认识和对“塔西陀陷阱”的警惕，从而促进我国社会更好更快的发展。

第十一章

政府旅游网络舆情云治理系统构建

一、旅游网络舆情及其系统化的价值

(一) 问题的提出

据中国互联网信息中心《第36次中国互联网络发展状况》显示，截至2015年6月，中国网民人数已达6.68亿，而其中手机网民达5.94亿，互联网普及率达48.8%。① 而美国学者唐斯（Larry Downs）指出由于社会发展的渐进性与科技发展的跳跃性不相适应，导致二者之间会产生鸿沟，而鸿沟越大社会动乱的风险也就越大。显然，我国已经步入信息社会，信息技术已经给政治、经济、社会等各领域带来深远影响，同时，随着我国经济的发展和社会的进步，国民的“有闲”② 时间越来越长，每年约有1/3的时间处于“有闲”状态，已进入“有闲社会”③。而旅游是“有闲社会”人们休闲的重要方式之一，因此，网络新媒体中以旅游为议题的聚集越来越多，当短时间内关注某一旅游话题的网民在一些网络媒体聚集并对相关主体形成影响时，旅游网络舆情危机就容易暴发。以“青岛大虾事件”为例，一盘大虾带来的负面影响是无法用经济指标去衡量的，如果相关治理主体的治理能力与网民的众多诉求不相适应，社会不稳定的可能性也就会上升。

另外，随着网络社会的到来，旅游网络舆情危机事件的发生也将常态化，

---

① 中国互联网信息中心．第36次中国互联网络发展状况［DB/OL］．http：//www.cnnic.net.cn/hlwfzyj/hlwxzbg/hlwtjbg/201507/t20150722_52624.htm.

② 于光远．论普遍有闲的社会［J］．自然辩证法研究，2002（1）：41.

③ 房蕊．漫话“有闲社会”［N］．人民日报，2013-11-14.

尤其是近几年事件数量大幅度增加①，特点日趋复杂、影响逐渐扩大，使得旅游网络舆情危机治理的常态化需求也日益突现。而基于云计算技术通过形成以旅游网络舆情信息为中心的舆情收集、舆情分析、舆情处理、舆情利用等基础信息数据，建立旅游网络舆情云体系，对于下一步实现旅游网络舆情治理科学化、常态化具有深远意义。

（二）政府旅游网络舆情云系统的价值

2015 年政府工作报告中，李克强提出了“互联网 +”行动计划②，要求大力推行大数据、云计算、物联网等信息技术在社会诸领域中的应用，而智慧旅游的发展也对旅游网络舆情系统化、信息化提出了要求，有学者已经提出应用大数据进行旅游事务的处理③。同时，2015 年我国“前三季度，第三产业增加值占国内生产总值的比重为 51.4%”④，意味着已经步入后工业化时代，而这一时代的特征是高度的复杂性和不确定性⑤，因此，在我国经济转型的重要时期，充分利用云计算等先进技术实现旅游网络舆情的系统化具有重要的意义和价值。

1. 有利于促进旅游网络舆情信息的整合

信息集成管理是信息管理发展到一定水平的标志，它能使具体管理活动中的各要素整合为一个统一有机体，“从而实现各种资源要素的整合与优势互补，进而达到最大限度满足社会信息需求的目的”⑥，而当前我国旅游网络舆情信息的整合还处于起步阶段，其资源价值还未显现或得到充分体现。现今云计算、物联网等新技术大发展的背景之下，由技术进步助推管理水平提升成为现阶段档案管理面临的一大机遇。基于云平台的网络舆情信息系统其本身就是一个资

---

① 付业勤，郑向敏．网络新媒体时代旅游网络舆情研究［J］．河北学刊，2013（5）：182.

② 人民网．2015 年政府工作报告［DB/OL］．http：//www.people.com.cn/n/2015/0305/c347407－26643598.html，2015－3－15.

③ 陈涛，李佼．基于大数据的旅游服务供应链管理研究［J］．电子政务，2013（12）：32.

④ 国家统计局．前三季度国民经济运行总体平稳［DB/OL］．http：//www.stats.gov.cn/tjsj/zxfb/201510/t20151019_ 1257772.html，2015－10－19.

⑤ 张康之．全球化、后工业化时代的社会特征［J］．河南大学学报（社会科学版），2012（9）：98.

⑥ 莫家莉，史仕新．档案信息资源开发集成管理研究［J］．山西档案，2015（3）：64.

源整合平台，其可将旅游网络信息的收集、处理、研判、使用及归档集于统一平台，从而使信息资源的规模效应逐渐呈现。

2. 有利于旅游网络舆情工作的技术化、规范化

目前信息管理采用了一系列新的技术、方法和手段，但是对于新技术的融合使用水平还不高，尤其是在旅游网络舆情领域，目前只有旅游部门定期收集、公布一部分旅游信息，而将其中的重要信息进行归档。很少有专门的旅游网络舆情管理部门或采用专业的网络舆情信息管理平台，从而使得当前的相关业务处于碎片化、分散化甚至业余化发展的低层次、低水平，长期下去不利于旅游网络舆情管理的技术化、规范化发展。而云系统的设计将此项业务基于云平台来实现，其主要基于当前的云计算技术，将旅游网络舆情通过各监测点进行自动收集、实现自动研判、进行自动预警及归案，可以使信息管理工作走向技术化和规范化操作，从而有利于在信息时代提升信息管理的系统化水平，也促进了相关工作的积极性和主动性，突破传统管理的事后控制角色。

3. 有利于旅游网络舆情资源的充分利用

旅游网络舆情是当前有闲社会中关注人民生活状况和现实需求的一个重要渠道，同时也是有关部门做出回应的依据和平台，因此旅游网络舆情信息建设要突出其资源特性，要充分挖掘其中包括的潜在价值。基于云计算技术的管理平台可以有效实现舆情信息的跨资源共建共享，可以有效避免资源的重复建设和重复归档，也可以形成旅游网络舆情的“大数据”，从而对信息资源充分开发、利用，有利于建立一个以用户及需求为核心的、以人为本的共建共享系统①。

4. 有利于旅游网络舆情治理的有效化

现今学者及各实践部门对网络舆情的关注度已经很高，一是因为其已经是网络社会的一个客观现象，有必要去研究，二是因为其具有很强的现实回应性，其对社会生活、生产已经形成较大影响。而当前更多的目光聚集于网络政务舆情或监察反腐舆情，其他领域的舆情关注度不高，截至 2016 年 1 月以“旅游网

---

① 刘彩云，蔡娜．网络环境下数字档案跨资源共建共享——以汶川地震文献专题数据库建设为例［J］．山西档案，2015（4）：75.

络舆情”为主题词在知网中进行检索，可以返回 89 条文献，其中期刊论文 44 条，报纸 36 条，硕博论文 9 条，可见关于该主题的研究还处于起步阶段。但是从发表年份来看，发文数量逐年增加，尤其 2013 年后以倍增的形式增长，可见学者们已经意识到该领域研究的重要性。但相比之下，同样操作下“网络舆情”主题的发文量是 14220 条，显示出此领域研究的不足。

而理论研究是社会实践的指导，当前我国旅游网络舆情危机已呈现突发、多发、影响大、范围广等特点，而很多部门还很难实现有效治理。学者付业勤等利用灰色统计和熵权 TOPSIS 方法对 2011－2014 年的 14 起旅游网络舆情事件的应对水平进行了评价，结果显示只有一半的事件应对满意度达到了预期值的 50% 以上，研究还表明在沟通、善后方面的表现还相距甚远，而“青岛大虾”事件更加显明地体现了旅游网络舆情治理能力的不足。可以说旅游网络舆情信息就是旅游网络舆情危机治理的根据地，不能及时获取海量的、全面的、准确的旅游网络舆情数据，就很难实现有效的治理。因此，旅游网络舆情云系统的建设是实现旅游网络舆情危机有效治理的第一步。

二、政府旅游网络舆情云体系构建的路径选择

（一）旅游网络舆情信息的特点

第一，旅游网络舆情信息源的不确定性。在自媒体时代或全媒体时代，旅游网络舆情的信息源分布十分广泛，任何一部手机即时通信客户端都可能成为舆情信息的传播源，同时，任何一个网络社会空间都可能成为舆情发酵的场所。再加上旅游舆情大多是旅客发布的意见、看法，而旅客本身是具有较大流动性的，因此旅游网络舆情云体系不同于传统意义的信息管理，其信息来源缺乏确定性。

第二，旅游网络舆情信息内容的非连续性。常规的信息源具有明显的规律性，其内容无非是定期更新、间断更新或按照一定频率进行更新的，而旅游网络舆情基本上是围绕旅游网络舆情事件的产生而呈现出来的，会随着事件的终结而停止，其生命周期较短，通常呈现倒 U 型的分布规律，总体上是非连续的。

第三，旅游网络舆情信息载体的不稳定性。网络舆情信息的载体主要是网络媒介，包括互联网媒体、网络社区、微博、手机 APP、及时通信工具等，我

国网民已达 6.68 亿游走在网络空间的各个角落，在不同的时间、空间发布有关旅游的相关信息，可见载体十分广泛。另外，各载体处于不同的运营商服务器当中，目前我国对互联网管理的立法还不完善，经常使网络推手、水军有了可乘之机，从而使网络这一舆情载体变得更加不稳定。

第四，旅游网络舆情信息有较强的时效性。旅游网络舆情与传统舆情不同，传统舆情事件处理讲究“黄金 24 小时”，但由于网络舆情的病毒性传播和爆炸性影响使其理想应对时间逐渐缩短至“黄金 4 小时”①、甚至“黄金 1 小时”②，可见网络舆情越早发现越好处理、越早回应越好应对，具有较强的时效性要求。所以在旅游网络舆情云体系构建中要充分体现时效性这一特点，在信息收集、整理、利用各阶段注重时效性。

第五，旅游网络舆情信息工作的全程化。传统档案工作通常是在事项结束后进行的归档工作，重心在于事后的资料整理和保存，而旅游网络舆情由于其未形成传统意义上的规范资料、数据或文件，因此其信息化过程也就是对舆情信息进行收集、加工、分析、存贮和利用的全过程，与传统档案工作相比贯穿旅游网络舆情全过程，而不仅仅是事后行为。

综上所述，旅游网络舆情信息管理工作既建立在传统档案工作的基础之上，同时也具有较大的特殊性，传统信息管理体系已经很难满足现代化管理的新要求。

（二）旅游网络舆情云体系构建面临的困境

1. 技术贫乏

旅游网络舆情云体系是基于云计算平台的以旅游网络舆情信息为中心的信息收集、加工、传播、存储平台，其主要实现跨平台、跨部门、集约化的信息管理功能。该系统的构建面临的首要难题就是技术瓶颈，管理部门很难掌握并利用云计算技术来构建该平台，通常自己开发软件平台、搭建服务器环境是不现实的。

---

① 梁洁等．官员舆情危机事件应对方式研究［J］．情报杂志，2012（11）：7.

② 蒲红果．舆情回应进入“黄金 1 小时”时代［J］．新闻战线，2015（21）：109.

2. 资金缺乏

云平台是建立在大规模服务器的基础之上的，而基础硬件投资将是一笔非常巨大的投入，管理部门通常资金有限很难担负起自主建设的费用，另外，基于云平台还需要开发专门针对旅游网络舆情信息管理的软件平台，而由于技术、资金缺乏，此项任务通常很难通过部门内实现。

3. 人员缺乏

旅游网络舆情云平台从平台设计到维护、管理都需要专业技术人员，而当前管理部门的人员从专业划分大多来自于档案学、图书馆学等管理类专业，计算机类专业背景的人员稀缺。而如果专门设立机构，招聘或培养专门的技术人员产生的成本又比较高，短期之内解决专业人才稀缺的问题是很难实现的，这一现实严重影响了管理信息化的进程。

4. 资源匮乏

旅游网络舆情云平台要求形成相关领域信息的“大数据”环境，因此要求必须掌握尽可能全面的信息源，而很显然就单个管理部门来讲，其当前所掌握的信息源是不够的，大多仅仅限制在部门内部。信息资源的有限性很难满足云服务海量数据的要求，因此掌握的信息资源匮乏也是旅游网络舆情云体系面临的难点之一。

（三）ITO 模式对于困境的化解

所谓 ITO（Information Technology Outsourcing，ITO）是信息技术外包的简称，是指政府部门将旅游网络云平台建设、维护的相关技术服务通过外包的形式全部或部分交给企业，其既包括基础设施服务也包括应用软件服务。ITO 模式既体现了技术的专业性也充分注重用户的现实需求，对于破解旅游网络舆情云平台建设难题具有积极意义。主要体现在以下几个方面：

第一，ITO 提供专业技术支持。ITO 模式可以提供专业化的技术服务，很好地解决了管理部门技术缺乏的现实问题，目前在信息服务外包领域已经形成较为成熟的运作体系和实践经验，专业化的服务可以使信息技术得到社会主体的充分使用。

第二，ITO 可以有效降低平台建设及运行成本。信息管理不得不考虑效益问题，成本核算也是其中的一项重要内容，ITO 模式摒弃了传统部门开发软件的方式，从而使平台的开发成本降到最低。另外，从以往的经验可以看出，即便是花费大力气开发了自主的信息系统，但后续的维护、升级费用也十分昂贵。而ITO模式将开发、维护的服务都外包给信息技术服务商，只需要提出需求和功能要求即可，支付的成本只有服务费用，实现了成本的最小化，效益的最大化。

第三，ITO可以提供专业化人才支持。在现代信息社会当中，信息呈现裂变式的增长，而其中充斥着大量的垃圾信息和虚假数据，因此，在现代的信息管理工作中，不仅仅是简单的归档整理职能，更重要的是对不同的信息采取不同的处置方式。而不仅仅平台的搭建、软件的开发和维护、设备的购置和升级需要专业人员操作，旅游网络舆情信息的收集、统计、分析、研判及结果的利用都需要专业化人才的支持。一方面，信息管理部门需要进一步培养和开发本部门的专业化人才，另一方面，应当主动利用现成的专业化服务。ITO模式可以在一定程度上保证管理部门在现有条件下尽快解决技术人才缺乏的难题，同时享受专业化的服务。

第四，ITO服务商掌握着海量信息资源。当前几大成熟的ITO服务商已经具备了一定的规模，尤其是像谷歌、百度、惠普等大型技术服务提供商已经开始提供云服务，并具有丰富的软硬件体系和服务经验。

三、基于ITO的政府旅游网络舆情云治理体系框架

（一）体系构建的目标

基于ITO的旅游网络舆情云管理体系是以信息技术外包的方式，构建跨部门、跨资源、互联共享的旅游网络舆情云管理平台，其目的在于实现旅游网络舆情信息管理的系统化、集约化、信息化、智能化、共享化和精准化的“六化”任务。

1. 管理流程系统化

舆情是一种重要的信息资源，信息社会中随着各种信息技术的普及和应用，各种传统纸质信息和电子信息载体大量产生，尤其是各种信息系统的使用，使得各种资源表现为信息化、电子化的形式，传统的管理流程对于海量的电子资源的管理表现乏力，尤其是基于网络舆论产生的非正式的、非模式化的信息管理，更是难上加难。再加上民众对信息共享的需求日益高涨，传统模式之下很

难实现，因此构建一套上下统一、部门协调、资源整合的信息管理系统可以使得传统信息管理流程重新再造，将管理的各步骤、程序和方法化于一个系统中，对实现一站式管理、系统化管理的目标具有非常重要的意义。

2. 管理平台集约化

几乎每一个部门都涉及信息管理工作，尤其是旅游管理部门，其信息管理不仅仅是业务流程的收尾，更是改进旅游服务的开始，但是传统的信息管理模式下各部门之间的信息管理都处于分散化、碎片化、分割化的状态，管理部门的融合度不高、信息的整合度太低，而基于 ITO 的旅游网络舆情云管理体系就是要通过将最难的技术工作外包给技术服务商，通过租用云服务，外包开发一套专门的管理软件，从而实现旅游网络舆情信息管理的系统化、一体化、协同化和资源的共享化，从而实现管理平台的集约化。

3. 管理手段信息化

随着信息技术的发展和网络的普及使用，信息化建设成为各项工作的必然要求，而管理信息化也不例外，尤其是旅游网络舆情信息管理其主要业务内容是针对网络舆情的，其本身信息化水平很高，其管理手段也必然要求信息化应对。同时，信息化本身也是信息管理业务发展的需要，提高管理工作人员自身素质的需要和信息资源开发利用的需要，基于 ITO 的旅游网络舆情云管理体系正好能够实现这一目标。

4. 管理方式智能化

随着“互联网 +”概念的提出以及信息技术在信息管理中的应用，智慧档案的概念和实践已经因应而生，2014 年杭州“智慧档案”建设座谈会的召开标志着档案管理智能化的开始。学者许德斌指出智慧档案应该包括硬件智慧化、资源管理智能化、沟通亲情化和信息共享化几个方面。① ITO 模式下的旅游网络舆情云管理系统可以将技术、软件开发、维护等外包，而其他功能、业务流程都由部门根据实际需要设计，从而对传统信息管理流程进行了重新设计，通过先进的信息技术智能地对信息进行处理，从而直接提升管理的信息化、智能化水平。

---

① 许德斌．智慧城市新环境下的智慧档案［J］．山西档案，2014（5）：73.

5. 舆情资源共享化

通过云系统设计将所有旅游网络舆情信息存储于云端，而各管理部门及外部用户都通过获取相应的权限而获取信息资源，从而使相关信息充分共享、整合，从而最大可能地发挥舆情信息应用的价值。

6. 信息服务精准化

习近平在考察湖南湘西工作时提出了“精准扶贫”① 的概念，随着大数据在各项工作中的应用，“精准”已经成为各管理服务领域的工作要求，基于云的信息平台在精准服务方面有诸多优势，一是其基于统一的云数据库，具有海量数据，有利于情报的深度开发和趋势识别；二是通过网络平台可以直接将服务面向组织、个人，避免了服务真空；三是与 IT 服务商进行合作，有利于充分利用服务商现有的服务器和数据库资源，以上几点可以有效保证舆情信息服务的精准化。

（二）平台构建的原则

基于 ITO 的旅游网络舆情云平台的构建应当坚持以下原则：

1. 以“混合云”为服务模式

云计算服务供应商通常以公有云、私有云和混合云三种方式提供服务，公有云于开放的网络中提供服务，但安全性较差，而私有云是通过创建独立的服务空间，但费用较高，混合云结合二者的优点，将安全性要求较高的数据放到私有云，而同时可以享受公有云的“大数据”资源。旅游网络舆情管理需要充分利用公有云的数据，同时也需要加强安全保障，因此混合云应当成为服务模式。

2. 以 ITO 为软件开发途径

软件开发是该平台构建的一大主要内容，而软件的开发也通过 ITO 的形式进行，也就是管理部门或旅游管理局成立相关机构论证平台应当具备和实现的功能，并进一步与信息技术服务商合作协调，由服务商提供技术支持和技术维护，用户端的操作必须由管理部门完成，但供应商应当承担培训的义务，因此在资金短缺、技术人才缺乏的情况下 ITO 是软件开发的理想模式。

---

① 唐任伍．习近平精准扶贫思想阐释［J］．人民论坛，2015（30）：28.

3. 以顾客需求为服务导向

信息管理工作尤其是旅游网络舆情信息主要面向旅游管理部门及游客，其构建过程要坚持以顾客需求为中心的服务理念，突破传统观念中信息管理就是为部门服务、归档文件的认识，切实地从用户的角度出发考虑问题，主动地开发信息资源，满足用户的需求，为旅游网络舆情治理提供支持作用。

4. 以信息公开为服务方式

数据共享已经成为信息社会各主体的广泛需求，信息共享是信息增值的直接途径，也是保障公民知情权的基本要求。现代社会中旅游已经成为广大民众休闲的主要方式，而关于旅游中的一些舆论，特别是网络空间中的舆论已经成为民众休闲选择的重要依据，旅游信息管理部门有必要也有需要将该部门信息向网民公开，因此在旅游网络舆情信息管理平台构建中，要充分考虑到信息公开的功能设计和顾客要求，以信息公开为最基本的服务方式。

5. 以信息安全为平台保障

电子信息系统最脆弱的环节就是安全问题，系统安全是系统其他功能正常发挥的基本前提和保障，有学者已经论述过相关问题，认为电子信息系统安全应通过解决数据保管阶段电子信息真实性与长期可读性的协调统一问题，利用阶段副本和跟踪审计，以及通过四性检验和信息备份实现管理全流程的安全保障。①

（三）体系的总体框架

旅游网络舆情云管理系统主要基于信息技术服务外包的方式，通过与信息技术供应商进行合作，开发一套基于云计算的旅游网络舆情信息管理平台，其总体结构如图 11 －1 所示。该体系主要包括用户层、业务层、数据层、物理层和管理层 5 个层次，其中用户层功能由外包商开发，但由信息管理部门获取相应权限使用和管理，其他几个层次主要是外包商结合管理部门的要求，利用本身掌握的资源进行开发，并承担相关的安全维护和技术支持服务。

---

① 陈永生，苏焕宁，杨茜茜，侯衡．电子政务系统中的档案管理：安全保障［J］．档案学研究，2015（4）：29 －31.

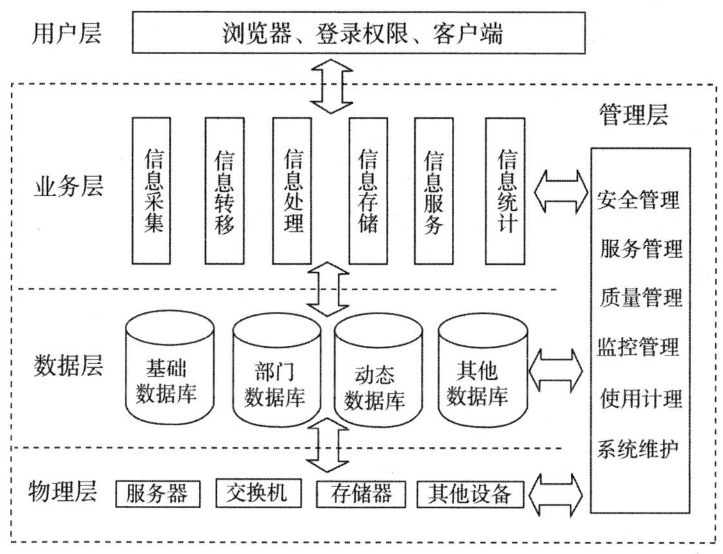

图 11－1 旅游网络舆情云管理体系结构

1. 物理层

物理层在整个体系中处于最底层，属于硬件支持层，主要是云服务器、交换机、存储器以及其他设备所处的层次，这部分硬件是整个体系的核心部分，如果由管理部门自行购置需要耗费大量资金，而目前已经有一些 IT 企业具备了相当的规模，并提供有偿使用服务，可以直接购买使用。

2. 数据层

数据层是体系的血液，也是整个信息管理系统的业务内容，其以物理层为依托，为业务的开展提供数据支撑。其主要由基础数据库、部门数据库、动态数据库、其他数据库组成。基础数据库是关于旅游舆情的基础信息数据库，可以由国家旅游局掌握的公共旅游信息为主构成；部门数据库是由特定的每一个管理部门掌握的具有一定部门特性和专业属性以及保密要求的数据库；动态数据库也可称之为动态监测数据库，它主要是基于自动侦测技术，动态地对互联网中的旅游舆情相关信息进行监测、收集、整理和归档等；其他数据库是为了满足一些其他方面的要求建立的专门数据库，如统计信息数据库等。

3. 业务层

业务层也即功能层、应用层，它主要表现为开展旅游舆情信息管理的一系列软件、应用，主要由信息管理部门根据旅游网络舆情信息管理的内容提出功能设计要求，并由技术服务商开发设计的软件平台，具体可以包括信息采集、信息转移、信息处理、信息存储、信息服务、信息统计等功能。该层次以物理层和数据层为支撑进行，是业务功能开展的主要层次，其所有数据都处于数据库中，一些保密性较强的数据库应当置于私有云中。

4. 管理层

管理层是对整个云平台中业务层、数据层、物理层进行的支持工作，包括安全管理、服务管理、质量管理、监控管理、使用计量和系统维护等工作，其主要是由 IT 服务商的专业技术团队进行的。由于技术管理队伍较为专业，因此管理部门无须组织专门的技术队伍，可以节约大量资金和人力成本。

5. 用户层

用户层是管理部门与 ITO 供应商根据合同与系统功能设计提供给用户使用的层次，包括用户权限、浏览器端功能、客户端等。该层次是整个旅游网络舆情云管理系统的入口和服务的出口，也是管理部门工作人员从事信息管理业务的主要平台，所有的业务活动都是通过这个平台来实现的。公众等其他主体获取相关信息的渠道也由此层次设置，并通过接入互联网来实现。

（四）总结与展望

目前，理论界对于信息系统的论述已有不少，实践中也有不少平台正在付诸使用，但是基于全国统一的旅游网络舆情云管理平台还较少。因此，该系统的实现还需要克服技术提升、政策支持、部门协同、资源整合等多方面的困难，以及因平台建设而对信息管理业务的重新再造以及机构的重新规划，相关配套措施和改革还有待进一步完善。

第十二章

互联网背景下的政府危机治理创新

一、互联网对政府危机治理的影响

伴随着现代社会政府危机事件频发的态势，政府危机治理已成为全社会与学术界讨论的热门话题。在互联网环境下，增强政府危机意识，提高政府危机应对能力，建立全方位多角度政府危机治理体系已经成为恰当、有效防御与治理政府危机的关键措施。

在互联网与政府危机治理的互动中，如何使互联网克服自身的弊端，正确引导舆论，就成为对政府危机应对能力的挑战。因此，分析并研究政府如何利用互联网新媒体防治政府危机就具有深远的现实意义。互联网条件下应对政府危机的前提，是对新媒体、政府危机治理的概念及二者互动的基本状况有清晰的认识和深刻的把握。

（一）网络新媒体理论概述

传统媒体主要是通过单一的形式来进行信息的公开与传播。以互联网为基础的新媒体是在传统媒体的基础上运用数字媒体技术开发创意完成并对于信息进行传播加工以及创新诠释的一种新的媒体概念，即以“数字媒体为核心的新媒体”。① 和报纸、杂志、广播、电视这四大传统媒体相比，互联网新媒体已经成为新时代最重要的信息传播媒介，它们在构建和谐社会的过程中发挥着日趋重要的作用。

网络新媒体传播的特点：

---

① 黄蕾．浅谈广播面对新媒体的竞争应如何创新发展［J］．新闻世界，2012（3）：43.

1. 传播主体和传播对象界限模糊化

互联网使信息传播主体和传播对象的边界更不明确、不分明。在互联网条件下，各种媒体形态在危机事件传播中都会发挥自己的作用。民众通过手机媒体、互联网媒体、博客等新媒体来传播和接受舆情信息。这样，在互联网的传播领域里，每个人都会成为信息的被动接受者，也可以向他人传播舆情信息，成为传播主体，这就使得传播主体、传播对象的边界日益模糊化。

2. 传播方式多样化

互联网使信息传播方式更具多样化的特征。在互联网环境下，各种媒介都可以在任何时间、任何地点来进行信息的传输和交流。互联网的传播形态和通道都是动态的，多样性的，民众不仅可以通过手机媒体交互传播危机信息，在互联网上也可以通过博客、贴吧、社区等多样化的传播模式，使得信息传播出现多点对多点，交互性的传播特点。

3. 传播内容复合化

互联网使信息传播内容更具超量的特征。在传统媒体中，报纸的版面以及电视、广播的播出时间、播出内容都是受限制的。而互联网媒体等新媒体则具有海量性的传播特点。传播主体和传播方式的多元性，使得每个人可以成为信息的传播源。新媒体多样化的传播渠道也使得危机舆情的内容具有了无限的扩散性，使传播内容复合化。①

4. 传播速度快速化

互联网使信息传播速度更具高速的特征。新媒体日新月异的发展，使其在政府危机的传播中广泛存在。新媒体传播信息的即时性，传播方式的多样化使政府危机产生爆炸式传播。经新媒体传播的信息，其传播模式产生“蝴蝶效应”，进而引发新媒体信息平台产生高速的信息爆炸式连锁反应。

（二）互联网环境下政府危机治理的意义

1. 互联网环境下的政府危机治理可以规制媒介责任评价体系

互联网环境下的政府危机治理可以使媒介责任评价体系规范化。互联网与政府危机治理是一个良性的互动过程，政府在治理危机的过程中，就会对新媒

---

① 李君．政府危机公关中的新媒体传播研究［D］．中南大学，2011.

体在危机传播中的不良效应进行规制，采取措施如在媒介领域内建立起一整套的媒体社会责任感评估体系，这就可以来规制媒介的责任评价体系。在新媒体条件下，政府为了有效治理危机，往往会对危机事件的传播主体新媒体，进行全方位的管理，来规制新媒体的行为。如为了防止媒体人社会责任的缺失，政府危机治理中会对媒介的信息报道虚假行为进行规制，以达到媒介行为的理性化，建立媒体人媒介素质评价体系。

2. 互联网环境下的政府危机治理可以规制媒介管理体系

互联网环境下的政府危机治理可以使媒介管理体系规范化。基于新媒体的舆情传播特点、内容，在政府危机治理的过程中，政府采取措施来引导新媒体主动建立起完整的管理体系，来规制新媒体的舆情传播、引导模式，如建立新媒体日常报道机制及紧急特别报道机制，使得新媒体成为政府治理舆情危机的得力助手。政府为了科学治理舆情危机，就会通过建立一系列的管理体系，这样在政府的危机治理中，就可以对媒介的管理体系进行规制。

3. 互联网环境下的政府危机治理可以提高政府危机防御能力

互联网环境下，政府危机防御能力显著提高。由于新媒体传播方式的传播速度快的特点，使得政府防御危机的难度增加，政府的危机防御能力受到新的挑战。基于新媒体的舆情传播方式多样化、舆情传播速度的高速化，政府就会因此而提高其危机的防御能力，通过多渠道来预警危机事件。对于关系到社会稳定的公共危机，政府将不遗余力地进行行政作为，在这个过程中，就可以提高政府的危机防御能力。

4. 互联网环境下的政府危机治理可以提高政府危机治理能力

互联网环境下，政府危机治理能力显著提高。由于互联网传播方式的交互性，传播内容海量性的特点，使得政府治理危机的难度增加。新媒体条件下，政府相应会制定一整套治理危机事件的管理机制，如政府治理危机时的信息公开与沟通机制，政府危机事件的善后机制等。这不仅使得政府危机治理能力得到显著提高，而且可以使政府长期地维持其在公众中的公信力和形象。

二、互联网与政府危机治理的互动

（一）互联网对政府危机治理的促进作用

1. 互联网的积极介入有利于完善政府危机治理系统

第一，互联网有利于在政府危机治理中构建信息公开新平台。首先，互联网新媒体有益于预警政府危机。媒体类型的多元化以及新媒体传播渠道的多样化使得互联网可以全方位地预警政府危机，并为政府危机治理搭建信息公开的平台。互联网可以追溯危机产生的源头，以预警政府危机，将预测到的政府危机信息通过各种途径来公开，引起政府的关注，以达到避免危机的目的。新媒体通过建立互联网敏感区域的预判预警制度，追踪危机信息的传播趋势，以对政府危机可能造成的负面影响进行监督控制，及时反映、及早预防，准确做出科学判断，降低政府危机发生的可能性。其次，互联网有益于收集公开危机信息。在危机发展初期，公众对事件的看法还停留在最初阶段。随着媒体对危机事件报道的深入，评价性观点不断渗透到报道中，这就会引发公众对于危机事件的激烈讨论。在危机发展后期，各类型新媒体报道时往往会相互借力，互相转载，成为信息公开的新平台。新媒体的多种报道形式，如：以互联网社区、互联网视频为代表的互联网新型媒体的报道，使公众得以全方位多角度，更加直观地了解事件真相。

第二，互联网有利于在政府危机治理中打造信息沟通新平台。首先，互联网有益于保证公众的信息知情权。新媒体的产生，使公众接受信息渠道更加畅通，促使政府进行信息公开和信息透明。新媒体条件下，政府要想在公众中树立一定的公信力，就必须公开透明化的信息。互联网的传播方式往往是多样的，其在传播的内容和传播时间上不像传统媒体那样受到限制，往往是比较自由的。因此，互联网可以从多个方面、多个角度来向公众传播危机事件的内容、危机事件的扩散趋势以及政府对危机事件的治理进程。这样就保障了公众对危机信息的知情权。其次，互联网有益于在危机传播中缓解舆情。在政府危机的传播中，由于危机事件的虚拟性给民众带来的不安全感，公众对于政府的负面情绪就有可能大幅度上升。传统的媒体由于其单一的传播方式、缓慢的信息传播速度，不能够及时地给予危机舆情释放的渠道，就会影响社会秩序。而互联网论坛社区、博客等新媒体则具有多样化的传播方式，高速的危机舆情疏散功能，政府和公众可以在互联网上进行危机信息的互动与沟通，这样就可以更加方便的稀释危机滋生的环境，新媒体也就成为化解危机舆情的得力助手。①

2. 互联网的积极介入有利于全方位化解政府危机

第一，互联网在政府危机治理中建立危机预警机制。互联网新媒体通过建立危机预警机制来多角度化解政府危机。互联网新媒体会运用其全方位多角度的传播渠道，即时地收集政府危机信息。政府在研究危机信息的基础上，再借助新媒体的危机预警体系，来预警危机可能带来的风险，将危机化解在潜伏期。新媒体通过建立一整套的危机预警机制，可以对危机传播的各个阶段进行监控，检测危机可能带来的风险，把握危机舆情的发展趋势，进而来全方位地化解政府危机。

第二，互联网在政府危机治理中完善新闻发布机制。互联网通过完善新闻发布机制来多角度化解政府危机。通过建立全国性的舆情监测互联网，来对危机信息进行监督，以防止危机的进一步扩大化。在互联网中建立一整套的新闻发布机制，来保证信息的准确性和透明化。通过举行危机事件报道的新闻发布会，来沟通新媒体、政府以及公众的信息交流渠道，进而维持社会秩序的稳定。新媒体通过及时有效的危机舆情的调查和采访，将危机信息和政府决策第一时间进行公开，化解政府危机。

（二）互联网对政府危机治理的挑战

1. 互联网的虚拟性对危机治理的挑战

第一，互联网使危机发生的可能性和破坏性加大。互联网容易引发危机爆炸式连锁反应。互联网的信息发布和交流平台往往缺乏对政府危机舆情的过滤和筛选。在互联网社区、博客、论坛等领域没有形成意见领袖的危机舆情分析机制。互联网缺乏及时转移敏感话题，流通和疏导危机信息的工具，这就加大了危机发生的可能性。互联网凭借其传播内容的海量性和虚拟性，传播速度的即时性，又会促使危机的连锁爆发，并直接导致危机破坏性增加的结果。

---

① 聂伯葵．新媒体在我国政府危机管理中的作用分析［J］．南华大学学报，2010（4）：41－45.

第二，互联网使危机的规模扩大和危机反应时间减少。互联网容易引发危机以蝴蝶效应式扩散。互联网传播方式的多样性，使得危机信息可以通过多种形式和渠道来传播，使危机的舆情信息更具超量性，并且互联网媒体往往会产生扩散式传播，这也加速了危机规模的扩大。在互联网传播环境下，信息传播往往不会受到地域、时间的限制，因此在危机事件发生后政府就没有充裕的时间来进行危机治理。危机舆情信息的扩散化传播，大大减少了政府危机应对的时间，危机治理更为紧迫。

2. 互联网自身媒介化效应对危机治理的挑战

第一，互联网容易引发并加速危机的产生。互联网加快政府危机传播的速度。在政府危机中，手机短信和互联网等互联网传播迅速、互动性强的特点扩大了政府危机传播的速度和范围，使危机在短时间内不断扩散，并产生一系列的连锁效应。这对政府来说，是对其危机治理能力的挑战，政府必须果断决策，采取措施治理危机，才可以防止危机事件产生“多米诺效应”，不断衍生出新的负面信息。

第二，互联网消解政府的正面形象。互联网导致政府公信力的消解。政府形象对公众的影响是巨大的，尤其是在与公众息息相关的公共危机中。互联网的开放性和强大的传播功能使得一些互联网论坛、博客很容易被别有用心的组织利用和主导。除此之外，有些新媒体由于社会责任感缺失，媒介素质不高，为了吸引民众眼球，提高互联网点击率，就采取夸大危机事件严重性，诋毁政府形象的做法，这些都会导致政府公信力的消解。

（三）政府危机中互联网、政府、公众的互动

政府、媒体、公众是政府危机传播的三个主体。公众是危机舆情传播的重要源头和渠道。政府是公共危机传播过程中信息资源的掌握者，而互联网则是政府危机信息最重要的传播渠道，是沟通公众和政府的信息桥梁。①

1. 互联网作为政府危机信息的传播渠道，在政府危机传播中居于主导地位。

第一，信息传播不客观不真实。新媒体没有严格遵守信息的客观性和真实

---

① 沙永忠，罗吉．危机管理中网络媒体角色的三种分析模型［J］．兰州大学学报，2009（2）：8－14.

性原则。面对危机，新媒体有时候会表现得不客观和不理智。为了提高关注度，一些媒体不经对信息进行查实就轻易地进行转载、引用，忽略了对事实的求证和原因的解释。或者对一些原本不确定的信息进行过多渲染，对于信息传播不客观不真实，这不仅给政府带来了名誉和经济损失，也给公众带来了巨大的心理负担，从长远来看更是严重损害了媒体自身的权威性和公信力。

第二，新闻报道方式单一。互联网缺乏全方位的报道方式，缺乏理性思考。即使媒体从权威的专家、组织或政府中获得相关的信息，也不能确保信息的准确性和科学性，尤其是预警的完全准确。对于互联网来说要对政府危机进行科学的分析与研究，在分析了信息舆情的准确性程度后，再开展舆情的传播。但在这方面新媒体却少有建树，许多新闻都是在同一个角度、同一个层面对相同内容进行的传播和扩散，缺乏多层次、多角度、多样性的调查报道。

第三，媒体人素质缺失。利益驱动下，媒体人缺乏社会责任感。媒介素质缺失表现在：在政府危机的传播中，互联网对信息进行简化，不真实的传播过程会导致信息的扭曲；媒体人在知识结构、专业水平方面的欠缺会导致媒介的失语状态；媒体自身社会责任感的缺失，以及在各种经济利益驱动下而进行的故意扭曲等，这就使其不能正确引导舆论方向，一定程度上扩散了危机。

2. 政府作为处理危机事件的主导者，在政府危机治理中居于支配地位。

第一，对互联网关注不足。政府危机意识不强，对政府危机治理重视度不高。目前，政府对互联网在传播领域中的地位认识不足，对于互联网的传播内容掌控不够，而互联网传播已经成长为传播的主流渠道，稍有不慎就会引发网民的舆情扩散。因此，政府必须有效地利用互联网来应对政府危机治理，通过构建互联网系统来预警政府危机，提升政府的互联网话语能力和危机应对水平。

第二，法律保障体系不完备。在政府危机的防御与治理中，缺乏健全的法律体系做保障。互联网技术的快速发展，要求建立起健全的法律制度来净化互联网环境，这也要求政府方面，为了提高其危机治理能力，就必须健全应对危机事件的法律体系。而在我国的政府危机治理中往往缺少统一的危机治理机构，对于危机事件的治理尚未达到制度化、法制化的要求。而针对网络中的一些行为也尚无法律可循，政府在应对互联危机时也缺乏具体的法律指导和依据，给危机应对带来不少制约。

政府在治理危机事件的立法方面，缺乏一整套相互配合的法律法规，在危机事件处理中往往采取一些缺乏法律依据的应急措施。这不仅会给民众对公共部门的信任度带来影响，还有可能进一步扩散舆情，也影响了政府部门在危机应对中的自我成长。

第三，信息公开和沟通机制不健全。我国政府危机治理体系，信息沟通机制有待进一步完善，在政府危机事件发生后，各级政府的应对行为更多体现在采取临时性措施来化解舆情，而在建立与外界沟通的信息交流渠道方面还未形成固定的模式，这就容易造成危机应对的随意性和失范性。同时，由于一些公务人员缺乏既有的媒体应对经验，往往在对外沟通时缺乏主动性，从而使延误应对时机的可能性大大增加。甚至一些部门容易采用“堵”的战术封闭消息，这些手段往往导致更多不实消息的扩散，进一步加剧了危机舆情的恶性传播，危机舆情愈演愈烈，最终给治理主体形象带来更大损害。

3. 公众作为政府危机事件治理的监督者，在政府危机的互动中居于重要地位。

公众很容易受到危机信息中不实传闻的误导。由于公众普遍缺乏危机判断意识，谣言鉴别的能力，因此，在危机事件发生后，危机信息通过互联网形成了爆炸式连锁扩散的态势，公众面对舆情传播的复杂性、海量性都会产生不同程度的恐慌。同时，由于缺乏对危机事件的理性认识，部分公众往往会产生恐慌的情绪，这就会激发更多具有理性认识的公众选择从众的应对姿态，人云亦云的来面对政府危机，从而会扰乱社会秩序，又会给政府的危机治理带来更大的难度。

三、互联网条件下政府危机治理创新的策略

（一）构建符合我国国情的互联网治理体系

1. 建立互联网复合报道机制

在互联网媒体、博客等主流新媒体建立起复合报道体系，包括日常报道机制及紧急特别报道机制。特别是需要建立紧急报道机制，紧急报道机制必须侧

重体制、措施、人员等基本要素的有效结合，并能实现制度化。① 在政府危机的治理过程中，政府所采取的媒介措施必须与互联网的媒介环境相适应，利用新媒体传播及时准确的信息，充分满足公众信息需求，从而提高我国抵御危机风险的能力。互联网全方位地报道危机全过程，能够保证公众的危机信息知情权，进一步维持社会的有序发展，运用正确的危机治理方式来治理政府危机，减少危机所带来的损失。

2. 创造互联网对政府危机事件的公正准入机制

政府对互联网的政府危机报道实施适度的监管。互联网对政府危机事件的公正准入机制，可以实现政府与互联网之间信息平台的良性互动。对于政府危机事件的治理，政府应该对互联网的媒介传播资格进行审核，建立一整套的资格审查体系，来规制互联网的报道行为，使得互联网可以在公平的媒介传播环境中，采取理性的传播行为。因此，必须创建互联网对政府危机事件的公正准入机制，以规制互联网管理体系，使政府运用互联网治理危机更游刃有余。

（二）建立和完善互联网社会责任评估体系

1. 完善互联网常规化管理

对互联网实行常规化管理。媒体的重要职责在于通过新闻报道在民众、社会和政府之间建立联系。媒体一方面是公众的先导，必须时刻监测危机舆情的扩展趋势、监控政府的危机治理进展；另一方面，媒体又是政府信息公开的新平台，保证了多渠道公开危机信息，作为政府危机事件治理的得力助手，在一定的程度上维护了政府的公信力和形象。

媒体作为政府和民众的中间环节，起着上传下达的信息传输作用。因此，随着互联互联网、多媒体等新媒体的兴起，必须对其日常的媒介传播行为进行常规化管理，以完善对互联网的常规化管理，建立互联网的责任评价体系。

2. 建立互联网责任评价体系

积极构建互联网责任评价体系。互联网是政府公开信息的新渠道，也是维护政府形象的得力助手。因此，必须建立一整套的互联网社会责任评估体系，

---

① 曾庆香，李蔚．解析传统媒体与新媒体对群体性事件的传播框架［J］．城市问题，2007（1）：48－50.

包括媒体社会责任感评估体系、媒体人媒介素质评价体系，用具体的评估方法，鼓励、引导媒体规范自我行为，提高公信力。

作为社会舆论的工具，互联网具有反映舆论和引导舆论的功能。必须按照年评价、月评价、周评价等周期对互联网舆论传播是否合理进行奖励或处罚。正确运用胡萝卜加大棒的管理措施，使得互联网成为公众获取信息的主要途径，成为政府和公众之间加强信息沟通和交流的渠道。

（三）建立健全政府危机治理预警机制

1. 评估政府危机

对政府可能遇到的危机进行有效合理的评估。划分危机等级，把握政府危机的种类、性质、特点，根据危机的不同分类来建立一整套的危机治理方案，建立针对各类型危机的治理系统。如：建立决策支持知识系统，包括数据库的建设、模型库的建设、方法库的建设。① 要根据不同的危机分类和危机级别采取不同的措施和治理方法来进行危机治理。

2. 建立危机预警系统

首先，建立健全危机汇报制度。政府在危机治理的过程中，下一级政府要根据政府危机的不同分类，将危机的传播现状汇报给上级政府。在上级政府和下级政府的互动中，必须建立信息汇报反馈机制，上级政府也应该在对危机信息进行分析和处理后，再建立一整套的危机预警系统。其次，筹建全国范围的危机公告制度。美国防恐的经验是设立国土安全预警体系，由低到高分别是：低，绿色；警戒，蓝色；高度警戒，黄色；高，橙色；极度危险，红色。

（四）完善信息发布与沟通机制

1. 推进政府信息及时有效公开，健全信息发布制度

有关行政管理部门必须建立政府信息公开机制，及时准确发布权威信息，防止出现政府应对网群事件慢半拍，舆论先于政府声音的现象。具体措施包括以下：

首先，创建权威信息发布平台。将针对事件的权威信息在此平台上进行全面、准确、及时的公布，并增强疏导的理念，控制引导舆情。建立政府门户网

---

① 诺曼·R. 奥古斯丁. 危机管理［M］. 北京：中国人民大学出版社，2001.

站，创建互联网留言板，提供利益表达平台，并在最短的时间内对危机事件事实进行澄清，做到信息透明化、快速化、及时化，切断谣言蔓延和传播的机会，阻断危机事件的爆发。

其次，建立互联网信息发布制度。由新闻发言人，及时对外发布信息，把握网上民意，与网民建立完善的沟通渠道。在政府危机治理中，绝不能以语言辞令来掩盖事实真相，避免官腔，否则不仅达不到与公众沟通的效果，反而使互联网舆情愈演愈烈。

2. 在政府与网民之间构建沟通机制，建立互动平台

首先，把握舆论话语权，建立互动机制。及时有效做好信息沟通工作，建立信息沟通机制，通过建立专门的网站，利用视频、聊天系统等与网民交流，及时快捷地对网民的意见和诉求做出回应，积极主动地和群众进行在线交流，在二者之间搭建信息沟通的平台。

其次，创建政府机关访谈录节目。比如“市长访谈录”“厅长访谈录”等，了解民声，积极引导，科学分析判断事件本质。在政府危机事件的治理过程中，政府通过建立全方位的信息互动机制，在信息沟通和互动的平台上，加强政府与公众之间的信息互动，来满足公众的信息知情权，使得政府更好地治理危机事件。

（五）完善政府危机善后机制

公共危机的爆发期结束，并不意味着危机治理过程的完结，其善后管理是整个公共危机治理机制中的重要环节。善后工作具体为：

1. 主动回访危机事件相关人

政府和媒体人要坚持对政府危机事件的相关人、相关事件进行回访。政府主动回访危机事件相关人，认真履行服务型政府的职责。政府要对公众反映的问题及时地做出解答，并且对于危机事件的受害人，政府必须给予其物质和精神上的抚慰。建立相关机制，贴近实际，贴近百姓的利益，做到情为民所系，利为民所谋。

互联网要合力形成媒体链，全方位多角度对危机事件的相关人予以关注。对于危机事件的解决状况随时进行回访，以防止危机事件的再一次复发，正确引导社会舆论，平复民情。对于危机事件中的受害人，媒体人应该呼吁全社会

给予其物质和精神上的帮助，密切关注他们的生活状况。

2. 加强对危机事件相关人的心理干预

政府和互联网应合力加强对危机事件相关人的心理干预。政府应对危机事件相关人员进行心理干预，履行责任型政府的职责，来消除危机事件受害人的紧张、恐惧等心理失衡状态，使其能够很快从危机事件的消极影响中解脱出来，从而使事件可能造成的损失达到最小。

互联网从多个方面辅助干预危机事件相关人的心理。互联网利用各种媒介资源，多种传播手段来治疗危机事件过后相关人员的心理失衡状态。比如：积极播报政府对于危机事件的合力正确化治理结果，给予危机事件受害人重新生活的信心；大力宣传政府对于危机事件积极的行政作为，重新树立政府公信力，挽救政府信任危机，给予危机事件受害人社会进步发展的希望。

3. 及时对危机事件进行总结

政府应及时对危机事件进行总结，吸取经验。政府及时总结危机事件预防与治理的经验教训。在危机事件的四个传播阶段中，政府如何才能及时有效地取得事件的正确治理，在危机事件的善后阶段，政府应该积极去总结概括。去其糟粕，取其精华，总结经验教训，并从危机事件的处理实践中获取规律性的真知。

可见，互联网运用得当便可成为政府治理危机事件的有效手段，因此政府要加强对互联网危机规律的认识，建立体制机制发挥其在危机治理中的积极作用，规避和预防互联网在危机事件传播中的消极作用，努力形成和谐有序的互联网秩序。

第十三章

互联网背景下的政府治理创新实践：困境与出路

一、忻州市政府治理创新的实践："忻州随手拍"

随着中央网信办的成立，以首届世界互联网大会在乌镇的成功举办为标志，中国互联网进入一个全新的里程，这一年从国家领导人高度重视互联网治理，到各级地方政府纷纷利用互联网探索新的社会治理模式，2014 年被称为"互联网治理元年"。

2014 年 6 月 1 日忻州市委宣传部正式开通了"随手拍微信问政平台"，7 月 2 日增设"随手拍微社区"，忻州 70 多个市直部门和 14 个县区政府办公室全部入驻，10 月 22 日"忻州随手拍"手机 APP 上线，忻州政务微信平台基础平台基本搭建完成，目前已经形成以微信、社区、论坛、热线、APP 多种形式共同整合构建的忻州随手拍治理平台。该平台由创始之初的"微信问政"功能逐渐发展成集"互联网问政""政务公开""拍拍问答""四风随手拍""拍拍便民""廉廉看"等栏目为一体的多功能问政平台。截至 2015 年 1 月 9 日 16 时，"忻州随手拍"首页显示共发贴 212036 个，主题 2 万，单日访问量 104791，总访问量突破 600 万人次，注册会员数 142736。从"拍拍问政"版块的统计数据可知，半年来共受理民众反映的民生问题 2944 件，其中已办结 2622 件，已督办 12 件，新受理 310 件，问题办结率高达 89.06%。由以上数据可知，忻州随手拍开创了一种新的基于微信平台的地方治理模式，并取得较好的效果，本文通过对该模式进行深入分析，总结其经验，发现其问题，以期为我国地方政府创新提供新的参考，进而推动地方政府电子政务建设向前发展。

二、基于“忻州随手拍”的地方政府治理模式

忻州随手拍自创办以来，本着关注民生、公众参与的原则，踏踏实实为人民办事，迅速吸引了14万多粉丝，6个月处理民生问题2600余件，其在腾讯全国问政式微社区中的热度排名始终处于第一位，下面将对该治理模式进行具体分析。

（一）“忻州随手拍”的运作理念

1. 市民参与

党的十八届三中全会明确提出要“鼓励和支持社会各方面参与，实现政府治理和社会自我调节、居民自治良性互动”，忻州市长郑连生在忻州随手拍微信问政平台培训会上强调要引导市民参与到城市管理中，政府应当自觉接受市民监督，与市民进行积极互动。从随手拍的初衷到平台建设管理、运行和完善的整个过程，公众始终被定位为重要的参与主体之一，并从始至终发挥着重要的作用。

2. 服务民生

巴泽雷指出政府组织应该是受用户驱动的贴近客户、方便用户的服务性组织，① 忻州随手拍的开设版块中服务民生的内容占很大比重，如“拍拍问政”主要定位为通过微信问政为市民解决民生问题，从下水道井盖设置到房地产公司违规预售等方面公共事务，都是其工作的内容。该版块目前已进驻104个地方政府职能部门及公共事务相关部门，已办理2631项公众反映的民生问题。另外，还开设了“拍拍问答”、便民电话等服务性版块。

3. 公众监督

马克思认为“在社会主义国家，社会公职不再是中央政府的私有财产，一切社会公职都要处于监督之下”②，忻州市领导班子多次要求随手拍要尊重市民的主人翁地位，自觉接受群众对政府工作的监督，努力将民意变成政府政策。

---

① 麦克尔．巴泽雷．突破官僚制［M］．北京：中国人民大学出版社，2002：18.

② 中共中央马克思恩格斯列宁斯大林著作编译局．马克思恩格斯选集（第二卷）［M］．北京：人民出版社，1995：438.

工作人员对网友反映的问题也采取极大的包容态度，并且对所有反映内容进行全程记录与公开，全面接受网友的监督与置疑，并及时地进行回复与澄清。对于部分网友不规范的提问，工作人员也能耐心地加以引导，得到市民的广泛好评，网友评论道："微信问政，方便了群众，辛苦了干部。但这样的辛苦是建设服务型政府的指向，我们为这样的理念叫好！"

4. 及时回应

忻州随手拍对于网民反映的问题处置迅速高效，每一个处置环节都会通过微信将相关信息发给网民，问题办结后还会以一对一的方式主动告知处理结果，并进一步听取民众的反馈意见。如7月10日上午9：00市民反映一路段"光缆或电线断开空悬""很不安全"，9：30忻州供电公司回复"确认是光缆"，9：40忻州联通公司回复："已查证，不是电话线，是相关单位的内部网线"，9：45，市人民医院回复"已通知相关科室在车少时处理"，下午6：30市人民医院再次回复"已对线头做固定"，从群众反映问题到相关部门认领问题花了45分钟。这45分钟涉及供电公司、联通公司、市医院三个单位，每个单位的核查结果都及时通过互联网平台进行了回应，一次多部门并联作业通过互联网自觉高效地得到完成，并最终选择适当的时间对问题进行了处理。美国学者格罗弗·斯塔林认为政府"回应意味着政府对民众的接纳和对民众要求做出的反应，并采取积极措施解决问题"①，而忻州随手拍对于民众的及时回应正好符合了这一要求，这一理念也是我国建设服务型政府和创新社会治理的明确要求。

（二）"忻州随手拍"机构人员配备

自忻州随手拍运行以来，随着平台运行效果的完善及公众的支持，忻州市委市政府大力扶持该平台建设，目前已首批入驻72个市直单位和14个县（市、区）政府随手拍办公室。各办公室都明确了分管领导，配置了值班人员，为工作人员配备了公务智能手机，并制定了问题快速响应和处置机制。同时，出台了各部门入驻人员网上签到制度、四人一组轮流值班制度、微信问政平台部门考核办法等，进一步提升了入驻人员的出勤率和参与性。

① 格罗弗·斯塔林．公共部门管理［M］．陈宪等译．上海：上海译文出版社，2003：132.

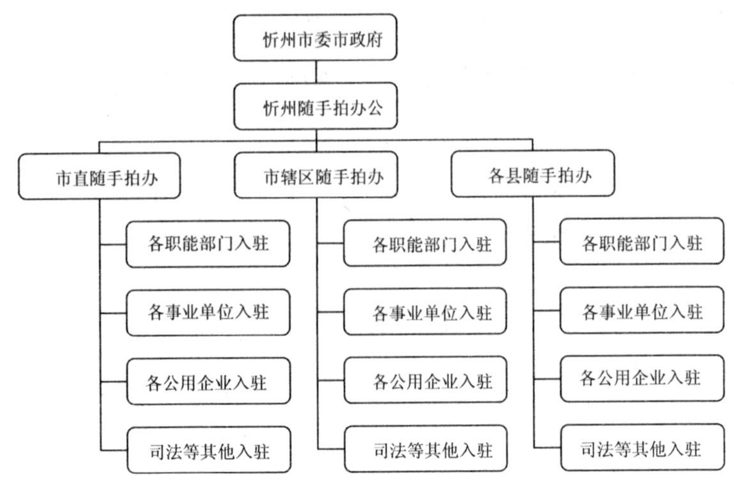

图13－1 “忻州随手拍”机构设置图

虽然建设了机构，配备了人员，但是由于该平台尚处于起步阶段，人员配备还不够完善。忻州随手拍办公室目前只配备了3位工作人员，其中1名负责人为部门兼职，2名为到市里参与培训的学习人员。随着事务的不断增加，3人工作小组已应接不暇，2014年10月23日忻州随手拍办公室向社会公开招募志愿者，征集志愿宣传员、论坛版主、回复志愿者，并拟定了相关岗位和任务方案。

（三）“忻州随手拍”版块设置

“忻州随手拍”从一开始的“发现美，曝光不文明”到“拍拍问政”，再到进一步完善，目前已形成包括“拍拍问政”“政务公开”“拍拍问答”“四风随手拍”等微信互联网问政版块群，和“学习吧”“忻州志愿”“忻州中心组信息公开平台”等专题讨论版块以及便民电话等服务平台系统，已经形成功能较为完备的社会治理平台，并且自开设以来取得较好的运行效果，其基本设置和运行情况见下表。

表 13-1 “忻州随手拍”栏目设置及运行表

类别	名称	主题数	发帖数
互联网问政	拍拍问政	14756	155698
	政务公开	75	276
	拍拍问答	159	1082
	四风随手拍	147	166
	拍拍晒图	1107	6880
	全民调研	3	26
	拍拍资讯	1358	8464
	拍友之家	322	3323
其他	忻州志愿	46	193
	中心组信息公开平台	4181	4656
	互动学习	75	1482
	有奖廉廉看	130	7615
	忻州好人	25	129
	千千借读	16	37

（四）“忻州随手拍”运作流程

“忻州随手拍”平台将政务微信、互联网微社区、手机 APP、电话热线及部分传统媒体进行充分整合，其最主要的功能是实现公众对民生领域存在的问题进行问政的目标，所以在此将以“拍拍问政”版块的工作流程为例，以问题流向为视角分析其动作流程，大致归纳起来有反映问题、移交问题、受理问题、办结问题四个流程。

1. 反映问题

公众可以通过微信、微社区（论坛）、电话热线、手机 APP 四种渠道反映问题。其中微信、手机 APP 以手机为载体，微社区可以通过手机、电脑等互联网终端实现登录，电话热线有专门的随手拍工作人员 24 小时值守，多种接入方式，极大地降低了公众进入的门槛，增加了便利性。

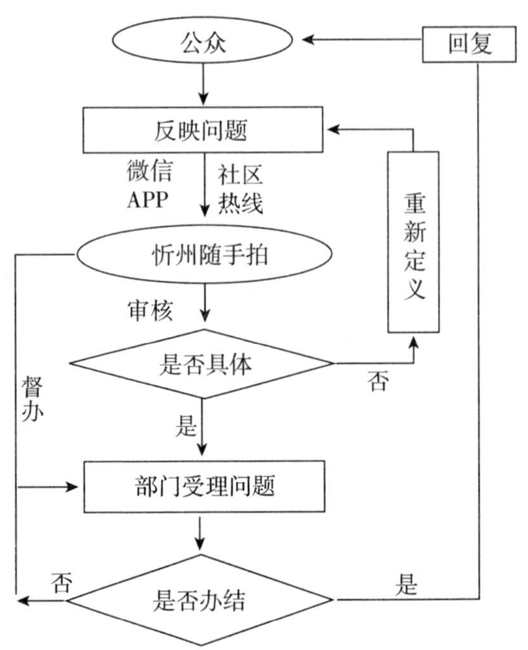

图 13-2 “忻州随手拍”运作流程分析

2014 年 5 月 11 日忻州市委宣传部、文明办“忻随手拍”微信试运行，鼓励公众通过彩信 QQ 号 15934318901、微信号 P15934318901 及邮箱 15934318901@qq.com、彩信“发现美”“曝光不文明”。6 月 1 日“忻随手拍”正式上线，6 月 16 日忻州市政府办公厅下发忻政办函［2014］93 号文件，充分肯定该平台运行 1 个月所取得的成效，并进一步推出了“忻随手拍”升级版。同时，明确了群众反映问题首批包括各级政府办公厅科室、市直单位局委办、窗口单位等 80 多个对接单位名单，并明确规定了“问题对接方式”，要求各入驻单位至少安排工作人员 1 人关注公众号并就相关问题回复、处理，要求“忻州随手拍”团队和市政府督查室的监督责任。

另外，于“忻州宣传”公众号 PP034000 开设“忻州随手拍”微社区，并完善“忻州随手拍市民奖励制度”通过“采用即有奖、多拍就多得”的理念确定推广措施。该文件中明确了微信反映问题的规程，规定“凡采用稿件应具备五个要素：投稿栏目 + 拍摄时间 + 拍摄内容 + 作者信息”，并明确了 5 种不予采用的投稿。如市民 7 月 3 日 10：48 分发帖“忻府区政府东侧十字路口，井盖被压坏，有安全隐患”。忻州市热力公司10：51回复“反映事宜热力公司已派工作人员前去现场看查是否属于热力公司井口，如果属于，将进行处理。”10：54回复：“经现场看查，此井不属于热力公司。”11：15忻府区城建局回复“已更换井盖”。从问题提出到解决用了不到30分钟。

2014年8月20日忻州随手拍开通24小时全自动无人值守录音电话“拍拍热线”0350－3902980，公众可以通过热线反映问题，工作人员对留言内容进行整理之后发布到“拍拍热线”栏目，进入处理流程。如2014年8月25日手机尾号4738的市民通过热线反映团结路口道路泥泞问题，26日该问题被编入第10拍于10：20分发布，10：33分住建部门回复“已反映，希望尽快纳入小街小巷改造工程”。

2014年10月21日忻州随手拍正式推出APP客户端，实现与社区、随手拍论坛数据同步更新，公众可以通过APP问政。该平台推出10天下载量就超过了5000，并于2015年1月2日进行了优化升级，推出2.0版。目前该应用运行稳定，效果良好。

2. 移交问题

忻州随手拍成立之初于市委宣传部下设“随手拍办公室”，抽调专门人员进行平台事务的管理，各入驻部门每天安排专门值班人员。当公众发帖反映问题后，随手拍工作人员首先对发帖进行审核，查看反映问题是否具体、理性，内容是否完整，相关部门是否可查。如果发帖符合要求，将帖子移交相关部门处理，否则回复网友重新发问。

3. 受理问题

相关入驻部门自行发现问题贴或接收到忻州随手拍移交的问题后，跟帖留言“已收到反映问题，正在处理，请等待答复”，并标注帖子为“已受理”。之后，问题进入处理程序，按市政府做出了4个小时内首次回复，5个工作日办结的承诺，据了解，这一目标基本上得到了实现。

4. 问题办结（督办问题）

在5个工作日内，相关入驻部门会对公众反应的问题介入调查，核实后进行相应的处理，并对处理的结果通过随手拍跟帖回复，并同时电话告知反映问题的网友，将问题帖标注为“已办结”。如果5个工作日内相关部门未做出回复，忻州随手拍工作人员就会将此问题标注为“督办”，并督促该部门及时处理，做出回复，并将此过程纳入年终部门绩效考核。从《忻州随手拍微信问政平台年度考核统计表》中的指标体系可以看出，“违反工作时间 4 小时内做出首次回复规定一次扣 1 分”，“在办理回复中处置不力、弄虚作假、谎报瞒报，影响全市微信问政工作整体形象的一次扣 3 分”。

（五）“忻州随手拍”监督考评机制

2014 年 8 月 10 日忻州市人民政府办公厅出台了《忻州随手拍微信问政平台部门考核办法》，明确以入驻随手拍的单位为考核对象，确立了重视互联网民意情况等 3 个一级指标、5 个二级指标、1 个加分指标、1 个减分指标以及详细的考评标准。

表 13－2　忻州随手拍绩效考评指标体系

一级指标	二级指标	分值
重视互联网民意情况	成立领导机构，明确分管领导和工作人员，配备设备并正常运转（2 分）	10
	建立随手拍问题快速响应和处置机制（4 分）	
	工作人员态度与效率（4 分）	
群众留言处理情况	部门及时回复群众反映问题，并切实处置或解决（60 分）	60
提供便民服务情况	主动回应群众要求公开各类职责范畴的便民服务和便民消息（30 分）	30
加分项目	部门对于市民求助事项给予实际性的帮助（一次加 5 分）	10
	邀请并组织网友实地参观本部门或本系统工作，开展网友座谈会等线下交流沟通活动（一次加 5 分）	
	部门负责人或分管领导在指定时间段参与随手拍在线互动交流，回复处置问题（一次加 5 分）	

续表

一级指标	二级指标	分值
减分项目	部门人员回复格式不标准及语句有错别字、无标点行为，一次扣0.5分（前3次，经提示改正后不扣）	10
	违反工作时间4小时内做出首次回复规定（一次扣1分）	
	在办理回复中处置不力、弄虚作假、谎报瞒报，影响全市微信问政工作整体形象的（一次扣3分）	

考核办法还明确规定了考核结果的报送及应用。要求各入驻单位每月3日前报送上月自查情况，5日上报市政府上月问政情况，在每月考核的基础上得出年度考核结果，并于忻州随手拍公开发布。考核结果划分为四个等次：考核分数≥90分为优秀单位；≥80分为达标单位；≥60分为合格单位；<60分为不合格单位。同时将此结果纳入入驻单位年度绩效考评，作为各种评比的依据。对于考核不合格单位除进行通报批评外，还要由市政府督查室进行督促整改。

表13－3　忻州随手拍微信问政平台每月工作统计表

单位名称	重视网络民意情况10分	群众留言处理情况（60分）					提供便民服务及回复情况（30分）							加分10分	扣分10分	月度得分	每月小评
		市民反映问题	部门回复处置问题				主动公开[次]		按要求公开[次]				得分小计				
		帖数[个]	帖数[个]	回复率%	处置率%	得分小计	次数	得分	要求次数	公开次数	公开率%	得分					
备注	优秀（>90分）；达标（>80分）；合格（>60分）；不合格（<60分）																

三、地方政务微信助推社会治理创新的维度分析

党的十八届三中全会提出：“全面深化改革的总目标是完善和发展中国特色社会主义制度，推进国家治理体系和治理能力现代化。”① 2014年中国电子政务

① 新华网．中国共产党十八届三中全会公报发布［EB/OL］．http：//news. xinhuanet. com/house/tj/2013－11－14/c_ 118121513. htm，2013－11－14.

论坛的主题是“发展电子政务，推动国家治理能力现代化”，可见，电子政务已成为学界普遍公认的推进国家治理能力现代化的重要路径，而当前我国电子政务发展已进入攻坚阶段，省部级政府信息化水平显著提升，而地方政府尤其是基层政府的电子政务水平还参差不齐，总体较低。忻州随手拍以微信为依托，整合 SNS、APP、微社区等多种互联网，构建起一套全新的、面向大众的、以服务为目标的社会治理体系，既响应了治理能力现代化的号召，同时也符合创新社会治理的要求，也顺应了建设服务型政府的发展潮流，对于践行十八届三中全会精神具有重要现实意义和理论价值。

（一）组织结构网格化

马克斯·韦伯创立的官僚制理论是基于完全理性假设基础之上的，其使行政组织理论走向科学化、规范化，也在很大程度上为社会进步做出了巨大贡献，但是随着社会的不断发展，官僚制的弊端也不断涌现。官僚制严密的组织设计、严格的组织程序有利于行政目的的实现，但同时产生了大量的组织内耗，“固守规则开始只是一种手段，而最终转化为目的本身”，反而导致了官僚组织效率悖论的产生。互联网的快速发展为官僚制注入了新的活力，忻州随手拍在传统的官僚组织构架上，利用互联网重新建立起一种网格化体系，这种体系突破了官僚制的约束，实现了跨部门、跨空间的交流，尤其是在业务处理上汲取了网格化组织及时、快速、高效的优点，一定程度上使得进一步实现了组织扁平化、信息公开化、决策民主化。

（二）治理主体多元化

党的十八届三中全会提出“要坚持系统治理，加强党委领导，发挥政府主导作用，鼓励和支持社会各方面参与，实现政府治理和社会自我调节、居民自治良性互动”①，从管理至治理的转型是我国进一步深化社会改革，促进和发展社会主义政治民主的体现，忻州市政府通过开设忻州随手拍问政平台，有效地开拓社会公众参与社会治理的新渠道，以“反映问题，建设美丽忻州”为导向，吸纳社会公众及组织有效地参与到城市建设当中来。摒弃了传统政府组织封闭、

① 新华网．中国共产党十八届三中全会公报发布［EB/OL］．http：//news. xinhuanet. com/house/tj/2013－11－14/c_ 118121513. htm，2013－11－14.

权力信息垄断的状况。而这种多元参与的社会治理格局也是密尔有限政府理论的重要内容，他认为政府应该鼓励个人和团体的活动和力量，如果政府束缚或代替这种活动，就会出现弊端①。忻州市的实践有效地实现了地方治理主体的多元化，一定程度上实现了由社会管理到社会治理的转型。

（三）全过程信息公开化

自2008年5月1日《中华人民共和国政府信息公开条例》实施以来，我国各级政府信息公开水平逐步提升，取得良好的实效，但是近年来政府信息公开存在公民申请公开渠道不畅通、缺乏广度与深度、立法层次低等各方面问题。②忻州市委市政府通过忻州随手拍平台不仅在问政等版块进行全过程信息公开，还专门开通“政务公开”“忻州中心组信息公开”等版块，目前，“忻州中心组信息公开”版块已发表主题4173个，涉及20个中心市县中心组信息公开事项。政府对各方面事项进行及时公开，市民可以及时跟帖发表互动，并且相关部门在2小时内进行回复，有效地解决了传统政府网站信息公开的不足。如目前正在进行的主动公开项目“市规划局城区新建小学项目方案征求意见建议公告”就新建民生工程项目面向全社会征求意见，已有31人回复，2526人查看，取得了较好的效果。忻州市政府采用全过程信息公开的做法，可以有效保障政府决策的科学性、民主性，同时有利于激发民众参与社会治理的热情，强化主人翁地位。

（四）公共政策议程简约化

传统社会治理模式下公共政策议程要经由问题到公共问题再到政策问题的讨论设置过程，这一过程是相对漫长的，忻州随手拍平台将这一过程大大缩短，例如从平台运作截至2014年9月1日反映市区垃圾问题的帖子共有57个，回复量227，访问量32481，从帖子可见引起垃圾问题的主要原因是建设工程垃圾处理不当，由此可见垃圾处理问题已不仅仅是个别问题，已经成为社会广泛关注的社会问题，并且亟需制定公共政策加以解决，因此应当设置相关政府议程，

① 约翰·密尔. 论自由［M］. 北京：商务印书馆，1982：125.

② 顾继光. 我国政府信息公开存在的问题及对策［J］. 情报科学，2010，28（6）：835－836.

而忻州市住建局就迅速完成了这一过程于9月1日出台了《忻州市区建筑垃圾处置实施办法》，并于11月20日在吸引市民意见的基础上制定了“城区建筑垃圾处理流程”。从反映问题到政策出台落实不到3个月时间，并且将传统政策议程设置的消极被动模式转变为市民主动反映问题，部门积极制定政策的积极主动模式，有利于公共政策制定效率和科学化水平的提升。

（五）绩效考核互联网化

忻州市政府办公厅于2014年8月10日出台了“忻州随手拍微信问政平台部门考核办法”设置了3个一级指标、5个二级指标、1个加分指标、1个减分指标以及详细的考核内容和标准。结合入驻部门每月自查上报数据和上报工作情况形成年度考核数据，结合互联网实时数据进行核实，最终形成部门考核结果。考核的全部数据来源、考核过程、考核结果都依托并公开于随手拍平台，在一定程度上确保了考核的公正性、公开性和科学性。同时，对入驻部门的考核还贯穿于整个工作过程，办法要求市政府以匿名方式注册用户进行巡帖、督帖，促进部门回复解决问题，建立了全过程互联网化考核制度。

（六）政府决策民主化

忻州随手拍不仅仅是一个问政平台，同时也是政府向社会征求意见，开放公众参与政府决策的有效途径。2015年1月8日忻州市政府发出了“关于征集2015年拟新建和改造道路的公告”帖，面向公众征集2015年列入新建和改造道路的名单，并通过奖励金币的方式鼓励网民参与。截至1月13日不计QQ、邮件等方式，已有回帖88个和访问量3325人次。可见，市政府并没有将市政建设的决策问题在办公室内解决，而是通过互联网平台征集意见的方式进行，这是一种通过互联网促进决策民主化的有效途径。

（七）纪检监察大众化

“阳光是最好的防腐剂”，只有政府将所办事项公开于公众的视野之下，充分发挥群众监督的作用，做到依法行政，违法必究，才能打造阳光政府、服务型政府。忻州随手拍最大的特色在于开通了互联网问政平台，保证了群众对公共部门“问责”的权利。同时，该平台还极大拓展了纪检系统的作业空间，开通了“四风随手拍”版块，鼓励群众通过平台举报违法乱纪现象，自11月30日开通以来已收到51起举报，其中22起已经办理完毕，并反馈通报了处理结果。通过随手拍平台，纪委监察不再“神秘”，群众从举报到问题受理，再到处理结果反馈全过程通过互联网实时跟踪，保证了纪检监察的公开性、透明性、民主性，同时，也真正发挥出了群众监督的作用。

四、基于政务微信的地方政府治理问题及对策

我国鼓励地方政府积极创新社会治理方式，要求各级政府积极探索电子政务的最新发展模式，忻州市基于政务微信平台的社会治理模式取得了多方面的创新和很好的社会反响，具有较高的实践意义。同时，忻州随手拍平台也正处于实践创新的过程当中，还存在很多不完善之处，对此一问题进行分析有利于继续完善对社会治理创新模式的探讨，也有利于忻州经验的全国借鉴和推广。

（一）政务微信地方治理存在的问题

1. 组织机构设置不完善

忻州随手拍目前只在市委宣传部下设置了一个办公室，该办公室主要负责平台的维护、运作和管理，各区县也设置了随手拍办公室，但大都级别、地位不明确，未配备专业专职人员进行管理，容易导致权责不明、办事不力的后果。

2. 专业人才配备匮乏

从目前忻州随手拍的工作人员来源看，主要有两种：一种是政府部门其他岗位的兼职人员，包括负责人本人也是部门兼职人员；另一种是通过向社会招募的志愿者。很显然，不论是从专业技术水平还是行政素养来看，二者都不能称之为专业人才，因此，专业人才的匮乏会严重影响平台的可持续发展。

3. 入驻人员素养不高

各入驻部门配备了24小时值班人员，但是从当前的回复情况看来，还存在一些部门人员服务意识差、纪律性不强、问题意识匮乏、互联网政治素养低等问题，尤其是缺乏互联网舆情的意识和引领能力。往往造成消极被动回应，小则引起群众不满，不利于问题的解决，大则影响问政平台的权威性，甚至削弱了政府的公信力。

4. 网友行为缺乏规范

微信问政平台开放以来，网友大多能够做到文明、理性发言，但还不乏存在一部分帖子以点概面、以偏概全，通过主观臆断激发群愤，甚至一些网友发

言感性大于理性、自私大于公利，严重缺乏文明互联网参政、问政的素养，这些都给随手拍平台的发展带来了阻碍，也不利于广大群众自由行使问政监督的权利。

5. 考核指标不够细化

问政平台虽然已经制定了部门考核办法，但是该办法的指标体系还不够细化，尤其是一级指标“群众留言处理情况”占60分，但是没有下设二级指标，没能对60分的分值进行细分，因此在考核过程中很难准确把握该指标的评分。再者，考核的主体比较单一，目前主要采用自评和部门综合考评两方主体，没有将网民纳入考评主体。由于随手拍平台的数据都是公开透明的，群众又是平台的切身使用者，因此，网民应当成为当然的、最适的考核主体。

6. 宣传动员工作不足

忻州随手拍平台已经推出半年，办公室也推出一些宣传动员机制，如反映问题奖励话费等，但总体上力度不大，部分民众尤其是县域民众的参与水平不高，平台的宣传空间还很大，部分群众对随手拍平台的认识还不到位，还停留在传统认为网站是“花瓶”的水平。这些都限制了问政平台影响的进一步扩大，也不利于社会问题的发现和解决，容易留下“真空”地带。

（二）完善地方政务微信治理的对策

1. 合理机构设置，完善制度设计

忻州随手拍目前已经取得了实效，并且形成了较大影响，因此为了该问政平台的持续发展，保证其组织机构的合法性、权威性，必须明确“忻州随手拍办公室”的法律地位，明确其岗位设置、完善其职权职责体系。另一方面，还应当建章立制规范各级随手拍机构及人员的职位行为，并明确权、责、利，让平台的运作处于法治化、制度化的环境之下。

2. 引进专业人才，明确分工体系

随手拍平台的运作涉及信息科学、行政学、传播学、政治学等多方面综合素质的人才，平台的技术维护还需要专业的计算机人才，因此目前的人员配置是很难解决这些问题的。下一步要加大专业人才的引进及培养，明确工作人员的岗位分工，确保工作实效。

3. 加强公众互联网素养教育，规范文明问政行为

互联网社会和现实社会一样需要秩序，互联网问政也需要按规则进行，公众参与互联网问政之初并未能自发形成公序良俗，因此，相关管理机构应当在适当的时机制定互联网问政规范和文明问政公约等约束网民互联网行为，同时，还要通过互联网和传统媒体的融合来进行宣传和教育，有序地引导公众的互联网参与行为，使其逐步走向规范化。

4. 细化考核指标，多元化考核主体

进一步细化入驻部门考核指标体系，至少要建立三级考核指标体系，使得部门考核更具有操作性。将群众及其他互联网主体纳入考核主体体系，充分发挥公众的主体性作用，并进一步明确考核结果的使用去向，在平台起步之初加大优秀部门的奖励力度，对于不合格部门应加大扶持力度，通过多方面培训、帮扶优化绩效，以人民满意为最终目的。

5. 加强宣传动员，激发平台潜力

忻州随手拍已取得初步实效，但还存在巨大的潜力。应当充分将互联网与传统媒体进行整合，在电视、广播、报纸等传统媒体上搭载并宣传随手拍相关版面，实现二者的有机融合。广泛开通传统参与途径，跨越数字鸿沟，最大限度地将群众纳入该平台，拥有群众越多，其所取得的实效也就越大。

另外还可以通过专场宣讲等方式，建立宣传团队走出政府、走下基层、走进农村等薄弱环节，加大宣传教育的力度，做到宣传不留死角的全员动员。

综上所述，忻州随手拍为全国地方政府在互联网背景下探索社会治理创新提供了新的思路和路径，虽然其本身还在不断完善当中，但其经验值得多方借鉴，对于我国地方政府发展具有重要意义。

参考文献

[1] 胡锦涛. 在人民日报社考察工作时的讲话 [M] . 北京: 人民日报出版社, 2008.

[2] (美) Dearing James, Rogers Everett. 传播概念 · Agenda - setting [M] . 倪建平译. 上海: 复旦大学出版社, 2009.

[3] 郭庆光. 传播学教程 [M] . 北京: 中国人民大学出版社, 1999.

[4] 马克思恩格斯选集 (第 4 卷) [M] . 北京: 人民出版社, 1995.

[5] (古罗马) 普布里乌斯 · 克奈里乌斯 · 塔西佗. 历史 [M] . 王以铸, 崔妙因, 译. 北京: 商务印书馆, 1981.

[6] (美) S. E. Taylor, L. A. Peplau, D. O. Sears. 社会心理学 [M] . 北京: 大学出版社, 2004.

[7] (美) 凯斯 · 桑斯坦. 网络共和国——网络社会中的民主问题 [M] . 上海: 人民出版社, 2003.

[8] (美) Patricia Wallace. 互联网心理学 [M] . 北京: 中国轻工业出版社, 2001.

[9] 刘毅. 网络舆情研究概论 [M] . 天津: 天津人民出版社, 2007.

[10] (法) 让 - 皮埃尔 · 戈丹. 何谓治理 [M] . 北京: 社会科学文献出版社, 2010.

[11] 全球治理委员会. 我们的全球伙伴关系 [R] . 牛津大学出版社, 1995.

[12] 俞可平. 治理与善治 [M] . 北京: 社会科学文献出版社, 2000.

[13]（德）伊丽莎白·诺尔－诺依曼．沉默的螺旋：舆论——我们的社会皮肤［M］．董璐译．北京：北京大学出版社，2013.

[14] 胡百精．危机传播管理［M］．北京：中国人民大学出版社，2009.

[15] 程工．网络舆情研究与应对［M］．北京：电子工业出版社，2014.

[16]（美）戴维·奥斯本，特德·盖布勒．改革政府［M］．上海：上海译文出版社，2006.

[17]（美）托克维尔．论美国的民主［M］．北京：商务印书馆，1988.

[18]（美）诺曼·R. 奥古斯丁．危机管理［M］．北京：中国人民大学出版社，2001.

[19]（美）麦克尔·巴泽雷．突破官僚制：政府管理的新愿景［M］．北京：中国人民大学出版社，2002.

[20] 中共中央马克思恩格斯列宁斯大林著作编译局编．马克思恩格斯选集（第2卷）［M］．北京：人民出版社，1995.

[21]（美）欧文·休斯．公共管理导论（第二版）［M］．北京：中国人民大学出版社，2001年．

[22]（英）约翰·密尔．论自由［M］．北京：商务印书馆，1982.

[23] 王来华．舆情研究概论——理论、方法和现实热点［M］．天津：天津社会科学院出版社，2003.

[24] 张兆辉，郭子建．舆情信息工作理论与实务［M］．沈阳：辽宁大学出版社，2006.

[25] 刘毅．网络舆情研究概论［M］．天津：天津人民出版社，2007.

[26] 中共中央宣传部舆情信息局．网络舆情信息工作理论与实务［M］．北京：学习出版社，2010.

[27] 胡锦涛．在庆祝中国共产党成立90周年大会上的讲话［M］．北京：人民出版社，2001.

[28] 中共中央马克思恩格斯列宁斯大林著作编译局编．马克思恩格斯全集（第1卷）［M］．北京：人民出版社，1995.

[29]（美）Janet V. Denhardt，Robert B. Denhardt. 新公共服务：服务，而不是掌舵［M］．丁煌译，北京：中国人民大学出版社，2004.

[30]（美）Samuel P. Huntingtong. 文明的冲突与世界秩序的重建［M］. 周琪等，译. 北京：新华出版社，2010.

[31] Noelle – Neumann E. The Spiral of Silence：Public Opinion——Our Social Skin［M］. Chicago：University of Chicago Press，1993.

[32] 朱晓彬. 发展"电子民主"，推进公民政治参与［D］. 济南：山东大学，2007.

[33] 王卉. 试论地方公共决策中的电子民主［D］. 上海：上海交通大学，2007.

[34] 李君. 政府危机公关中的新媒体传播研究［D］. 中南大学，2011.

[35] 付业勤. 旅游危机事件网络舆情研究：构成、机理与管控［D］. 华侨大学，2014.

[36] 习近平. 在网络安全和信息化工作座谈会上的讲话［N］. 人民日报，2016 – 4 – 26（01）.

[37] 刘霞，严晓. 我国应急管理"三案一制"建设：挑战与重构［J］. 政治学研究，2011（1）.

[38] 揭萍，熊美保. 网络群体性事件及其防范［J］. 江西社会科学，2007（9）.

[39] 生奇志，徐斌，展成. 网络群体事件的产生、影响及应急机制研究［J］. 理论探讨，2007（6）.

[40] 葛琳. 网络舆论与网络群体性事件［J］. 新闻爱好者，2008（9）.

[41] 梁俊山. ITO 框架下的旅游网络舆情云档案体系构建［J］. 档案管理，2017（2）.

[42] 田新. 新时期地方政府网络舆情危机及其控制探析［J］. 贵阳市委党校学报，2011（6）.

[43] 黄蕾. 浅谈广播面对新媒体的竞争应如何创新发展［J］. 新闻世界，2012（3）.

[44] 王代强，李旭曜. 我国网络新闻评论文献综述［J］. 新闻与传播研究，2011（7）.

[45] 杨久华. 试论网络群体性事件的发生模式、原因及防范［J］. 重庆

社会主义学报，2009（4）．

［46］周如俊，王天琪．网络舆情：现代思想政治教育的新领域［J］．思想理论教育，2005（11）．

［47］徐晓日．网络舆情事件的应急处理研究［J］．华北电力大学学报，2007（1）．

［48］纪红，马小洁．论网络舆情的搜集、分析和引导［J］．华中科技大学学报，2007（6）．

［49］曾润喜，徐晓林．网络舆情突发事件预警系统、指标与机制［J］．情报杂志，2009（11）．

［50］付业勤．旅游危机事件网络舆情研究：构成、机理与管控［J］．韶关学院学报，2014（6）．

［51］王永杰．地方政府网络舆情危机应对研究［J］．国际关系学院学报，2013（11）．

［52］俞可平．全球治理引论［J］．马克思主义与现实，2002（1）．

［53］龚文庠，齐济．公共危机管理新探：Web 2.0 时期的特点［J］．新闻界，2010（1）．

［54］付业勤，郑向敏．旅游网络舆情研究体系建构研究［J］．重庆工商大学学报，2015（4）．

［55］曾润喜．互联网环境下媒介议程与政策议程设置相关性实证研究［J］．情报杂志，2015（11）．

［56］彭琳，邓国峰．网络意见领袖的培养机理［J］．学校党建与思想教育，2010（32）．

［57］邓滢，汪明．网络新媒体时代的舆情风险特征：以雾霾天气的社会涟漪效应为例［J］．中国软科学，2014（8）．

［58］丁柏铨．自媒体时代的舆论格局与舆情研判［J］．天津社会科学，2013（6）．

［59］孙玲芳，周加波，徐会，侯志鲁，许锋．网络舆情危机的概念辨析及指标设定［J］．现代情报，2014（11）．

［60］张明学．网络热点事件的传播分析与舆论引导研究［J］．中国青年

研究，2010（12）.

［61］王国华．网络热点事件中的舆情关联问题研究［J］．情报杂志，2012（7）.

［62］雷春，付业勤．旅游网络舆情事件的时空分布与演化规律分析［J］．韶关学院学报，2014（1）.

［63］李彪．网络事件传播空间结构及其特征研究［J］．新闻传播研究，2011（3）.

［64］李娟等．基于共现聚类分析的西藏入境旅游热点研究［J］．旅游学刊，2015（3）.

［65］中国互联网络信息中心．中国互联网络发展状况统计报告［EB/OL］．http：//www. cnnic. net. cn/hlwfzyj/hlwxzbg/，2016－1－22.

［66］吴安辉，刘海明．网络舆情表达的主客体和表达伦理［J］．编辑之友，2015（8）.

［67］刘晔．关于网络舆论传播的主体及客体分析［J］．法制与经济，2012（5）.

［68］付业勤．旅游网络舆情危机事件的时空分布规律研究［J］．财经问题研究，2014（9）.

［69］高恩新，余朝阳．试论危机管理的常态化趋势［J］．云南行政学院学报，2008（10）.

［70］孙玲芳等．网络舆情危机的概念辨析及指标设定［J］．现代情报，2014（11）.

［71］梁春阳，李习文．论党政部门网络舆情危机应对策略［J］．图书馆理论与实践，2012（11）.

［72］雷春．旅游网络舆情热点事件监测与预警指标体系构建——以海南国际旅游岛为例［J］．四川旅游学院学报，2014（4）.

［73］付业勤等．旅游危机事件网络舆情的监测预警指标体系研究［J］．情报杂志，2014（8）.

［74］（英）罗伯特·罗茨．新的治理［J］．英国政治学研究，1996（154）.

[75]（英）格里·斯托克．作为理论的治理：五个论点［J］．国际社会科学，1998（3）．

[76] 刘霞．公共危机治理：一种不同的概念框架［J］．新视野，2007（5）．

[77] 彭知辉．网络舆情治理新模式［J］．人民论坛，2014（15）．

[78] 焦德武．试论网络传播中的群体极化现象［J］．安徽理工大学学报，2010（9）．

[79] 柳春，陈柳，唐津华．泛网络传播时代群体极化浅析［J］．大众科技，2011（7）．

[80] 王邈，蒋一斌．网络群体极化及其心战功能［J］．西安政治学院学报，2006（8）．

[81] 李萍．从群体极化视角谈网络舆情危机的预警之策［J］．现代情报，2015（4）．

[82] 陈强．网络舆情反沉默螺旋研究［J］．情报杂志，2010（8）．

[83] 王国华，戴雨露．网络传播中的“反沉默螺旋”现象研究［J］．北京理工大学学报（社会科学版），2010（6）．

[84] 吴明华，董喆．增长方式转变与城市休闲经济发展［J］．人民论坛，2013（36）

[85] 齐征．中国旅游发展呈现八个新常态［N］．中国青年报，2015－2－26（11）．

[86] 梁俊山，李玲玲．新媒体时代的“塔西佗陷阱”及其治理——基于天津大爆炸案的分析［J］．云南行政学院学报，2017（2）．

[87] 沈阳，夏日．基于SOM神经网络的旅游突发事件网络舆情的传播态势［J］．宜春学院学报，2015（4）．

[88] 刘冬梅．微博时代政府应对网络舆情的技巧研究［J］．编辑学刊，2015（4）．

[89] 付业勤．网络新媒体时代的旅游网络舆情危机传播研究［J］．社科纵横，2014（3）．

[90] 周红云．国际治理评估体系述评［C］．国家治理评估——中国与世

界［A］. 北京：中央编译出版社，2009.

［91］李向红．“黄金周”的由来［N］. 陕西日报，2001－10－07（002）.

［92］张成福. 公共危机管理：全面整合的模式与中国的战略选择［J］. 中国行政管理，2003（7）.

［93］于光远. 论普遍有闲的社会［J］. 自然辩证法研究，2002（1）.

［94］房蕊. 漫话“有闲社会”［N］. 人民日报，2013－11－14.

［95］付业勤，郑向敏. 网络新媒体时代旅游网络舆情研究［J］. 河北学刊，2013（5）.

［96］陈涛，李佼. 基于大数据的旅游服务供应链管理研究［J］. 电子政务，2013（12）.

［97］张康之. 全球化、后工业化时代的社会特征［J］. 河南大学学报（社会科学版），2012（9）.

［98］莫家莉，史仕新. 档案信息资源开发集成管理研究［J］. 山西档案，2015（3）.

［99］刘彩云，蔡娜. 网络环境下数字档案跨资源共建共享［J］. 山西档案，2015（4）.

［100］梁洁等. 官员舆情危机事件应对方式研究［J］. 情报杂志，2012（11）.

［101］蒲红果. 舆情回应进入“黄金1小时”时代［J］. 新闻战线，2015（21）.

［102］唐任伍. 习近平精准扶贫思想阐释［J］. 人民论坛，2015（30）.

［103］梁俊山. 我国互联网政治生态定位：从内构到共生［J］. 求实，2017（4）.

［104］聂伯葵. 新媒体在我国政府危机管理中的作用分析［J］. 南华大学学报，2010（4）

［105］沙永忠，罗吉. 危机管理中网络媒体角色的三种分析模型［J］. 兰州大学学报，2009（2）.

［106］曾庆香，李蔚. 解析传统媒体与新媒体对群体性事件的传播框架

[J]．城市问题，2007（1）．

［107］张洪英，高丽娟．刻板印象稳定性的理论分析［J］．理论学刊，2005（3）．

［108］刘怡君，陈思佳，黄远，马宁，王光辉，牛文元．重大生产安全事故的网络舆情传播分析及其政策建议——以“812 天津港爆炸事故”为例［J］．管理评论，2016（3）．

［109］中国互联网络信息中心．第 39 次《中国互联网络发展状况统计报告》［EB/OL］．http：//www. cnnic. net. cn/hlwfzyj/hlwxzbg/hlwtjbg/201701/t20170122_ 66437. htm，2017 -01 -22.

［110］人民网．游客称在三亚吃海鲜被宰：一条鱼六千［EB/OL］．http：//society. people. com. cn/GB/1062/16966141. html，2012 -1 -30.

［111］搜狐网．青岛天价大虾事件毁了山东几个亿［EB/OL］．http：//mt. sohu. com/20151008/n422715303. shtml，2015 -10.

［112］麦田．放大 - 反思“姜岩事件”的网络传播［EB/OL］．http：//blog. donews. com/maitian99/archive/2008/01/28/.

［113］参考消息．导游骂游客为何屡禁不止［EB/OL］．http：//www. cankaoxiaoxi. com/rui/dymyk/，2015 -5 -6.

［114］周亚琼．“青岛天价虾”事件舆情分析［EB/OL］．人民网，http：//yuqing. people. com. cn/n/2015/1019/c210114 -27714346. html，2015 -10 -19.

［115］秩名．用数据复盘“和颐酒店女生遇袭”事件，弯弯背后站的是谁［EB/OL］．搜狐网，http：//mt. sohu. com/20160507/n448184549. shtml，2016 -05 -07.

［116］袁星、张志凡、齐祺．2015 年十一国内旅游舆情分析报告［EB/OL］．http：//www. soften. cn/research -92. html，2015 -10 -26.

［117］朱明刚．山西五台山特色菜定价高事件舆情分析［EB/OL］．人民网，http：//yuqing. people. com. cn/n/2014/1015/c210114 -25841493. html，2014 年 10 月 15 日。

［118］网易新闻．五台山台蘑炖山鸡 1 盘卖 400 元 服务员：优质台蘑［EB/OL］．http：//news. 163. com/14/1002/20/A7J0RP7B00014SEH. html，2014 -10 -02.

[119] 中新网．山西五台山遭警告游客减少 多措施整改"拨云见日"［EB/OL］．http：//www.chinanews.com/df/2015/08－05/7450035.shtml，2015－08－05.

[120] 新华社．中国共产党第十八届中央委员会第三次全体会议公报［EB/OL］．新华网，http：//news.xinhuanet.com/politics/2013－11/12/c_118113455.htm，2013－11－12.

[121] 中国互联网信息中心．第36次中国互联网络发展状况［DB/OL］．http：//www.cnnic.net.cn/hlwfzyj/hlwxzbg/hlwtjbg/201507/t20150722_52624.htm

[122] 人民网．2015年政府工作报告［DB/OL］．http：//www.people.com.cn/n/2015/0305/c347407－26643598.html，2015－3－15.

[123] 国家统计局．前三季度国民经济运行总体平稳［DB/OL］．http：//www.stats.gov.cn/tjsj/zxfb/201510/t20151019_1257772.html，2015－10－19.

[124] 新华网．中国共产党十八届三中全会公报发布［EB/OL］．http：//news.xinhuanet.com/house/tj/2013－11－14/c_118121513.htm，2013－11－14.

[125] 崔岩．社科院发布2016年《社会蓝皮书》［EB/OL］．http：//www.yjbys.com/news/411253.html，2015－12－25.

[126] 中国互联网信息中心．中国互联网络发展状况统计报告［EB/OL］．http：//cnnic.cn/gywm/xwzx/rdxw/2015/201601/t20160122_53283.htm，2016－01－22.

[127] 国家安全监督管理总局网站．天津港"8·12"瑞海公司危险品仓库特别重大火灾爆炸事故调查报告［EB/OL］．http：//www.chinasafety.gov.cn/newpage/newfiles/201600812bao gao.pdf，2016－02－05.